아시아 역사와 문화 3

中國史〔近世 I〕

감수·책임편집 竺沙雅章 / 역자 김성규

執筆者 植松 正 木田知生
衣川 强 金 文京
宮崎法子 宮澤知之
森田憲司 山口久和

圖書出版 新書苑

역자(김성규)약력

성균관대학교 사학과 졸업(1987)
일본 와세다대학 동양사학과 석사(1993), 박사(1998)
전북대학교 사학과 교수(2001~)
미국 Harvard-Yenching Institute visiting scholar(2005~)
중국 河北大學 宋史硏究中心 특별연구원(2005~)

아시아 역사와 문화 3—중국사 근세 1

2006년 3월 15일 초판1쇄 인쇄 2006년 3월 25일 초판1쇄 발행

편자 竺沙雅章 역자 김성규
도서출판 신서원
만든이 임성렬
서울특별시 종로구 교남동 47-2(협신빌딩 209호)
등록번호 제1-1805(1994.11.9)
전화번호 739-0222·0223 팩스번호 739-0224

ISBN 89-7940-805-6

옮긴이의 글

본서는 중국의 역사를 대상으로 모두 5권으로 이루어진 『アジアの歷史と文化』 가운데 오대五代·송宋·원元 시대에 해당하는 「근세 I」 부분을 번역한 책이다. 이미 다른 작업이 모두 완료되어 출간되었지만 여러 가지 사정으로 인해 본서만이 기획된 지 10년 가까운 세월을 기다려 이제야 공간을 보게 되었다. 역자는 그러한 작업을 마무리 했다는 점에 자부를 갖지만, 다만 의외로 어려운 일본어 번역작업이 이번에 처음인지라 여러 면에서 불비한 점이 있을 것이며 혹은 그 동안 본서의 출현을 기다렸을 독자들에게도 두려운 마음이 든다.

잘 알려진 대로 오랜 전통과 학문적 축적을 지닌 일본의 중국학은 아직도 세계적인 수준을 유지하고 있다. 무엇보다 일본의 중국사 연구경향에는 그것이 단순한 외국사가 아니라 자기의 역사와 문화가 중국과 불가분한 관계에 있다는 인식이 매우 강하며, 본서에서도 그러한 시도와 이해가 도처에 보인다. 또한 이러한 점이 독자의 수요를 자극하여 일본에서는 중국사를 시대적으로 통론한 시리즈 물이 길면 십년, 짧으면 수년 주기로 기획되고 공간되어 왔다. 본 시리즈물의 번역이 완료되기 전인 2000년을 전후해서 다른 책들이 출판된 사례는 그러한 일본의 단면을 잘 들어내고 있다.

본서는 하지만 그러한 기획물 가운데 아마도 가장 평이하고 분량도 최소화한 것 가운데 하나이며, 따라서 중국에 대한 관심이 나날이 고조되는 현시점에서 우리나라의 일반독자에게도 초보적 전문성을 제공할 수 있는 말하자면 '전문적인 입문서' 정도의 의미가 있을 것이다.

한편 본서는 모두 경도대학 출신자들 9명에 의해서만 집필되었다. 이 점은 중국사에서 다양한 시각이 존재하는 송·원시대에 대해 통일적인 시각을 부여하는 점에서 일관성이 있지만, 동시에 저자가 여럿인만큼 문체와 설명방식 등에서 약간 호흡불일치 등도 발견된다.

본서의 또 하나의 특징은 '문화'에 지면을 다수 할애했다는 점이지만 번역과정에서 회화·조각·연극 등에 대해 역자가 문외한이라 충분히 의미를 새기지 못한 데에서 오는 오역이 우려된다. 또 의미가 통하지 않는 곳은 역자가 임의로 설명을 추가한 부분이 있으나 되도록 최소화했다. 끝으로 본서의 내용 중에 소략하다고 판단되는 부분에는 역자가 '역자보충설명'이나 도표·지도 등을 추가한 곳도 있음을 밝혀둔다.

역자 보충설명

□ **당송변혁론(唐宋變革論)**

1922년 일본의 내등호남(內藤湖南)은 「개괄적당송시대관(概括的唐宋時代觀)」 발표해 당과 송 사이에 ① 귀족정치가 무너지고 군주독제체제가 형성됐다, ② 귀족이 몰락함으로써 군주가 직접 신민(臣民)을 대하게 됐다, ③ 양세법에 의해 인민은 토지에 구속되는 노예소작인의 위치에서 해방되었다, ④ 과거의 보편화로 관리의 지위가 일반민에게도 분배되어 기회균등이 생겨났다, ⑤ 정치상의 당파가 당의 귀족 중심에서 '주의(主義)' 중심으로 변질됐다, ⑥ 화폐유통이 활발하게 됐다, ⑦ 당 중기 이후 유가사상이 훈고학적 경문해석에서 자기의 사색을 전개하는 식으로 바뀌었다, ⑧ 당 중기 이후 문장표현이 대구(對句) 중시의 사육문 문체에서 자유로운 산문식 고문체(古文體)로 바뀌었다, ⑨ 회화양식의 중점이 육조·수당적 색채벽화에서 오대·송의 수묵병풍화(屛風畵)로 변했다는 등의 차이를 지적했다.

이상을 총괄하여, 내등은 당말에서 오대를 과도기로 해서 당과 송 사이에 문화의 성질이 현저히 변화됐다고 서술한다. 결국 내등은 후한 말에서 당까지를 중고(中古)로 파악하고 있고, 그를 이은 궁기시정은 이 시기를 장원제와 농노제가 존재하는 중세로 보는 한편 내등의 설을 이어 송대의 사회변화를 유럽의 르네상스기에 비정하여 송 이후를 근세로 보았다.

이에 대해 당 말까지를 고대로 보는 전전직전(前田直典)의 학설을 이어받은 인정

전승(仁井田陞)은 송대의 지주와 전호(佃戶) 간의 법제적 관계를 유럽 중세의 봉건영주와 농노의 관계에 대비하여 송대중세(봉건제)설을 제창했다. 이후 이러한 견해에는 찬성과 반대를 포함해 여러 주장이 제기되었으나 당·송 사이의 변화를 고대에서 중세로의 변화로 보건, 중세에서 근세로의 변화로 보건, 동양사학계에서는 당송변혁기의 존재는 현재 하나의 상식으로 되어 있다.

그러나 중국에서는 아편전쟁 이후를 근대로 보는 입장에서 당·송시대를 봉건제 전기에서 후기로의 이행기로 보는 견해가 일반적이다.(다만 봉건제의 개시기에 대해서는 이론이 분분) 또한 연구가 진전됨에 따라 유럽사에서 귀납된 시대구분과 중국사 자체의 특질과의 차이가 점차로 분명해져, 종래의 시대구분에서는 생산양식의 변천으로 시대를 특징짓는 마르크스주의적 이론의 영향이 컸지만 소비에트 연방을 비롯한 사회주의 제국이 붕괴 혹은 변질되자 자본주의에서 사회주의로의 이행을 설명하는 마르크스주의는 역사이론으로서의 설득력을 잃게 되었다.

이 같은 사정으로 최근에는 시대구분론 자체가 연구자의 관심을 끌지 못하게 되는 상황 속에서 당과 송을 비교적 연속적으로 파악해 그 변혁을 그다지 크게 평가하지 않으려는 견해, 또는 현 중국과의 연결이라는 입장에서 명과 청 시기의 변화를 중시하는 관점 등이 존재한다. 그러나 당·송 간의 차이가 한·육조 또는 육조·수·당의 차이보다 컸던 점은 거의 틀림없다.

□ 정복왕조(征服王朝, Dynasties of Conquest, Conquest Dynasties)

정복왕조는 독일출신 미국인 비트포겔(K.A. Wittfogel)이 풍가승(馮家昇)과의 공저『중국사회사－요(遼)(*History of Chinese Society, Liao*)』(New York, 1949)의 서문에서 처음으로 사용한 이후 일반화된 개념이다. 즉 중국사회의 역사적 구조를 규명하려는 비트포겔은 일반적 범주에 속하지 않는 시대 및 왕조, 즉 일련의 '정복왕조'에 착안해서 진(秦) 이후 청(淸)까지의 여러 왕조를 '전형적인 중국왕조'와 '정복왕조'로 나눈 후 전자에 속하는 예로 ① 진(秦)과 한(漢), ② 위진남조(魏·晉·南朝), ④ 수(隋)와 당(唐), ⑤ 송(宋), ⑨ 명(明)의 다섯 시기 내지 왕조를 들고, 후자로서는 ③ 북위(北魏) 및 그에 전후하는 오호제국(五胡諸國), ⑥ 요(遼), ⑦ 금(金), ⑧ 원(元), ⑩ 청(淸)의 다섯을 들었다. 다만 그는 후자의 왕조 중 ③은 ⑥·⑦·⑧·⑩의 왕조들에 비해 명확한 정복행위가 결여된 상태에서 반평화적으로 중국에 침투했다고 하여 이를 특히 침투왕조(浸透王朝, Infiltration Dynasties)라 일컬어 구별했다.

비트포겔은 여기서 그 이전의 전통적인 이론, 즉 "중국인은 언제나 유목민 정복자를 흡수해 버린다"는 흡수이론(Absorption Theory)을 비판하고 그 대신 문화인류학자들(예를 들어 Red Field, Linton 등)의 '문화변용(Acculturation)'론을 강조하여 문화접촉의 문제를 충분히 분석하기 위해서는 여러 특수성을 고려해야 할 뿐 아니라 그에 대한 저항의 측면도 생각해야 한다고 지적했다. 그리고 그는 이 문화변용론에 입각하여 요(遼)왕조의 사회·경제·정치·문화 등 각 분야에 보이는 이원성(二元性)을 지적하면서 이에 이어지는 금·원·청 각 왕조의 유사한 경향을 지적했다. 또한 이 때문에 이상의 4대 정복왕조의 한문화적(漢文化的)인 요소의 섭취는 항상 선택적이었고 같은 정복왕조라고 해도 순수 유목사회를 구성하고 있던 요와 원은 제한된 문화변용 즉 '문화저항형(Culturally Resistant)'에 속하며, 수렵·농경민인 여진(女眞)이 세운 금과 만주족이 세운 청은 전자가 문화적 굴복형(Culturally Yielding), 후자가 양자의 중간형이라고 설명했다.

이상과 같은 위트포겔의 설명은 시사하는 바가 적지 않지만, 동시에 이런 주장의 배경에는 이른바 '동양적 정체론'이 존재하거나 또는 논리 자체의 비약 등이 보이는 점에서 비판받고 있다.

『巖波講座 世界歷史(9)-中世3』(山川出版社, 1997), 3~17쪽 참조.

中國史 — 近世 I

연 표

왕조			연도	사 항
	五代	十國	907	주전충朱全忠이 당을 대신하여 후량後梁을 세움
遼			916	야율아보기耶律阿保機가 황제를 칭함〔遼 太祖〕
			920	요의 태조, 거란문자〔大字〕를 만듦
			923	이존욱李存勖〔莊宗〕이 후당後唐을 세우고 후량을 멸망시킴
			926	장종이 살해되고 양자인 이사원李嗣源〔明宗〕이 즉위
				야율아보기가 죽고 아들인 덕광德光〔太宗〕이 즉위
			936	석경당石敬瑭〔太祖〕이 거란의 원조로 후당을 멸하고 후진後晋을 세움. 이 때 연운16주를 거란에게 할양함
			946	거란이 후진을 멸하고 화북에 진주함
			947	유지원劉知遠〔高祖〕이 제위에 올라 후한後漢을 건국
			951	곽위郭威〔太祖〕가 황제를 칭하고 후주後周를 건국
				유숭劉崇이 자립하여 북한北漢을 세움
			954	곽위가 죽고 시영柴榮이 즉위〔世宗〕. 풍도馮道(882~) 사망
			955	후주의 세종이 폐불廢佛단행
			958	후주가 남당南唐을 쳐서 양자강 이북지역을 병합
			959	후주가 요遼를 쳐서 연운16주 가운데 2주를 탈환
			960	조광윤趙匡胤이 즉위해서 송왕조를 세움〔太祖〕
			963	형남荊南이 송에 항복(925~)

왕조			연도	사 항
遼	北宋	十國	965	후촉後蜀이 송에 항복(934~) 금군禁軍을 개편, 강화함
			971	남한南漢이 송에 항복(917~)
			975	전시殿試제도를 창설함. 남당이 송에 항복(937~)
			976	태조가 급사하고 아우 태종이 즉위
			978	오월吳越이 영토를 송에 바침(907~) 『태평광기太平廣記』가 완성됨
			979	북한이 송에 항복함으로써 연운16주를 남기고 중국이 거의 통일됨 요를 공격하나 고량하高梁河에서 패함
			982	이계봉李繼捧이 송왕조에 내부來附함. 이계천李繼遷이 이에 따르지 않고 자립함
			983	『태평어람太平御覽』이 완성됨
			987	『문원영화文苑英華』가 완성됨
			1004	송·요의 화의가 성립됨〔澶淵의 盟〕
			1013	『책부원구冊府元龜』가 완성됨
			1023	성도成都에 교자무交子務를 두고 교자交子를 지폐로 발행함
			1028	이원호李元昊가 위구르를 격파하고 감주甘州를 점령함
			1038	이원호가 즉위하여 나라를 대하大夏라고 칭함〔西夏〕. 이후 송과 서하의 항쟁이 계속됨
			1043	범중엄范仲淹·구양수歐陽脩 등이 등용되어 경력慶曆의 개혁이 시작됨
			1044	송왕조와 서하 사이에 화의가 성립
			1065	복의濮議가 일어남
			1067	신종神宗이 즉위하여 왕안석王安石을 한림학사에 임명함
			1069	왕안석, 참지정사參知政事가 됨. 제치삼사조례사制置三司條例司를 두고 신법을 입안 균수법均輸法·청묘법靑苗法을 실시함. 또한 모역법募役法을 개봉開封에서 실시함
			1070	보갑법保甲法을 개봉에 시행
			1071	모역법을 전국에 시행
			1072	방전균세법方田均稅法·시역법市易法을 실시함
			1073	보갑법을 전국으로 확장함. 보마법保馬法을 화북의 여러 로路에서 실시함 주돈이周敦頤 사망(1017~)〔『太極圖說』〕
			1076	왕안석이 사직하고 금릉金陵에 은거함
			1084	사마광司馬光이 『자치통감資治通鑑』을 지어 신종에게 바침
			1085	신종이 죽고 철종哲宗이 즉위. 섭정이 된 선인태후宣仁太后가 사마광 등을 기용하여 신법을 중지하고 구법을 부활시킴 정호程顥 사망(1032~)

왕조		연도	사항
		1086	사마광, 재상이 됨. 모역법·청묘법 등을 중지시킴 왕안석(1021~)·사마광(1019~) 사망
		1093	선인태후가 죽고 철종이 친정하면서 신법을 부활시킴
	北宋	1100	철종이 죽고 휘종徽宗이 즉위함
		1101	소식蘇軾 사망(1036~)
		1102	채경蔡京이 재상이 됨. 신·구의 당쟁이 격화
遼		1107	정이程頤 사망(1033~)
		1115	여진의 완안아골타完顏阿骨打가 즉위하고 국호를 금金이라 함〔金 太祖〕
		1118	마정馬政을 금에 파견해서 요에 대한 협격을 꾀함
		1119	금의 완안희윤完顏希尹이 여진대자女眞大字를 만듦
		1120	방랍方臘의 난이 일어남
		1121	방랍의 난이 진정되고 양산박梁山泊의 송강宋江이 투항함
		1122	동관童貫이 연경燕京을 공격하나 실패하고, 금이 연경을 함락시킴
		1123	송이 연경을 회복함. 금 태조 사망하고 아우인 오걸매吳乞買가 즉위〔太宗〕
		1125	금이 천조제天祚帝를 포로로 하여 요를 멸망시킴. 송의 휘종이 자리를 흠종欽宗에게 물려줌
		1126	금의 군대가 개봉성을 함락시킴
		1127	송의 휘종·흠종 등이 포로가 되고 북송이 멸망〔靖康의 변〕 금이 장방창張邦昌을 세워 초국楚國을 만듦 고종高宗이 즉위하여 송을 부흥함.〔南宋〕 장방창이 고종에게 귀순함
		1130	금이 유예劉豫를 세워 제국齊國을 만듦. 진회秦檜가 금에서 돌아옴
		1132	야율대석이 카라키타이西遼를 세움
		1137	금이 유예의 제국을 폐함
		1138	진회가 재상이 되어 금과의 화의和議를 추진함 금의 희종熙宗이 여진소자女眞小字를 만듦
金	南宋	1140	금왕조 군이 남진함. 악비岳飛가 하남 각지에서 금의 군대를 격파하여 개봉에 다다름
		1141	진회가 악비를 붙잡아 옥중에서 살해함
		1142	송·금의 제1차 강화 성립
		1149	금의 해릉왕海陵王이 희종을 살해하고 제위에 오름
		1153	해릉왕, 연경에 천도하여 중도中都라 칭함
		1160	남송에서 지폐로 회자會子발행
		1161	금왕조의 남벌군이 채석기采石磯에서 패함. 해릉왕이 살해되고 세종世宗이 즉위
		1165	금·송의 제2차 강화 성립

왕조		연도	사항
		1170	왕중양王重陽 사망(1113~)〔全眞敎〕
		1189	몽골의 테무진이 '칸'을 칭함〔제1차 즉위〕
		1192	육구연陸九淵 사망(1139~)
金		1194	영종寧宗이 즉위하고 한탁주韓侂冑가 전권을 휘두름
		1195	한탁주가 정씨程氏의 학파를 탄압하고, 다음해에 주희朱熹가 관직에서 물러남〔慶元의 黨禁〕
		1200	주희 사망(1130~)
		1206	테무진이 몽골리아를 통일하고 칭기즈칸을 칭함〔제2차 즉위〕 한탁주가 금왕조와 개전하나 패배를 거듭하다가 다음해에 암살당함
		1208	송·금의 제3차 강화 성립
		1209	몽골군이 서하를 항복시키고 위구르도 복속시킴
		1214	금이 몽골에 화약을 청하여 화약이 성립. 금이 개봉으로 천도함〔貞祐의 남천〕
		1219	칭기즈칸의 서정西征이 시작됨(~1124)
		1227	칭기즈칸이 서하를 멸하고 귀로에서 병사함
		1229	우구데이칸이 즉위함.〔太宗〕 한지漢地에 세법을 정함
		1234	금이 몽골·남송군의 공격을 받아 멸망함
	南	1235	몽골과 남송의 교전이 시작됨
	宋	1236	바투가 동유럽에 원정함(~1243)
		1240	『원조비사元朝秘史』가 완성됨
		1246	로마교황의 사자인 카르피니가 카라코룸에 도착
		1251	뭉케 칸이 즉위함〔憲宗〕. 아우인 쿠빌라이를 한남한지대총독漢南漢地大總督에 임명
		1253	훌레구가 서아시아에 원정하여 1258년에 아바스왕조를 멸함
		1254	프랑스왕 루이 9세의 사자인 루브룩이 카라코룸에 도착
		1257	원호문元好問 사망(1190~)
		1259	뭉케 칸이 남송친정親征중 병사함
元		1260	쿠빌라이가 아릭부케와 함께 즉위하여 몽골제국의 내분이 시작됨. 쿠빌라이 칸이 처음으로 연호와 관제를 정하고 중통교초中統交鈔를 발행함 가사도賈似道가 대몽골전의 공으로 재상이 되어 이후 전권을 휘두름
		1262	한인 세후世侯 이단李■의 난이 발생했다가 평정됨
		1264	아릭부케의 난을 평정함. 연경燕京〔大都〕에 수도를 정함
		1266	카이두가 반란을 일으켜(~1301) 몽골제국이 분열됨
		1269	파스파문자가 제정됨
		1271	국호를 원元으로 고침

왕조		연도	사 항
元	南宋	1273	송왕조의 장군 여문환呂文煥) 양양襄陽을 지키다가 원의 군대에 투항함
		1274	바얀이 대규모로 남송을 공격함
			마르코 폴로가 쿠빌라이〔世祖〕를 알현함
		1275	문천상文天祥이 근왕군을 일으킴. 가사도 살해됨
		1276	바얀이 남송의 무조건 항복을 받아들이고 수도 임안을 접수함
			육수부陸秀夫 등이 단종端宗을 모시고 바다로 도주함
		1279	애산厓山이 함락하고 남송이 완전히 멸망함
		1280	곽수경郭守敬이 수시력授時曆을 만듦
		1282	문천상이 대도의 형장에서 살해됨
		1287	지원보초至元寶鈔를 발행함
		1290	마르코 폴로가 귀국길에 오름. 『동방견문록』
		1292	세조가 자바에 원정하나 실패로 끝남(~1293)
		1294	로마교황의 사자 골비노가 대도에 이르러 처음으로 중국에 가톨릭을 포교함
		1313	처음으로 과거를 시행함
		1322	조맹부趙孟頫 사망(1254~)
		1323	반신叛臣 테쿠시가 영종英宗을 죽이고 태정제泰定帝를 옹립함
		1328	태정제가 죽고 천순제天順帝가 상도에서 즉위. 대도에서 옹립된 문종文宗이 천순제의 군대를 격파하고 즉위함
		1329	문종이 형인 명종明宗에게 제위를 양보함. 명종 살해되고 다시 문종이 즉위함
		1332	문종이 병사하고 명종의 어린 아들 영종寧宗이 즉위하나 재위 2개월 만에 죽음
		1333	순종順宗이 상도에서 즉위함
		1346	이븐 바투타가 대도에 도착함
		1351	하남에서 홍건紅巾의 난이 일어남. 이후 각지에서 군웅이 할거함
		1352	곽자흥郭子興 등이 군대를 일으킴. 주원장朱元璋이 그 휘하에 들어감
		1353	장사성張士誠이 고우高郵를 근거지로 성왕誠王을 칭함
		1356	주원장이 금릉金陵을 근거지로 오국공吳國公을 칭함
		1359	진우량陳友諒이 강릉江陵에서 한왕漢王을 칭함
		1363	주원장이 진우량을 파양鄱陽에서 격파하고 이를 멸망시킴. 장사성이 오왕吳王을 칭함
		1364	주원장이 자립하여 오왕吳王을 칭함
		1367	장사성이 주원장 군에 붙잡혀 자살함. 주원장이 북벌을 개시함
		1368	주원장이 즉위〔太祖〕하여 명明을 세움. 원 순제가 대도를 탈출하고 원이 멸망함

□ 쉼 터 □

근세 1 - 총론

竺沙雅章

본서의 구성

이 책에서 다루려는 범위는 10세기 초에서 14세기 중엽까지, 왕조로 말하면 오대五代에서 원元왕조가 멸망하기까지인 대략 5세기 반의 중국사다. 이 사이의 주된 왕조는 송宋과 원元이지만 송은 1127년의 정강靖康의 변으로 한때 중단되었기 때문에 그 이전을 북송, 그 이후를 남송이라 부른다.

송대에는 주변 여러 민족이 강성하여 북송에서는 요遼〔즉 契丹〕가 화북의 일부를 차지했고, 서북방에는 서하西夏가 나라를 세웠으며, 다시 서남의 운남지방에는 대리국大理國이 있어 북송은 통일왕조라고는 해도 그 지배영역은 역대 통일왕조 가운데 가장 좁았다. 남송시대가 되면 화북 전지역은 동북지방에서 일어난 금金왕조가 차지하여 중국에는 1백여 년 남짓 제2차 남북조시대가 출현했다. 그러한 분열상태에 종지부를 찍은 것이 몽골족이 세운 원왕조로 채 1백 년을 유지하지는 못했지만 이민족이 처음으로 중국 전토를 지배하게 되었다. 이와 같이 이 5세기 반 동안에도 중국사에는 큰 정치변동이 있어 그것이 중국의 사회·문화에 큰 영향을 미쳤다. 다만 그 영향을 비교적 적게 받은 강남지방은 사회·경제의 지속적인 발전을 이루어 이 시대에 강남의 화북에 대한 우위가 거의 결정적이 되었다.

시대구분

이 시대를 이해하는 데 반드시 알아두어야 할 것이 시대구분 문제다. 역사상에는 시대의 큰 전환기가 있게 마련인데 중국사의 경우 당에서 송에 걸친 시기가 그 가운데 하나다. 이 시기는 당송변혁기唐宋變革期라고 일컬어질 만큼 특히 주목을 받았다.

이 점을 처음으로 명확히 지적한 사람은 일본 동양사학계의 내등호차랑內藤虎次郎[호는 湖南]이다. 그는 당시까지 당과 송이 연속적인 시대라고 보는 일반적인 입장에 대해 송대 이후는 중국사에서 근세라고 주장했다. 이미 1909년에 경도대학京都大學에서 근세사를 강의하여 그 의의를 설파했고, 이것을 「개괄적당송시대관槪括的唐宋時代觀」(1922)이라는 논문으로 발표했으며, 또한 원 멸망까지의 역사는 강의록인 『지나근세사支那近世史』(1947)에서 개론했다.

그의 송대 이후 근세설은 그 뒤 많은 학자의 찬성을 얻었지만 특히 궁기시정宮崎市定은 이 설을 한층 계승하여 세계사 속에서 중국 근세사의 위치를 확립했다. 그 요점은 『중국사(상·하)』(1977·1978)에 정리되어 있다.

또한 일본에서는 당·송 때의 변혁을 인정하는 점에서는 같지만 이를 고대에서 중세로의 전환기로 보는 설도 유력해서 두 설에 대한 논쟁이 반복되었다. 현재 두 설은 결론을 내리지 못한 채 평행선을 달리는 상태다. 이 때문에 현재 역사서에는 송대가 근세로 혹은 중세로도 되어 있어 주의할 필요가 있다. 본서는 송·원 시대를 근세 전기로 취급하고 있다.

당송변혁기

그런데 당송변혁은 당이 멸망했다고 해서 갑자기 일어난 것이 아니고, 그 계기는 당왕조 쇠퇴의 원인이 된 8세기 중엽의 안사安史의 난까지 거슬러 올라간다. 앞 권에서 자세히 설명한 것처럼 안사의 난 결과, 각지에서 절도사가 할거하여 군사면에서뿐 아니라 민정·재정의 권한까지 장악하여 반독립 상태를 띰으로써 중국은 사실상 분열되었다. 당조정은 이러한 절도사를 누르고 천자의 권한을 강화하는 한편 세제稅制를 정비하여 재정재건을 도모하는 등의 노력을 통해 일시적으로 다시 일어선 적도 있지만, 결국은 쇠퇴의 길을 막지 못했다.

9세기 후반에 발발한 황소黃巢의 난으로 당왕조는 결정적인 타격을 받아, 907년 주전충朱全忠에게 마침내 멸망되었다. 그 때까지 당을 의식하여 공개적으로 독립을 주창하지 못하던 각지 할거세력은 당이 멸망하자 이제 거리낌없이 독립을 선언하여 왕국을 건설했다. 이렇게 해서 오대십국五代十國이라는 중국사에서 보기 드문 분열시대가 반세기에 걸쳐 계속되었다.

당말오대의 혼란기는 무력이 판치는 무인 전횡의 시대로, "국가를 안정시키기 위해서는 장창대검長槍大劍〔즉 무인〕이 있으면 되고 모추毛錐〔즉 문관〕 따위는 필요 없다"라고 말하는 자까지 오대에는 있었다. 이러한 시대풍조 속에서 육조六朝 이래의 정치·사회를 주도하여 오던 문벌귀족은 완전히 몰락했다. 당이 멸망하기 직전에 주전충 부하 가운데 한 사람이 "언제나 청류淸流라고 자랑하던 놈들을 황하에 던져버려 탁류濁流로 만들어주자" 하고, 고급관료의 시체를 황하에 버린 '백마白馬의 화禍'라 불리는 일화는 귀족정치의 종언을 말해 주는 것이다. 그 뒤 당왕조의 부흥을 기치로 내건 오대의 후당이 문벌귀족의 후예를 등용하려 했으나 끝내 적격자를 얻지 못했다고 한다. 분명히 '당의 붕괴는 곧 귀족정치의 붕괴'였다. 그를 대신하여 송대에는 독재군주에 의한 정치가 행해졌고 또 그를 지탱하는 사대부가 등장한 것이다.

송대 정치의 특색

안사의 난 이후 2세기에 걸친 분열상태는 송 태조와 그를 이은 태종에 의해 수습되어 중국은 다시 통일되었다. 이 통일사업은 큰 저항을 받지 않은 채 비교적 손쉽게 달성되었다. 그도 그럴 것이 오대 후기에는 이미 통일의 기운이 배태되고 있었고, 특히 후주後周의 세종이 통일을 추진하는 방책을 세워 어느 정도까지 실행했기 때문에 태조는 그 방침에 따라가기만 하면 되었다.

또한 송 태조는 각국을 정복하여 가는 과정에서 난적을 뒤로 돌리고 저항이 작은 약체부터 손을 대었다. 이 점은 소위 연운16주燕雲十六州를 탈환하기 위해 요왕조와 정면으로 대결한 세종의 방식과는 달랐다. 태조가 '선남후북책先南後北策'을 취한 결과 비원의 연운16주 탈환은 달성하지 못했지만 그밖의 중국지역이 큰 희생을 치르지 않고 짧은 시간 내에 통일을 이루어 평화와 번영을 가져오게 했다. 여기에서 태조의 명분보다 실實을 취하는 현실적인 태도를 볼 수 있다. 그러한 성격은 송의 국정 전반에 대해서도 유사한 점이 많았다.

송은 당말오대의 혼란이 무인의 전횡 때문이었다는 반성에서 지방군벌이 장악하고 있던 군사·재정·사법 등의 모든 권한을 박탈하여 중앙으로 집중시키는 '강간약지책强幹弱枝策'을 행했고, 또한 재상 등의 직권을 분산시켜 황제만이 전권을 장악한다는 군주독재체제를 구축했다.

이러한 통치기구는 그 뒤 원·명·청으로 계승 강화되어 근세의 한 특색이 되었다. 송은 국초에 다른 왕조에서 흔히 보이는 근본을 뒤집는 개혁이나 새로운 제도를 시행하지 않고, 종래의 제도를 답습하면서 그 내용을 천천히 바꾸어 가는 온건한 방법을 택했다. 그 특색이 가장 잘 나타나는 것이 관제다.

송도 당의 삼성육부제三省六部制를 계승했지만, 당말오대 사이에 그 실질적인 기능을 상실하여 송대가 되면 종전의 관官은 거의 본래의 직무를 갖지 못하고 단지 관원의 서열과 봉급의 정도를 나타내는 데에 불과했다. 그리고 실제의 직무를 담당하게 된 것은 당 말기 이후 임시로 두어 온, 혹은 영외令外의 관직 즉 차견差遣이었다.

그밖에 문학文學의 사士에게 주는 관직館職〔생략하여 '職'이라 함〕이 보태져서 송대에는 '관'·'직'·'차견'이라는 3계열의 이해가 쉽지 않은 복잡한 관제가 존재했다. 그러나 최근의 연구에 따르면 이 시스템은 나름대로 합리적인 것이었다고 한다. 뒤에 신종神宗의 원풍元豊연간에 관직의 명칭과 실제의 직무를 일치시켜 당의 삼성육부제로 돌아가려는 관제개혁을 행했지만 완전한 복귀는 이루어지지 않고 도리어 한층 복잡해져 잦은 수정이 가해졌다.

법률면에서도 송대에는 당률唐律을 이용했는데 이를 보충하기 위해 칙勅이 공포되었고 다시 이 칙이 어느 정도 모이면 정리해서 편칙編勅으로 발포했다. 편칙은 원래 율律을 보충하는 것이었으나 실제로는 칙이 이용되었고 칙에 없는 경우만 율에 의거했다. 즉 율은 거꾸로 칙의 보조법으로 격하된 것이다. 그리고 신종의 원풍연간부터는 율령격식律令格式이 칙령격식勅令格式으로 바뀌었다.

이와 같이 송대의 정치는 전대의 제도를 한꺼번에 폐지한 것이 아니라 그것을 존속시키면서 운용면에서 개변改變하여 간, 내등호남의 표현을 빌리자면 '미지근한 방식'이었고, 이것이 송대의 특색이며 장점이기도 했다. 이와 같은 온화하고 현실적인 시책이 도리어 국가에 활력을 불어넣어 사회경제·문화의 발전을 가져왔다고 말할 수 있다. 명名보다 실實을 취하는 방식은 주변 여러 나라와의 관계에서도 보여, 북송은 요와 서하, 남송은 금과의 사이에서 각각 상대국을 대등한 나라로 인정하여 송이 다액의 세폐歲幣를 증여하는 조건으로 화의和議를 맺었다. 세폐는 송의 재정에 부담이기는 했지만 그것을 평화의 대가라고 보면 싼 것이었다.

정복왕조

이 시대의 큰 특색 가운데 하나는 주변민족이 차례로 민족국가를 건설했고 그 가운데 요·금 그리고 원과 같은 왕조가 남으로 진출하여 원래의 한인漢人 거주지를 영유한 일이다. 이들 왕조는 훗날의 청淸과 합쳐 정복왕조라 불러 오호십육국五胡十六國 및 북조北朝의 여러 왕조와 구별한다. 그 이유는 전자가 모두 한인사회도 지배하면서 그에 동화하지 않고 민족 고유의 사회·문화를 유지하려고 했기 때문이다. 즉 요왕조는 본래의 유목적인 민족에 대해서는 부족체제에 의해 통치했고 한인과 발해인 등 정주민은 중국풍의 주현제州縣制로 통치하는 이중체제를 만드는 한편 중앙통치기구에서도 북면관北面官과 남면관南面官을 두었다. 이어서 금왕조는 화북을 점령하자 그 지배를 확실히 하기 위해 여진인을 이 곳으로 이주시킨 다음 한인과는 달리 맹안모극猛安謀克이라는 고유의 부족제도를 이용하여 통치했다. 또한 원왕조는 몽골지상주의로써 중국통치에 군림했다. 나아가 각기 거란문자·여진문자·파스파문자와 같은 독자적인 문자를 만들어 민족의식을 높이는 데 노력했다.

이 무렵의 왕조는 지배형태에 공통적인 요소가 있는 점에서 모두 정복왕조라 불리지만 시점을 바꾸어 그들 이민족 지배하에 있던 한인의 사회·문화 쪽으로 눈을 돌릴 필요도 있다. 거기서는 당 혹은 북송 이래의 전통문화가 유지·계승되고 있었다. 예를 들어 현재의 수도 북경은 오대 후진後晋 이후에는 요의 영토가 되었지만 특히 불교가 번성하여 서남 교외에 위치한 방산房山에서는 수대隋代 이래의 석경石

經사업이 계속 이어지고 있었다. 또한 금대에는 북송의 학문전통을 이어받은 의학·수학이 재야지식인 사이에서 유행했다. 그것은 남송의 서민을 기반으로 한 실용적인 과학과 대조적이었다. 정사正史가 따로 따로 나뉘어 있기 때문에 송과 요·금을 별개로 취급하기 쉬우나 양자를 모두 시야에 넣고 이 시대의 흐름을 보는 것이 필요할 것이다.

목차〔중국사 - 근세 I〕

Ⅲ. 송·금의 대립

衣川 强

……

Ⅳ. 산업과 사회

木田知生

……

Ⅴ. 송학의 대성

山口久和

……

Ⅵ. 원의 중국지배

植松 正

……

□ 쉼 터 □

Ⅰ. 송의 통일

森田憲司

1. 오대-중원정권의 변천

오대사가 가지는 의의

당 멸망에서 송 건국에 이르는 약 60년간이 '오대'라고 불리는 까닭은 화북의 황하 중하류 유역(중원)에서 양梁·당唐·진晉·한漢·주周의 다섯 왕조가 흥망하여, 앞으로 설명하는 것처럼 이들 정권이 정통왕조인 당의 뒤를 이어 역시 정통왕조인 송으로 연결되는 점에서 정통왕조로 취급되기 때문이다.

그러나 전국적으로 보면 장강長江(양자강) 중하류 유역(江南)을 중심으로 많은 지방정권이 존재했고 그 대표적인 것이 열 개가 되는 점에서 '오대십국시대'라고도 불린다. 당·송 두 왕조 사이에 낀 이 시대는 단순한 과도기로밖에 평가되지 않는 경우가 많으나 중국역사상 그 이상의 의의를 갖고 있다.

본 절에서는 이와 같은 점에 주목해서 이 시대의 특징에 대해 보아가고 싶다. 다만 문화에 대해서는 십국의 문화를 포함하여 뒤에 절을 따로 세워 서술하려 한다. 또한 오대의 각 왕조 이름은 앞에 '후後'를 붙여 '후량'과 같이 부르는 것이 관례이다.

> **『오대사』**
>
> 송 태조시대에 편찬된 오대의 정사가 설거정(薛居正) 등이 편찬한 『구오대사(舊五代史)』이다.(973) 불과 1년 만에 완성된 이 『오대사』는 오대 각 왕조의 실록에 의거한 곳이 많았다고 한다. 이에 대해 그 문장과 내용에 불만을 가진 구양수가 또 하나의 『오대사』를 썼다. 그는 한 자 한 자 어구를 엄밀하게 구별해서 사용했고 '오호(嗚呼)'로 시작하는 논찬(論贊)에서 오대 사람들의 행동에 대해 잘잘못을 밝히려 했다. 문장이 명문인 까닭에 이 『신오대사(新五代史)』가 널리 읽혔고 『구오대사』는 역사에서 모습을 감추어 버렸다. 현재의 『구오대사』는 청왕조 때 『영락대전(永樂大典)』 등에서 글을 모아 다시 편집한 것이다.

당의 멸망

875년부터 시작된 황소의 난이 884년에 끝났을 때 당조에는 더 이상 전중국의 통치자로서의 여력은 남아 있지 않았다. 전대부터 각지에서 할거하던 번진藩鎭과 난이 진행되는 과정에 새로이 힘을 얻은 세력이 각지에서 출현하여 당조의 지배가 미치는 범위는 불과 수십 주州에 그쳤다. 890년 시점에서 중국 각지를 조망하여 보면 한편에는 '하북의 삼진三鎭'처럼 안사의 난 이래의 계보를 갖는 구세력이 있고, 또 한편으로는 얼마 뒤에 오대와 십국정권의 주인공이 될 자도 존재하는 등 신·구의 여러 세력을 볼 수 있다. 이 새로운 세력을 대표하는 것이 황소의 부하였던 주전충朱全忠, 그리고 사타족沙陀族 출신의 이극용李克用이다.

주전충의 원래 이름은 주온朱溫으로 그 출신에 대해서는 여러 설이 있으나 하남출신의 군인이었다고 한다. 황소의 부하였다가 당왕조에 투항하여 황소토벌에 공적을 올려 '전충'이라는 이름을 받는 한편 경제의 요충인 변주汴州(開封)를 장악하는 선무군절도사宣武軍節度使의 지위를 손에 넣었다.

한편 이극용은 투르크 계통의 이민족인 사타족 출신이다. 사타가 당왕조와 관계를 갖는 것은 이극용의 아버지인 주사적심朱邪赤心이 방훈龐勛의 난 토벌에 공을 올려 당왕조에서 이국창李國昌이라는 이름을 받고 나서부터다. 대 황소전에서는 아군鴉軍이라 불린 검은 옷을 두

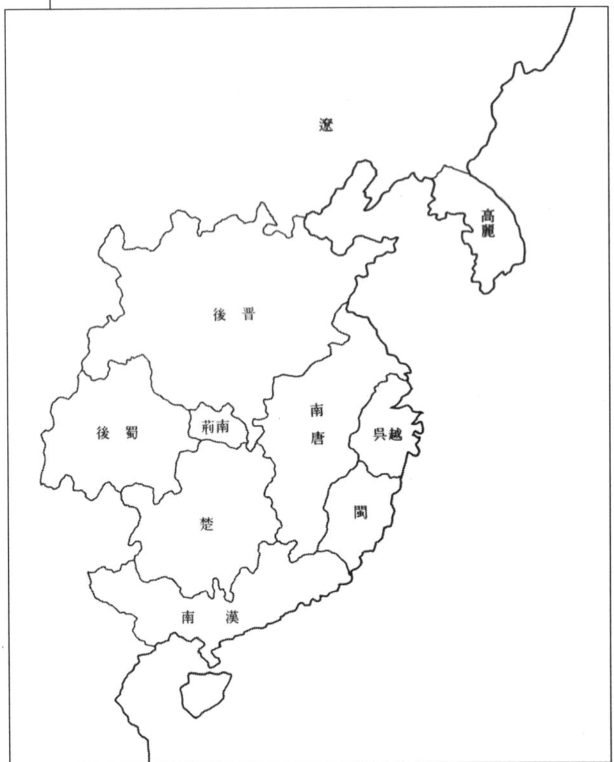

譚其驤 編, 『中國歷史地圖集(제5책)』

오대중기의 정세

른 정예부대를 이끈 이극용의 활약이 가장 컸지만 전투 뒤의 세력항쟁에서는 정치력이 뛰어난 주전충이 승리한 반면 이극용은 자신의 근거지인 산서지방으로 퇴각하여 당조는 주전충에 의해 좌우되게 되었다. 주전충은 그의 뜻에 따르지 않는 소종昭宗을 904년에 살해하고 겨우 10세인 소선제昭宣帝를 옹립한 뒤인 907년 제위를 양보받는 형식〔禪讓〕으로 당조를 멸망시키고 주씨의 새 왕조인 후량왕조를 세웠다. 오대의 시작이다.

후량과 후당

주전충은 한편으로는 당의 찬탈자로서, 또 한편으로는 황소 농민혁명군에 대한 배신자로서 평판이 좋지는 않지만, 당을 좌지우지한 귀족관료를 황하에 던져버리거나(백마의 화), 환관을 몰살하는가 하면 정권의 중추에는 종래의 문벌귀족이 아닌 신흥세력을 발탁하는 등 혁신적인 정치를 행했다.

주전충이 행한 사업 가운데 중국역사의 흐름 전체에 관계되는 특히 중요한 것은 국도를 군벌시대부터의 근거지였던 변주로 옮긴 일이다. 수 양제 때에 완성된 대운하는 이 시대가 되면 이미 경제중심이 된 강남에서 식량을 비롯한 여러 물자를 화북으로 이동하는 대동맥이 되어 있었다. 변주는 이 대운하를 통해 운송된 물자를 황하의 수상수송으로 옮기는 경제상의 일대 요충지로 주전충이 성공한 원인도 이 곳에 근거지를 둔 점에서 찾을 수 있다.

당대까지의 수도 장안이 사방이 산으로 에워싸여 방위에 편리했던 군사적 장점을 가졌던 것에 비해 평원 한가운데에 위치하여 경제적인 편리함이 많은 변주로 국도를 이동한 것은 단순한 국도의 위치 변화에 머무르는 것이 아니라, 국가정책의 중심이 이제 경제에 존재하게 되었음을 의미하는 것이다.

주전충은 후계자로 의아義兒[양자]인 주우문朱友文을 세우려 했다가 912년에 둘째아들인 우규友珪에게 살해되

없고, 이 우규도 아우인 우정友貞에게 살해된다. 우정이 즉위는 했으나 이미 세력이 쇠퇴한 후량왕조는 이극용을 이은 진晉지방의 이존욱李存勖에게 압박을 받다가 923년에 멸망한다.

앞서도 지적했지만 후당을 세운 이씨는 투르크 계통의 사타족 출신이다. 오대의 각 왕조는 하남군벌 계통의 후량과 사타 산서군벌 계통의 다른 4왕조로 나눌 수 있고, 후자인 4왕조의 시조는 서로 관계가 있다.

일단 주전충에게 패한 이씨는 근거지인 산서를 확보하여 태세를 재정비하고 나서 화북에서 제3세력으로서 안사의 난 이래로 계보를 가진 하북군벌 연燕〔劉氏〕왕조를 타도하여 지배하에 넣었고 동시에 후량의 영역도 잠식해 갔다. 그리고 923년에 이존욱은 후량을 쓰러트리고 낙양에서 즉위하여 후당을 세웠다.〔莊宗〕 여기서 주목하고 싶은 것은 수도가 낙양이라는 점이다. 이씨는 당에게서 이李씨 성을 받았기 때문에 스스로를 당왕조의 후계자로 여겨서 낙양을 수도로 정한 것이다. 이 정권은 당대의 귀족자손을 찾아 정권의 중추에 앉히려는 등 복고적인 성격을 지닌다. 그러나 이후의 오대정권은 후량을 따라 변주에 수도를 정하여 중국사에서 다시금 장안과 낙양이 국도가 되는 일은 없었다.

후당은 건국 뒤에도 이씨의 기岐, 사천의 전촉前蜀정권을 멸망시키는 등 그 영역을 넓혀 오대정권 중에서 최대영역을 지배하게 되었다. 그러나 후당에서도 정권을 둘러싼 내분이 시작되어 926년에 이존욱이 살해되

오대의 국왕묘

전촉의 왕건(王建), 남당의 이변(李昪)·이경(李璟)과 십국의 국왕능묘는 비교적 양호한 상태로 남아 있어 발굴보고서도 간행되었다. 왕건묘에서는 관대(棺臺) 주위에 조각된 14인의 음악을 연주하는 기녀상(妓女像)이 당대의 음악 연구자료로서 유명하며 내부도 참관할 수 있다. 남당의 경우는 묘실 내에서 다수의 도용(陶俑)이 발굴되었는데, 그 가운데는 인면어신(人面魚身)·쌍두사(雙頭蛇) 등 신기한 것도 포함되어 있으며 현재는 남경박물관에 전시되어 있다. 민(閩)의 왕심지(王審知) 부부 묘지(墓誌)도 최근 발굴되었고 후촉(後蜀)의 맹지상(孟知祥) 묘도 발굴되었다고 한다.

고 이극용의 양자[의아]인 이사원李嗣源이 즉위한다. 이 사람이 오대의 명군 가운데 하나인 명종明宗이다. 그는 정권이 불안정한 요인 가운데 하나인 황제권의 취약을 보강하기 위해 '시위친군侍衛親軍'이라 불리는 직할부대제도를 창설했고, 재정의 충실을 꾀하기 위해 '삼사사三司使'를 독립관청으로 설립하는 등 황제권 신장에 노력하였다.

또한 지방에서 종래 번진의 자유로운 임명에 맡겨졌던 지방관을 중앙에서 임명한 일도 그 일환이었다. 그러나 그의 만년에는 역시 후계자를 둘러싼 다툼이 일어났고 그가 죽은 뒤 명종의 사위인 석경당石敬瑭이 거란과 결탁해 거병하여 후당은 멸망한다.

여기서 후량의 태조와 후당의 명종 부분에서 사용한 '의아'라는 말에 대해 언급해 두고 싶다. 당대 후반 번진 등의 군벌세력 이래로 군사력의 중심은 '아병牙兵'이라 불리는 직속부대였으나 그 가운데서도 특히 심복[腹心]이 될 만한 자들과의 결합을 강화하기 위해 주장主將과 그들이 의사혈연擬似血緣 관계를 맺는 일이 종종 있었다. 그들은 의아라 불렸고 경우에 따라서는 의손義孫도 존재했다. 많은 의아가 존재한 점에서는 전촉의 왕씨王氏가 유명하나 후당의 이씨에서는 그들 의아가 차지하는 비중이 높았고 정권의 중추에 위치했기 때문에 그 가운데서 황제가 나오게 된 것이다.

연운16주

후당을 멸망시킨 석경당은 이씨와 똑같이 사타족 출신으로 명종을 가까이 섬겨 명종이 정권을 획득하는 데에도 중요한 역할을 한 인물이다. 그러나 명종 사후 석경당은 세력이 커진 것이 도리어 중앙의 경계를 받게 되었다. 그는 거란의 야율덕광耶律德光〔太宗〕과 손을 잡고 영토의 할양, 매년 공납약속 등을 조건으로 군사원조를 받아 936년 후당을 멸하고 후진後晉을 건국했다.

거란은 동부 몽골리아의 시라무렌강 유역에 있던

거란인 기마출렵도

『中國征服王朝の研究(上)』

유목민족으로 4세기 이래로 사료에 보인다. 당의 세력이 쇠퇴한 9세기 말이 되면 자립하기 시작했고, 특히 10세기 초에 등장한 야율아보기耶律阿保機는 여러 부족을 통합함과 동시에 선거를 통하여 수장을 교체하는 종래의 제도를 타파하고 전제지배를 확립했다. 그리고 당이 멸망하자 916년에 국호를 대요국大遼國, 연호를 신책神冊으로 정하고 제위에 올랐다. 요의 태조이다. 이와 함께 사방으로 세력을 펼쳐 926년에는 8세기 이래 중국 동북부에서 번영한 발해를 멸망시키고 다시 남하할 기회를 살피고 있었다. 이런 거란과 석경당이 결탁한 것이다.

요와 관련해서 하나의 왕조가 흥망하는 것 이상으로 역사상 의미를 갖는 것이 연운16주의 할양이다. 후진이 거란에 할양한 지역은 현재의 행정구획으로 말하면 하북·산서 두 성에 걸치며 대동大同·북경·천진 등의 도시를 포함한다. 그리고 이후 4백 년에 걸친 화북의 한민족에 대한 이민족의 지배[그리고 그것은 다시 청왕조로 이어진다]가 여기에서 시작된 것이다. 예를 들면 북조의 여러 왕조에서 보이는 것처럼 북방에서 침입한 이민족이 한인을 지배하는 정권을 세운 경우는 그 이전에도 있었지만 거란에 의한 연운16주의 영유는 비한인 지역에 성립하고 있던 정권이 한인이 거주하는 지대에까지 지배를 확대하는 이제까지 없던 형태의 것이다.

거란의 원조로 즉위한 석경당은 거란과의 약속을 충실히 이행했으나 그 다음의 출제出帝는 석경당과는 달리 매년의 공납을 실행하지 않았다. 거란은 다시 화북에 침입하여 출제 등 많은 사람을 북으로 끌고 갔고, 후진은 멸망한다. 거란의 태종은 그대로 화북에 머물러 국호를 '요遼'로 고치고 후진의 영토를 직접 지배하려 했다. 그러나 '타초곡打草穀[벼베기]'이라 불린 거란군대에 의한 약탈과 살해는 한인민중의 강한 저항을 불러일으켜 태종은 어쩔 수 없이 만주로 철수했고, 중원에는 역시 사타족 출신인 유지원劉知遠에 의해 후한後漢이 건국되었다. 4년을 통치한 후한은 중국사상 가장 단명한 왕조였고 그 영역도 오대 가운데 가장 좁았다.

후주의 폐불

950년 대립세력을 없애기 위해 유력자를 차례로 제거하던 후한의 은제隱帝는 그에게 처자를 살해당한 장군 곽위郭威에 의해 타도되었다. 그리고 951년 곽위가 즉위한다. 이 왕조가 후주後周이다. 곽위는 그 때까지의 사타족 출신 황제와는 달리 하북의 옛 군벌과도 연결되는 한인황제이다. 이에 대하여 후한 고조 유지원의 아우인 유숭劉崇은 진양晉陽〔현 太原〕에서 후한의 후계자를 칭하고 자립해서 산서성의 중부를 지배한다. 이것이 십국의 하나인 '북한北漢'이다. 거란의 지원을 받은 북한은 후주, 이어서 송에도 저항하여 979년 십국 가운데 마지막으로 송에 통일될 때까지 송을 괴롭힌다.

그런데 곽위는 불과 3년 만에 병사하고 뒤를 이은 사람이 처인 시씨柴氏의 조카로 곽위의 양자이던 시영柴榮 즉 오대 제일의 영명한 군주로 평가되는 후주 세종이다. 세종은 통일을 위한 전투를 개시해서 먼저 북한을 공격하여 당면한 적을 견제했다. 그 뒤 전투과정에서 노령화·약체화가 드러난 금군禁軍을 재편, 강화하고 또한 불교사원에 대한 탄압을 명한다. 그것은 ① 사원이 소유하는 모든 토지를 국가에 회수하고, ② 비과세 승니를 환속시키며, ③ 불상 등 사원에 있는 동제품을 회수하여

송 태조 피살설
에 대해

태조 조광윤은 976년 10월에 50세로 급사하는데 이 죽음에 대해서는 전날 밤에 도끼를 손에 든 아우 조광의(趙匡義=太宗)의 모습이 목격되었다는 이야기가 있고, 송대의 사서도 태조의 죽음과 태종의 즉위에 대해서 몇 차례나 수정을 가해 새롭게 쓰는 등 '천고(千古)의 의안(疑案)'이라 불리는 수수께끼이다.

〔민간의 것도 회수〕 그것으로 군사비로 충당할 동전을 주조하려는 것이었다. 이것이 불교사에서 '삼무일종三武一宗의 법란法亂'의 하나로 헤아려지는 후주 세종의 폐불廢佛로 이 때 전국 사원의 9할이 파괴되었다.

이어서 서방의 후촉을 친 다음 남방의 강국 남당을 공격하여 승리를 거두었다. 그 결과 장강 이북의 남당 영토를 수중에 넣었는데 이 지역은 중요한 소금산지로서 이 지역을 확보하게 된 것은 남당정권의 재원탈취는 물론 그밖에 내륙 여러 나라에 대해 소금공급을 좌우할 수 있다는 정치적 의미를 갖는다. 세종은 다시 북방의 거란에 대한 공격을 개시하여 연운16주 가운데 2주를 탈환한다. 그러나 계속 진격하려 한 세종은 959년에 39세의 젊은 나이로 급사하게 된다. 7세의 유제幼帝에 만족하지 못한 부하 장군들은 전전도점검殿前都點檢〔근위군사령관〕인 조광윤趙匡胤을 옹립했고 다음해에 그는 즉위한다. 이 사람이 송의 태조이다.

오대정권의 특징

이상 소략하나마 오대 여러 왕조의 흥망을 보았다. 그 존립기반을 보면 앞서 지적한 대로 후량이 황소에 연결되는 하남군벌 계통의 정권인 데 대해 이후의 4왕조는 산서군벌 계통의 정권이었음을 알 수 있다. 후자에서는 왕조의 교대라고는 하지만 다음 왕조의 황제는 전왕조 군대의 중추에 있던 인물로 산서군벌 내부에서의 정권교체라는 색채가 강하다. 또한 같은 왕조 내부에서도 쿠데타에 의한 황제의 교체가 많았다. 이 점을 전형적으로 나타내는 것이 청대의 역사가 조익趙翼의 『이십이사차기二十二史箚記』에 보이는 '일군중유오제一軍中有五帝'라는 항목이다.〔권22〕 조익에 의하면 후당 장종 이존욱이 건국 이전에 후량과 싸우고 있던 당시 그의 군대에는 후당의 명종, 그 아들 종가從珂〔즉 廢帝. 단 의아로 본래의 성은 왕씨〕, 진의 고조〔석경당〕, 후한의 고조〔유지원〕와 장종 자신을 합쳐 5인이 있었고, 이들이 모두 뒤에 황제가 되었다고 한다. 이 에피소드는 이들 정권의 성격을 잘 보여주고 있다고 할 수 있다.

게다가 정권의 세력범위는 한정되었고 지방에 할거한 절도사들의 힘도 강했다. 또한 국제國制도 왕조라고는 하나 당대 절도사의 그것을 확대한 것에 불과한 면이 많았다. 당연한 이야기로 거기에는 무인의 힘이 강했지만 말단의 지배에는 문관을 이용하지 않을 수 없어 신흥지주세력의 관계진출이 두드러지게 된다. 그들이야말로 송대 이후의 사대부 관료로 이어지는 존재였다.

2. 십국十國－지방정권과 지역사회의 발전

'오대'의 왕조들은 중국식 정통사관에서는 정통왕조

로 간주되고는 있으나 그 지배지역은 황하유역에 그쳤을 뿐이고 장강 중하류 유역을 중심으로 많은 지방정권이 중원에서 독립하여 동시에 존재했다. 그 주요한 정권이 10을 헤아리기 때문에 '십국'이라 한다. 즉 오吳·남당南唐·오월吳越·민閩·남한南漢·초楚·형남荊南·전촉前蜀·후촉後蜀·북한北漢의 10정권이다. 각각의 영역은 시

야연도
夜宴圖

『中國文化の成熟』(世界文化社, 1969)

기에 따라 변동이 있지만 거의 30쪽의 지도와 같다.

이를 보아 알 수 있듯이 장강유역에 다수의 정권이 분포하고 있고, 또 이들 정권의 영역은 현재의 성省영역과 서로 겹치는 부분이 적지 않다. 전자는 이 지역의 경제적인 발전이 독립정권의 존재를 지탱할 수 있을 만큼 진전되었음을 보이고 있고, 후자는 현대에까지 이어지는 자연경계에 기초한 지역공간이 형성되었음을 나타낸다. 이것은 주목할 만한 현상이다.

다음에 이들 각 정권에 대해 각각 간략히 보기로 하자. 오대의 역사에서 본 하남의 주전충 대 산서의 사타 출신자라는 도식에 비해 십국에는 하남군벌과 연결된 정권이 많으나 외래세력과 재지세력과의 관계가 주목할 만한 점이라고 생각한다. 북한에 대해서는 이미 언급했기 때문에 여기서는 생략한다.

십국의 흥망

〔오·남당〕

회수淮水에서 장강 중하류 유역에 걸쳐, 즉 현재의 강소·안휘의 두 성과 나아가 강서성 일대는 처음에는 양씨楊氏의 오왕조, 그 다음에는 이씨의 남당 영역이었다. 오왕조의 시조인 양행밀楊行密은 여주廬州〔현 안휘성 合肥〕사람으로 당왕조 말기의 절도사 고병高駢의 반란에 편승하여 양주揚州로 진출했다가 902년에 당왕조에게 오왕吳王으로 봉해졌다. 다음의 양악楊渥은 영역을 강서·호북에까지 확대하지만 국정의 실권은 서씨로 옮겨가 932년에 서지고徐知誥에게 나라를 빼앗긴다. 서지고는 즉위한 뒤 당왕조의 계승자를 자임하여 성을 이씨로 고쳐 이변李昪이라 하고 수도를 금릉金陵〔현 남경〕에 두어 '당'이라 국호를 정했다. 이것이 남당정권이다.

남당은 강남일대를 영토로 해서 이 시대 제일의 풍요로움을 자랑했다. 북으로는 회수를 경계로 중원왕조와 대립했고, 나아가 북의 거란과도 직접 무역관계 등을 가짐으로써 사방의 다른 십국정권과 함께 중원진출도 엿보았다. 다시 민왕조와 초왕조 등의 영역에 진출하여 세력을 확대했으나 이미 언급했듯이 958년에 후주 세종의 공격을 받아 재정원財政源의 하나인 장강 이북을 잃고 나서는 국력을 떨치지 못하다가 975년 후주後主 이욱李煜은 송왕조에게 항복했다. 남당으로서는 3대 38년, 오왕조의 자립에서부터 계산하면 74년 만에 강남은 중원에 흡수되었다. 역사상 남당은 당왕조 문화의 후계자라는 의의가 크다고 평가되는데 이 점에 대해서는 오대십국의 문화를 다루는 항목에서 설명한다.

〔오월〕

현재의 절강성을 중심으로 하는 영역을 차지한 것이 전씨錢氏의 오월이다. 항주杭州사람인 전류錢鏐가 권력을 잡게 된 것은 당왕조 말 동란중에 항주의 자위군 '항주팔도杭州八都'를 배경으로 했기 때문이다. 영역은 13주로 좁았지만 현재의 소주蘇州에서 절강성〔뒤에는 복건의 福州에 이름〕이라는 당시로서는 가장 비옥한 농업지역으로, 치수와 전지개발을 중심으로 하는 토목공사에 노력한 결과 사람들은 평화롭고 풍요로운 세월을 지낼 수 있었다고 한다. 또한 명주明州〔현 寧波〕라는 국제무역항을 차지한 오월은 거란과 고려, 나아가서는 일본과도 무역관계를 맺고 그 배가 일본까지 찾아간 것이 사료에 보인다. 송조의 통일과정을 보고 있던 제5대 전홍숙錢弘俶은 978년에 국토를 바쳐 5대 75년으로 멸망했다. 전씨의 불교신앙은 유명하여 전홍숙이 만들게 한 '팔만사천철탑八萬四千鐵塔'은 일본에도 전래되었고, 그 속에 담긴 '천하병마도원수전숙天下兵馬都元帥錢俶'의 간기刊記가 있는 『보협인다라니경寶篋印陀羅尼經』은 초기 인쇄자료로서 유명하다.

〔민〕

복건에는 하남 광주光州출신의 왕조王潮·왕심지王審知 형제가 사람들에게 옹립되어 세운 민왕조가 존재했다. 896년에는 당왕조에서 절도사의 지위를 얻었고, 다시 당조 멸망 뒤에는 제위도 칭했으나 종실 내부의 대립으로 945년에 남당의 침입을 불러 5대 44년으로 왕씨정권은 붕괴했다. 그 뒤 북부의 복주는 오월로 들어갔고, 천주泉州 이남은 유종효留從效가 지배했으나 뒤에 진홍진陳洪進으로 지배자가 바뀌었다가 978년에 송에 투항했다.

당唐대에 가장 후진지역이라 해도 좋을 복건은 이 시대에 들어 크게 발전했는데, 이는 주목할 만하다. 또한 왕씨는 불교, 나아가 도교에도 신앙이 두터워 그것이 재정위기를 초래하고 국가의 멸망을 부른 원인이 되었다.

〔남한〕

현재의 광동·광서 두 성에 걸치는 지역, 당시의 호칭으로 말하면 '영남嶺南'에 국토를 영유한 것이 유씨의 남한이었다. 유씨의 출신에 대해서는 아라비아인 설을 비롯하여 여러 설이 있으나 조상인 유안인劉安仁이 하남 지방 사람이라는 것이 정설이다. 당 말기에 이미 광주에 세력을 갖고 있던 유은劉隱은 영남에 유배되거나 중원의 혼란을 피하여 도망온 사람들과 그 자손을 부하로 삼아 정권을 구성했고, 그 아들 유엄劉龑 때에 제위에 올라 국호를 '한漢'이라 했다.

그러나 유엄이 죽고 나서는 다른 정권과 마찬가지로 종실 내부의 내분이 되풀이되었고, 또 음행을 일삼는 천자가 나와 5대 63년으로 송에 항복했다. 남해南海의 창구인 광주를 확보한 이 나라는 남해무역으로 부를 축적하여 당대에는 변경으로 여겨진 영남지역도 이 시대에 개발이 진전되었다.

〔전촉·후촉〕

중국역사에서 사천분지는 정권이 정치적으로 혼란할 때 도피장소, 혹은 독립정권을 만들어내는 역할을 종종 해왔다. 당대에도 유명한 안사의 난 때 현종의 도피장소로 이용되기도 했다. 이는 이 곳이 사방이 산으로 둘러싸여 방위에 적합한 지형이며 아울러 분지라고 해도 성도成都와 같은 평원지대가 갖는 풍요로움이 있기 때문이었다.〔이 풍요의 배경에는 先秦시대부터 이루어져온 수리개발이 있던 점을 잊어서는 안된다〕 그리고 그에 따라 중원의 문화도 상당히 보급되었다.

원래 황소의 부하였다고 하는 하남출신의 왕건王建은 부하를 데리고 촉지역에 들어가 재지세력과 제휴하면서 당이 중앙에서 보낸 절도사들을 타도하고 891년 성도에 입성한 뒤 이윽고 사천 전지역을 지배하에 두었다. 그리고 당이 멸망하자 황제를 칭했다. 이것이 전촉이라 불리는 왕씨정권이다. 전촉은 2대째인 왕연王衍이 925년에 후당 장종의 파견군에게 멸망하기까지 35년 동안 이어졌다.

전촉을 멸한 뒤 후당이 사천의 지배자로서 파견한 것이 맹지상孟知祥이다. 그가 부임하고 나서 얼마 뒤 장종이 살해되었고, 중앙의 동향을 경계한 맹지상은 중앙에 대해 독립적인 행동을 취하게 된다. 실질적으로는 1년 만에 촉지방은 다시 중앙에서 분리된 것이었다. 이 맹씨에 의한 정권이 후촉이다. 이 같은 경과에서도 알 수 있듯이 맹씨정권도 사천의 재지세력 입장에서 보면 정복정권이었다.

이윽고 아들인 맹창孟昶시대가 되면 후주의 세종에게 영토를 잃고 965년에 송에 멸망당한다. 정권이 지속된 것은 36년이었다. 촉을 정복한 송은 철저한 수탈을 행하여 대부분의 부를 약탈했다. 그 때문에 촉지역에서는 왕소파王小波·이순李順의 난으로 대표되는 저항운동이 발생하게 된다. 전촉과 후촉은 문화수준이 높았는데 이 점은 모두 뒤에 설명한다.

〔초〕

현재의 호남에서 광서 북부에 걸쳐 존재한 나라는 하남군벌 부장部將출신인 마은馬殷이 세운 초왕조였다. 초는 상속을 둘러싼 내분으로 분열되어 남당의 개입을 불러 망하기까지 6대 56년간 존속했다.〔대수가 많은 것은 형제

역자주 1) 원문에는 907년으로 쓰여 있으나 963년으로 정정함.

상속과 내분탓이다] 마은은 차 등 영역 내의 특산물 개발과 수출에 노력해 중원을 비롯한 각 정권과 경제무역 관계를 유지했고, 특히 중원정권의 국도인 개봉과 거기에 이르는 교통로에는 무역사무소라고도 할 만한 '저무邸務'를 두기도 했다. 초가 멸망한 뒤 호남은 무장들 사이에 다툼이 이어져 주씨周氏가 승리를 거둘 무렵에는 송에 의한 정복(963)이 기다리고 있었다.

〔형남〕

현재의 호북 일부에 존재한 형남은 주州의 수가 겨우 셋인 작은 국가였다. 그러나 중원·남당·초·촉이라는 강국에 둘러싸인 관계로 거꾸로 완충국가로서 안전을 유지했다. 그리고 이 같은 지리적 특성을 살려 각국 상호간의 상업활동의 중계지로서 발전했다. 이 나라의 시조 고계흥高季興은 본디 주전충의 부하로 후량건국 때에 이 지역 절도사에 임명된 이래 5대 57년 동안 정권을 유지했지만 963년[1] 십국정권 가운데 가장 일찍 송에 정복되었다.

십국정권의 특징

이상 십국정권에 대해 각각 소개했다. 이들 정권의 역사적 의의에 대해서는 앞서도 언급했지만 좀 다른 각도에서 한번 더 설명해 두고 싶다. 그것은 이들 각국의 상호관계와 지역사적 의의라는 두 가지 점이다.

이 시대 각 정권의 상호관계에 대한 역사적 의의를 한 마디로 말하면 '국제관계'의 형성이라 할 수 있을 것이다. 중국사에서 이처럼 많은 정권이 안정적으로 존재한 것은 전국시대 이래 처음이며, 중원정권과 강남의 여러 정권은 생존과 세력확대를 꾀하여 이합집산을 반복하였다. 그 일부는 위의 각 정권에 대한 소개에서도 지적한 대로이며, 그렇기 때문에 완충국가로서의 형남 등이 존재할 수 있었을 것이다. 이 같은 관계의 역사를 보아가면 마치 근대의 국제관계사를 보는 것 같은 감조차 든다.

또한 이들 상호관계는 중국의 범위를 넘어 남해무역을 그 생존기반으로 한 남한과 국제무역항 천주泉州를 가진 민閩 등은 말할 것도 없고, 남당은 중원과의 대결을 위하여 거란과 연결하고, 오월은 명주明州를 거점으로 거란·고려·일본과 무역관계를 가지는 식으로 동아시아 세계 전체에까지 확대되는 것이었다.

이러한 '국제관계'는 정치·군사에 국한되지 않고 경제문제에서도 존재한다. 이 당시의 기준통화인 동전을 확보하기 위하여 국내에는 철전과 납전을 유통시켜 외국인 상인이 통화를 해외로 반출하는 것을 막거나, 1백문文에 대응하는 전錢수를 줄임으로써 실질적으로 통화절하 효과를 노린 정책이 실시되기도 했다. 이 같은 일이 행해지는 것은 국제경제 관계가 존재했기 때문이며, 앞서 설명한 것처럼 자국의 특산물이 개발되거나 그것을 판매하기 위한 재외기관이 설치되기도 했다.

'부국강병'을 위한 정책문제는 각 정권의 영역 내부에서는 당연히 지역개발과 결부된다. 영역 내의 개발로 유명한 예로서는 오월을 들 수 있다. 오월은 '도수영전사都水營田使'를 두어 수천의 부대로 태호太湖 주변의 수리 농전 개발을 행한 것을 비롯해 방조사업과 배수공사를 각지에서 행하여 농업생산의 확대에 노력했다. 또한 당唐대에는 가장 후진지역이던 복건성 일대가 민閩지역을 지배한 왕씨에 의해 개발이 진전된 것은 흔히 지적되는 점이다. 오월도 민왕조도, 인민에 대한 조세 등의 부담은 무거웠다고 한다. 그러나 혼란이 계속된 중원에 비하면 사람들에게는 훨씬 살기 편했던 것이 아니었을까?

문화사상으로 본 오대십국

문화사상으로 중원·강남을 가리지 않고 이 시대를 본다면 그 역사적 위치는 어떠한 것이었을까? 여기에 대해서는 일찍이 나파리정那波利貞이 지적했지만 전란이 이어진 오대정권에 비해 비교적 평화롭고 안정적인 상태가 유지된 십국지배 지역에서 당대의 문화는 계승 발전되었다.

그 가운데서도 남당과 촉이 차지한 위치가 컸는데 두 왕조 모두 전란을 벗어난 당의 귀족과 문인이 다수 유입된 것이 그 원인의 하나이다. 특히 주목할 만한 분야 가운데 하나가 회화일 것이다. 남당에서는 산수화의 동원董源·거연巨然, 꽃과 새 그림〔花鳥畵〕의 서희徐熙·서숭사徐崇嗣 등이 유명해 '강남화단江南畵壇'이라 불린다. 그들은 후주 이욱이 투항할 때 함께 송 궁정에 들어가게 되어 그들의 화풍이 송대의 회화로 이어졌다. 촉에서는 중원에서 유입된 당의 궁정화가들에 의한 화풍과 산수화가 성했다. 그 중 유명한 화가로는 불교회화의 관휴貫休가 있는데 그의 나한화羅漢畵 스타일은 널리 계승되었다. 또한 지금까지도 작품이 전해지는 수묵화의 석각石恪, 화조화의 황전黃筌 등도 잘 알려져 있다.

한편 문학분야에서는 당대 후반부터 유행하기 시작

전촉 **왕건묘** 입구

한 운문스타일의 '사詞'가 이들 지역에서 많은 작가를 낳았다. 남당에서는 국왕인 원종元宗 이경과 후주 이욱이 뛰어난 작가였고, 촉에서는 왕건정권의 재상이자 유명한 사인詞人이기도 했던 위장韋莊의 사를 비롯한 이 시대의 작품을 모은 사집 『화간집花間集』〔후촉 趙崇祚가 편집〕이 만들어져 현재까지 전한다.

문화와 관련된 수공업 분야에서도 촉과 남당이 차지하는 위치는 크다. 종이〔남당의 궁정에서 만들어지기 시작한 澄

心堂紙는 중국역사상 가장 뛰어난 것이었음]는 물론 붓과 벼루 등 문방구의 개량과 생산이 발전하여 송대에서도 지역산업으로서 번성했다.

이에 비해 중원지역에서의 문화상황은 그다지 분명하지 않지만 중원정권과 관련하여 주목할 만한 점은 풍도馮道가 중심이 되어 행한 9경經의 인쇄가 있다. 종래 왕조에서는 유학의 고전인 경서를 종종 돌에 새겨 국도의 태학太學에다 세웠는데[石經], 풍도는 이를 인쇄할 것을 제안하여, 후당 장흥長興 3년(932)부터 개시하여 4왕조를

왕건묘 관대의 악인樂人부조

거쳐 후주 광순廣順 3년(953)에 완성시켰다. 유감스럽게도 오늘날 실물은 존재하지 않지만 경서가 인쇄되기 시작한 사례이며 정부에 의한 최초의 출판사업이기도 하다. 또한 후촉에서는 무소예毋昭裔가 상당수의 책을 간행했다.

송대가 되면 『태평어람太平御覽』을 비롯한 국가적인 편찬사업이 이루어졌는데, 그 사업에는 강남 여러 나라 출신자가 다수 기용되었다. 여기에는 피정복지역

대책이라는 정치적 측면도 있지만 역시 이들 나라에 문화적 전통이 존재했다는 점이 크게 작용했다. 또한 중원과 십국, 특히 강남지역과의 문화격차는 송대의 정치상황에도 영향을 미치게 되는데 그 점에 대해서는 다음 절에서 다루기로 한다.

3. 북송 전반기의 역사

송의 건국

앞에서 설명한 것처럼 부하에 의해 옹립된 송 태조 조광윤은 무혈쿠데타에 가깝게 개봉 입성에 성공하여 즉위한다. 다만 이 사건에 대해서는 그의 아우로 뒤에 즉위하여 태종이 되는 조광의와 태조의 참모로 유명한 조보趙普, 나아가 조광윤 자신의 음모라는 설도 예로부터 뿌리깊다.

일찍이 후한·후주를 섬기면서 그 흥망을 체험한 태조가 먼저 행해야 할 일은 자신의 황제권 강화였다. 그리고 후주 세종이 시작한 통일정책의 완성이었다. 거기에는 당말의 절도사 할거 이래로 황제의 손에서 떨어져 나가 있던 병兵·재財·민民에 걸치는 권력, 특히 병권의 회수가 황제권의 강화, 나아가서는 중국통일에 무엇보다 필요했다. 또한 스스로 '금군'의 총사령관이라는 지위로 반란의 주인공이 되어 천하를 훔친 경험에서 '금군'의 통수권을 분산시켜 황제에게 집중되게 했다. 여기서 행해진 것이 '배주석병권杯酒釋兵權'이라 일컫는 사건으로 태조는 절도사들과의 연회에서 대화로써 하룻밤 만에 군대지휘권을 회수했다고 한다. 이 이후 지방의 권력자는 문관으로 임명했고 나아가 중앙의 황제지배가 지방까지 미치게 되었다.

이렇게 해서 발판을 다진 송왕조의 최대과제는 뭐라 해도 중국통일이며, 특히 거란지배하에 있는 연운16주를 탈환하는 것이었다. 우선 강국부터 공격했던 후주의 세종과는 달리 태조는 약소정권인 형남에서 통일작업을 시작하여 978년 오월의 항복을 마지막으로 남방여러 나라를 병합하고, 979년에 북한이 송에 항복함으로써 통일이 완성되었다.

태조·태종, 두 사람의 시대는 송의 제도확립기였으며 당대와는 다른 새로운 국가체제가 만들어졌다. 군사체제를 포함한 행정제도·과거제도 등에 대해서 보아가기로 하자. 거기에는 몇 가지 공통된 경향이 보인다. 그것은 일반적으로는 '군주독재제君主獨裁制'라고 불리는데 이 말이 가리키는 것은 히틀러의 '독재'와 같은 경우와는 달리 국가의 모든 문제가 최종적으로 황제의 결재를 거치지 않으면 안되는 국가제도를 의미하며, 구체적인 제도에서는 모든 면에서의 '복선화複線化'로 나타났다고 말할 수 있다.

관官·직職·차견差遣

송대 관료의 지위는 관·직·차견의 세 가지를 조합한 형식으로 표현된다. '관'은 관위(官位)로서 원풍연간의 관제개혁까지는 율령제의 육부(六部) 관명(官名)으로 표현되었고 그 후는 종래의 '…랑(郎)'·'…대부(大夫)'와 같은 산관(散官)으로 표시된다. '직'은 궁중의 '… 각(閣)' 등이 들어가는 이름이 보통인데 이 이름을 가지고 있는 것은 그가 엘리트코스에 있음을 나타낸다. 그리고 '차견'은 그 인물이 맡고 있는 실제 직무이다.

새로운 통치제도

송왕조 초의 중앙관제는 그 때까지의 삼성육부三省六部제도와는 상당히 다른 형태를 가진다. 먼저 행정기구의 중추부터 보면 당 후반 이후 정부를 한몸에 짊어진 재상이라는 직책은 존재하지 않게 된다. 재상의 역할을 담당하는 것은 '동중서문하평장사同中書門下平章事' 2·3명이며, 부재상인 '참지정사參知政事'와 함께 모두 5·6명으로 재상부를 구성하여 국가의 정무를 그들의 합의와, 그리고 최종적으로는 황제의 결재라는 형식으로 진행한다.

그러나 그들만이 황제와 직결된 것이 아니다. 다음에 설명하는 재무관청 '삼사三司'의 책임자인 '삼사사三司使'와 군사의 최고책임자인 '추밀사樞密使'도 똑같이 황제에 직결되며 각 지방장관도 마찬가지였다.

중앙정부에서 당대의 삼성육부 각 관청은 유명무실해졌고 거기서 행해졌던 행정은 율령律令의 틀 밖에 설립된 관청이 담당했다. 그 가운데 특히 중요한 것으로 재정관청인 '삼사'가 있다. 국가에서 재정문제의 비중강화는 당대 후반기부터 보이는 경향인데, '삼사'는 염철사鹽鐵使〔전매담당〕·탁지사度支使〔지출담당〕·판호부判戶部〔主稅담당〕의 세 부문으로 이루어지고 그 장관인 '삼사사'는 '계상計相'이라 불려 재상에 다음가는 권한을 갖고 있었다. 이들 새로운 관청조직은 신종 원풍元豊연간에 행해진 관제개혁에서 예를 들면 삼사가 호부에 편입되는 것처럼 다시 삼성육부제로 돌아갔다.

또한 중국에서는 관료의 감찰을 담당하는 관청이 항상 중요한 위치를 차지했는데 송대에는 어사대가 그 역할을 맡았고, 다시 황제에 대해 의견을 개진하는 '간관諫官'이라는 지위도 있어 후술하는 정치개혁에서는 이 것이 젊은 관료의 아성으로 되었다. 또 황제의 조칙을 기초하는 관직으로서 '한림원翰林院'이 있고 '한림학사翰林學士' 특히 필두인 '한림학사승지翰林學士承旨'는 머지않아 재상이 될 사람이 취임하는 자리였다.

군제에 관해서는 전대 이래의 군사력을 계승함과 함께 지방군벌의 병력을 회수하여 황제직속군인 '금군'으로 통합한 뒤 이를 전전군殿前軍·시위마군侍衛馬軍·시위보군侍衛步軍의 3군으로 분할하여 각각이 황제에 직속되게 했다. 나아가 이들 지휘관은 부대를 직접 지휘하는 권한을 가졌지만 군정에 관해서는 중앙정부의 '추밀사'가 통괄했고, 지방에서는 로路의 도총관都總管, 주州의 병마금할兵馬鈐轄의 지휘를 받았다.(일반 知州는 군사와 관계가 없었다) 이들 관직에는 모두 문관이 임용되었고, 사실 사마광司馬光·구양수歐陽脩 같은 송대를 대표하는 문인·정치가도 일선의 지휘관으로서 활약했다. 당대 후반 이후 병사는 용병이며, 북방의 긴장상태와도 관련되어 그 인원증가는 국가재정에 큰 부담이 되어갔다. '금군'에 흡수되지 못한 지방군대의 계보를 갖는 부대는 '상군廂軍'으로 재편성되어 각지에서 토목·조운 등의 임무를 맡았다.

송의 지방제도는 기본적으로는 당대의 주-현제도를

역자 보충설명

송대의 정치와 사회

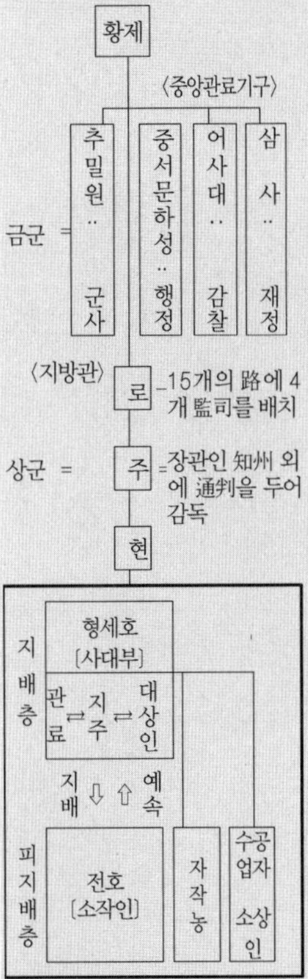

※로에 배치되는 4개의 감사

- 전운사(漕司: 재정감독)
- 경락안무사(帥司: 병정담당)
- 제점형옥(憲司: 사법담당)
- 제거상평사(倉司: 상평창 등 지방재정 담당, 단 신법시대에 국한)

계승하여 주에는 지주知州, 현에는 지현知縣을 두었다. 또 광산 등의 소재지인 '감監', 군사적 요충인 '군軍', 신흥 상업도시인 '진鎭' 등의 행정구획도 있었다. 다시 전국을 15개의 '로'로 나누어 각 로에는 재정관계의 '전운사轉運司', 사법관계의 '제점형옥사提點刑獄司', 군정관계의 '안무사安撫使', 상평창常平倉 등의 운용을 담당하는 '제거상평사提擧常平司'〔왕안석시대에 설치〕의 4개 관청이 설치되어 각각의 광역행정을 담당하면서 관할내에서 관료의 감찰을 맡았다.

송대 지방관제의 특징은 주에 '통판通判'이 존재하는 것이다. 관위로서는 지주보다 낮지만 그의 동의가 없으면 지주는 아무 일도 할 수 없었고, 게다가 지주의 행동을 감시하는 역할도 맡은 부지주副知州이면서 실제로는 부지주만에 머무르지 않은 이 존재는 앞서 말한 복선화를 대표한다고 말할 수 있다.

과거와 관료

과거제도 그 자체는 수대부터 존재하나 관리등용제도로서 큰 의미를 갖게 되는 것은 송대에 이르고부터, 특히 태종시대에 들어 합격자 수가 대폭 늘어나고서부터였다. 즉 태조시대에는 1회에 십수 명의 합격자에 불과했던 것이 수백 명으로 확대되었고, 그들 특히 진사과進士科 출신자가 관계의 주류를 차지하게 되었기 때문이었다.

또한 과거를 통해 합격자와 시험관 사이에 사제관계가 생겨 정계에서 파벌로 연결될 것을 막기 위하여 최종시험으로서 황제 자신이 시험관이 되는 '전시殿試'가 창설되었다. 이와 함께 시험의 공정성을 유지하기 위하여 답안의 기명란을 풀칠하여 가리는 '호명법糊名法', 필적에 의한 부정방지를 위해 답안을 모두 동일서체로 다시 베낀 뒤 채점하는 '등록법謄錄法' 등의 제도도 만들어져 시험의 권위가 높아진 것도 이 시기이다. 이런 한편 새로운 국가제도를 확립하기 위한 다수의 관리 등용은 곧바로 용관문제冗官問題를 발생시켜 군사비와 함께 국가재정에 부담이 되어 간다.

과거에 합격한 사대부는 높은 등수의 합격자를 제외하고 우선 일종의 시용試用기간인 '선인選人'신분으로 되었다가 수년 뒤에 보증인을 얻어 정식 관료신분인 '경관京官'의 지위를 받게 된다. 이 때 보증인과의 관계는 관계官界에서 파벌을 형성하는 하나의 요인이 된다.

또한 과거제도와는 직접 관계가 없지만 과거와 관련해 주목되는 점은 과거에 의한 관료채용이 진전된 결과, 정계에서 강남출신자(즉 南人)의 비율이 높아진 사실이다. 이것은 오대에서는 오히려 강남쪽이 문화가 발전했기 때문인데, 초기의 송조는 당연히 화북출신자가 주류를 점하여 피정복지역인 강남출신자를 배제하는 경향이 있어 정계에서 남북의 대립을 낳게 되었다. 이 문제는 왕안석의 시대까지 이어진다.

역자 보충자료

송대 아시아(11c 후반)

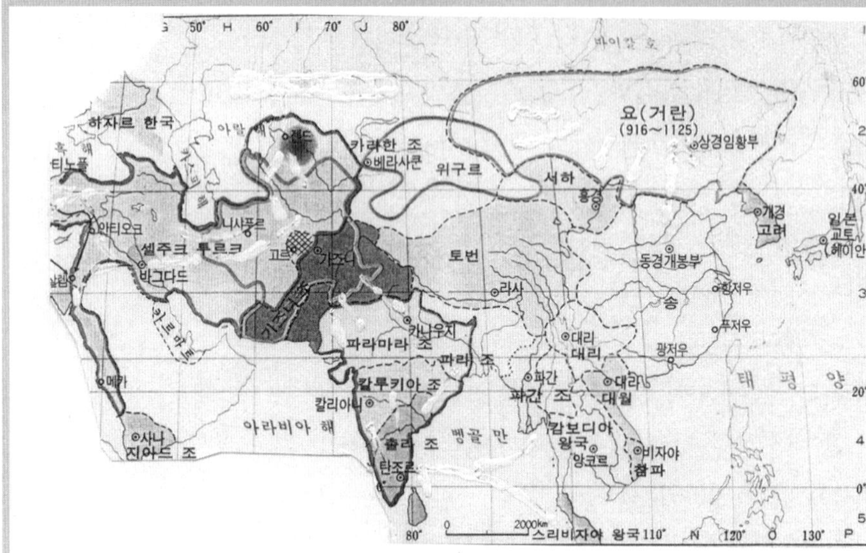

진종·인종 시기의 정치전개

송조의 기초를 확립한 태조·태종조를 잇는 이 시대는 북송의 번영기로, 도교를 열심히 믿은 진종은 하늘에서 내려온 '천서天書'를 제사하는 대규모 의식을 거행하거나 국도에 종교건축물을 자주 세우기도 했다. 이 시기를 특징짓는 것으로서는 ① 정계에서의 신흥관료의 활약, ② 대외문제의 발생 등을 들 수 있다. 그리고 대외문제의 심각화에 따른 군사비의 증가와 비대한 관료제도에 의한 국가재정의 악화는 송조를 좀먹기 시작하여 왕안석의 등장을 맞이하게 된다.

확립된 과거제도를 통해서 관계에 진출한 신흥세력이 정계에 큰 힘을 발휘하게 되는 것은 인종시대이다. 범중엄范仲淹을 중심으로 하는 신관료들은 여이간呂夷簡을 대표로 하는 구파관료들의 사권私權추구와 부패를 비판하며 국정의 개혁을 지향했다. 개혁 자체는 1년 만에 실패했지만 그들의 존재를 천하에 알리게 되었다. 범중엄의 "천하의 근심에 앞서 근심하고 천하의 즐거움보다 늦게 즐긴다"(「岳陽樓記」)라는 한 구절은 신흥사대부 계층의 사회리더로서의 기개를 나타내는 것으로서 유명하다. 그밖에 이 시기에 정계에서 활약한 신관료의 대표적인 인물로는 부필富弼·구양수歐陽脩·한기韓琦 등을 들 수 있다. 이 시대는 '경력慶曆의 치治'라 불려 후대 사대부로부터는 이상적인 시대로서 추앙되었다.

북한이 멸망한 뒤에도 연운16주의 회복문제는 송조의 가장 중요한 국정과제였지만 요왕조 측에서는 후주의 세종에게 빼앗긴 2주의 회복이라는 문제이기도 했다. 이 때문에 양국국경에서는 긴장이 이어졌다. 태종은 그 회복을 위해 스스로 출병하기도 했지만 패하여 부상까지 입었다. 그리고 진종眞宗 때인 1004년에는 거꾸로 요의 6대 황제 성종聖宗이 송에 침입하여 황하의 북안에 있는 전주澶州에 이르렀다. 이에 대해 진종도 친정해서 양국의 황제가 서로 대치하는 형국이 되었으나 결과적으로는 화약이 맺어졌다. 이것이 소위 '전연澶淵

송 황제 계보

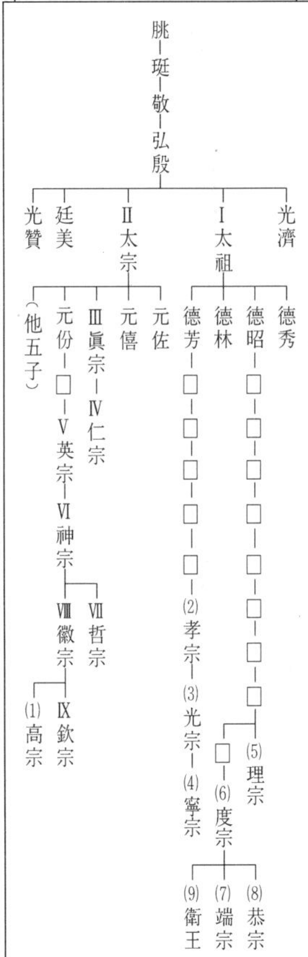

I~IX은 北宋, (1)~(9)는 南宋
『獨裁君主の登場 宋の太祖と太宗』, 清水新書(清水書院, 1984)

의 맹盟'으로 그 내용은 다음과 같다.

① 송에서 요에 매년 견絹 20만 필, 은 10만 량을 준다〔歲貢〕[2)]
② 양국의 관계는 송을 형, 요를 아우로 하고, 송 황제는 요 황제를 '대요황제大遼皇帝'라고 부른다.
③ 양국의 국경은 현상을 유지한다.

세공액은 거액으로 보이나 송에게는 종래의 대거란 군사비에 비하면 가벼운 부담이며, 또한 거란측에서는 세공도 그렇지만 화약으로 국경선에 무역장〔榷場〕이 설치되어 무역관계가 확립된 것은 경제적으로 큰 이익을 주는 것이었다. 다만 이 이익은 주로 요의 황실 및 지배계급에 몰려 부의 편재를 만들어냈고 아울러 중국문명의 유입은 거란민족을 약체화시켰다. 또 이렇게 해서 거란에 보내진 은의 일부는 무역을 통하여 북송에 환류되었지만 다른 일부는 동서세계를 잇는 교역루트를 통하여 국경무역으로 얻은 중국의 산물과 함께 서방세계로 유출되었다.

송대 주변민족의 흥기는 거란에 그치는 것이 아니었다. 중국의 서북방면에서는 티베트계 민족인 청당靑唐과 탕구트黨項민족이 세력을 폈는데 탕구트민족은 자립해서 서하西夏를 건국했다. 탕구트를 둘러싼 국제관계는 부족 내부의 내분으로 시작된다. 즉 이계봉李繼捧과 종제인 이계천李繼遷이 계봉은 송을, 계천은 요를 각각 등에 업고 싸운 것이 발단이었다. 이계천의 아들 덕명德明이 송에 항복하여 일단 평화상태가 되지만, 1039년에 그

역자주 2) 이 부분은 '歲幣'라고 해야 올바른 표현이다. 전연의 맹으로 양국은 대등한 관계로 되었기 때문에 상하관계를 나타내는 '歲貢'이라는 표현은 잘못이다. 이 문제는 뒤에서 보게 되는 남송과 금나라의 관계에서도 나타난다.

아들 이원호李元昊가 서자 독립태세를 보이며 제호를 칭하고 대하大夏라 국호를 정하여 송과 대립했다. 1044년에 북송과의 화의가 성립하여 서하는 송에 대해 신하가 될 것을 약속하는 대신 송왕조로부터 세폐歲幣[은·견·차]가 주어졌고 또한 무역관계도 열리게 되었다.

□ 송대의 과거제도

과거는 '과목(科目)에 의한 선거(選擧)'를 줄인 말이며, 여기서 말하는 '선거'는 오늘과는 달리 지방에서 추천된 인재를 황제가 선발하는 의미이다. 원래 과거는 '공거(貢擧)'라는 별칭이 말해주는 것처럼 지방에서 올라온 '공물(貢物)' 가운데 사람도 포함된 시대의식이 담겨져 있다. 황제지배를 구현할 관료들을 시험으로 채용하는 과거는 598년(開皇 18) 수나라에서 시작되어 당대(唐代) 3백 년간의 시행착오 과정을 지나 10세기 중엽에 새로운 시대와 사회를 배경으로 성립한 송조에서 처음으로 진정한 기능을 발휘하게 되었다.

당의 과거에서는 먼저 과목의 종류가 수재(秀才)·명경(明經)·진사(進士) 등 상당히 많고, 특히 황제의 특별 명령으로 치러지는 '제과(制科)'를 과거에 포함시키면 1백 개에 달한다. 이것들이 당대에 정리·도태되어 송대가 되면 진사와 명경, 그리고 특별시험인 제과 및 낙제 회수가 많은 고령자를 우대하는 특주명(特奏名)으로 정리된다. 시험문제는 유교의 경전 즉 경서(經書)에서 원칙적으로 출제되며 그 이데올로기에 입각한 답안이 요구된다. 남송 중기 이후 주자학에 의한 경서의 새로운 해석이 확립되면서 주자학적 틀 안에서의 출제와 해답이 기대되었다. 이 점은 왕조시대의 중국에서 유교 이데올로기를 재생산하고 유지시키는 역할을 했다는 점에서 중요한 의의를 갖는다.

그러나 당의 과거는 아직은 특권계급 즉 남북조 이래의 문벌귀족들에게 유리한 구조였다. 먼저 과거에 응시하기 위해서는 학교의 학생[즉 生員]이 될 필요가 있었다. 특히 국자감과 태학 등 중앙의 상급학교일수록 송대 이후와는 달리 특권계급의 자제들밖에 입학할 수 없었기 때문에 과거를 보고 싶어도 그 자격이

역자 보충설명

일반서민에게는 주어지기 힘들었다. 설령 한정된 서민이 수험기회를 통해 과거에 합격했다고 해도 귀족들의 아성인 이부(吏部)에서 시행되는 면접은 이들에게 결코 호의적이지 않았다. 전체적으로 보아 당대에서 오대에 이르는 동안의 과거는 송대 이후의 과거에서 볼 때 요람기 내지 시행착오의 상황에 있었다.

송조 때의 과거는 처음은 진사과(進士科)와 제과로 구분된다. 후자는 구경(九經)·오경(五經)·삼사(三史)·삼전(三傳)·삼례(三禮)·학구일경(學究一經)·명법(明法) 등으로 세분되어 각각의 해당과목 또는 복수의 경서로 시험을 치른다. 이것은 대부분이 1058년(仁宗 嘉祐 3)에 명경과로 통합되었다가, 다시 1071년(神宗 熙寧 4)에 명법과를 제외하고 왕안석의 신법의 일환으로 폐지된다. 그 뒤 신법당과 구법당의 당쟁 속에서 부활과 폐지가 있었지만 남송대에 이르러 제과는 완전히 폐지되고 과거는 곧 진사과를 의미하게 되었다. 또한 당에 이어서 송대에도 필요에 따라 우수한 인물을 대상으로 임시적으로 시험하는 제과가 있었다. 이 또한 왕안석에 의해 1074년에 폐지된 적이 있고, 당쟁 속에서 변화가 있었으나 남송대에는 정착되어 송조가 멸망할 때까지 존속되었다.

진사과 중심의 송대 과거는 지방의 부주(府州)에서 치러지는 제1차 시험인 해시(解試, 일명 鄕試), 중앙 예부에서 치르는 제2차 시험인 성시(省試, 일명 會試), 그리고 마지막으로 황제가 직접 시행하는 전시(殿試)라는 3단계로 나누어진다. 시험 내용은 모두 경서에 대해 어떤 문장의 자구를 가리고 그것을 맞추게 하는 첩경(貼經), 구두시험인 묵의(墨義), 그리고 시부(詩賦)와 논책(論策) 즉 운문(韻文)의 재능과 문장능력이 검증된다. 제과〔명경과〕는 첩경과 묵의가 주인 반면 진사과는 시부와 논책에 중심을 두었고, 시험방식은 시대에 따라 큰 차이를 보이나 시부는 왕안석의 신법의 일환으로 폐지되었다.

향시에 대해서는 각 부주(府州)와 국자감에 해액(解額)이라 하는 합격 할당수가 있고 그 합격자를 '거인(擧人)'이라 한다. 거인은 보통 봄에 실시되는 성시를 치르기 위해 수도로 간다. 성시 합격자에 대해 송대부터 황제가 직접 주관하는 전시가 부가됐고 그 합격자에게 '진사'라는 칭호가 주어진다. 전시는 송의 초기에 시부와 논책이 출제됐고 낙제자도 생겼지만 머지않아 낙제자는 없게 되었다.

송대의 과거는 2대째인 태종시기에 들어 비약적인 전개를 보이다가 진종과 인종 시기에 더욱 더 융성한다. 처음 과거는 부정기적으로 치러졌고 합격자수도 1백 명에서 4~5백 명으로 일정치 않았으나, 1065년(英宗 治平 2) 이후부터 3년 1회로 정해졌고 진사 합격자수도 평균 3~4백 명이 되었다. 3년 1회의 과거는 이후 19세기 말까지 지켜졌다. 전시에 합격한 진사들은 성적순으로 진사급제(進士及第)·진사출신(進士出身)·동진사출신(同進士出身) 등으로 구별되며, 이것은 뒤에 관계(官界)에서 이들의 출세에 영향을 미친다. 과거의 수석을 장원(壯元), 차석을 방안(榜眼), 3등을 탐화(探花)라 했다.

송대의 과거는 놀라울 정도로 엄중하고 공정하게 실시되고 있었다. 당시대에는 시험의 총책임자인 지공거(知貢擧)에게 수험자가 자신의 시 또는 문장을 보내는 '공권(公卷)'과 유력자가 추천문을 전해주는 '통방(通榜)' 등의 관행이 있었고, 합격자와 지공거 사이에는 좌주(座主)와 문생(門生) 즉 밀접한 사제관계가 맺어지는 것이 통례였다. 이것이 송대가 되면 전시가 실시됨으로써 좌주와 문생의 관계가 황제와 진사 사이에 모습을 바꾸어 나타나, 지공거에 대한 당시대의 관행도 모습을 거의 감추었다. 과거가 실시되기 직전에 임명된 지공거를 비롯한 시험관들은 곧바로 시험장[貢院]에 들어가 시험이 완료될 때까지 밖으로 나오지 못했다. 답안은 모두 호명(糊名)과 등록(謄錄)이라는 방법으로 처리되어 채점이 원칙적으로 공정하게 이루어질 수 있게 되었다. 호명은 먼저 답안의 수험자 이름에 종이를 부쳐 알아보지 못하게 하는 것이고, 다음에 그 답안 전부를 필적으로 구별할 수 없게 해서(楷書)라 불리는 서리의 손으로 마치 인쇄물처럼 같은 글씨체로 베껴 쓰는 것이 등록이다. 이 막대한 인원과 정력을 소비하는 방법은 청조까지 계속되었다.

당대의 과거는 일부의 특권계급에게 유리한 제도였다. 그러나 송대가 되어 그러한 계급이 사라지면서 10세기 단계로서는 세계에 유례가 없을 정도로 상당히 넓게 문호를 개방했다고 볼 수 있다.[단 송대에도 상공업자는 제외] 물론 과거합격을 위해서는 장기간의 수험공부와 막대한 비용이 필요하여 현실적으로 아무나 진사를 지향할 수는 없었다. 하지만 모든 과거에서 항상 몇 퍼

센트는 서민과 농민 출신자가 포함되었다. 여기서는, 과거가 부와 명예와 권력을 얻기 위한 창구로 적어도 10세기 이후는 모든 중국인의 관심이 모아지게 되었다는 사실이 중요하다. 그와 함께 과거의 수험자와 준비생은 한자로 이루어진 고전(古典)·시문의 작법, 그리고 역사지식의 습득 등에 노력해야 했고, 무엇보다 13종이나 되는 유교의 경서암기에 정력을 소모해야 했다. 과거가 송대에 들어 비약적으로 발달한 배후에는 인쇄술의 보급이 있었음을 잊어서는 안된다. 그로써 고전에 대한 공부와 지식 습득이 용이해져 식자계급의 저변이 확대되었다. 이미 10세기에 대부분의 국민이 공정한 시험에 합격하면 고급관료가 될 수 있는 길이 만들어진 것은 중국 이외의 역사세계에서 보면 경이적인 현상일 것이다. 하지만 그 시험의 내용이 일정한 고전의, 그것도 암기에 치우쳤기 때문에 중국의 지식인들은 다른 차원의 사고양식과 발상을 갖기 어려운 결과를 초래했다. 게다가 과거 공부가 '승관발재(陞官發財: 권력과 재산을 손에 넣음)'를 위한 수단이었다고 하면 더더욱 그렇다. 10세기 이후의 중국에서는 진사라는 이름을 손에 쥐는 것 이외에 진정한 인간 그리고 진정한 의미에서의 인생을 누릴 수 있는 길은 거의 없었다. 당의 황소(黃巢), 19세기의 홍수전, 20세기의 모택동에 이르는 반체제 운동의 지도자가 모두 과거시험의, 더구나 상당히 우수한 낙제자였다는 사실은 암시하는 바가 크다.

『中國史3-五代~元』(山川出版社, 1997), 89~93쪽 참조.

4. 요와 서하

진종·인종 시기까지의 요·서하 양국과 송의 관계는 이상과 같으나 여기서 그 뒤의 양국과 그 사회·문화에 대해 약술해 두기로 하자.

위에서도 설명한 대로 송과의 평화달성과 무역관계의 확립은 요왕조에 경제적 번영을 가져왔고 정치적인 안정과 어울려 이후 성종聖宗·흥종興宗·도종道宗 3대에 걸치는 약 1백 년간의 전성기를 맞이하나 12세기에 들면 여진족의 완안부完顔部가 세력을 펴기 시작하여 1125년에 멸망하게 된다. 요의 중국지배는 거란인을 비롯한 비농경 민족과 한인을 비롯한 농경민족으로 그 시스템을 달리했다. 전자는 북면관北面官이라 불려 부족제도를

산수도 겨울(부분)

기반으로 한 지배가 행해졌고, 후자는 남면관南面官이라 불려 당의 중앙·지방제도를 받아들인 시스템이었다. 이와 같은 이원지배시스템은 정복왕조라는 요의 성격을 잘 반영한다고 할 수 있다. 한편 거란은 이 무렵 자신의 문자를 갖게 되었는데, 이것은 거란민족 자신의 민족적 자립이라는 측면을 강하게 반영한다.

문화면에서 요왕조를 보면 중국이 송대가 되어 사

동릉 중실(동북벽면)

田村實造,『慶陵の壁畵－繪畵・彫飾・陶磁』(同朋社出版, 1977)

서하문자
경전〔행서체〕

西田龍雄, 『シルクロードの謎 西夏文字の話』(大修館書店, 1989)

서하문자

서하문자(西夏文字)는 거용관(居庸關)의 석각으로 그 존재가 알려졌으나 20세기 초에 서하의 옛 도읍인 카라호트가 코즐로프 등에 의하여 조사되어 다수의 자료가 소개되고 나서부터 본격적인 해독이 시작된다. 그 글자 모양은 한자를 닮았으나 훨씬 복잡하다. 서전용웅(西田龍雄)에 의해 그 해독이 진전되었다. 불교관계를 중심으로 판본·사본이 모두 다수 남아 있다.〔위 그림 참조〕

대부 문화라고 할 새로운 문화시대에 들어간 것에 비해, 요는 그것보다 한 시대 이전인 당대의 문화양상을 농후하게 남기고 있는 것이 특징이다. 요삼채遼三彩와 자주磁州의 민간도자기, 요 황제의 능묘인 경릉慶陵벽화와 최근 요의 귀족묘에서 출토된 회화 등을 보면 그러한 감이 강하게 든다.〔도판 참조〕 또한 불교신앙이 왕성하여 대장경大藏經〔契丹藏〕 출판이라는 대사업이 행해져 당대부터 계속되어 온 북경 교외에 있는 방산房山의 석경石經제작이 절정을 맞고 있다. 대동大同의 화엄사華嚴寺에는 현대 중국의 시인이며 정치가이기도 한 곽말약郭沫若이 애호했다는 이 시기의 아름다운 소상塑像이 남아 있다.

서하와 북송·요의 삼국관계는 그 뒤 반드시 안정적이지는 않아서 분쟁이 종종 일어났고, 요·북송 두 왕조를 멸망시키게 된 여진족의 침입 때에 서하는 최종적으로 여진과 손을 잡는다. 서하와 금 사이는 평온했기 때문에 이후 내정에 힘을 쓰게 되어 서하는 번영기를 맞이하다가 1227년에 몽골의 칭기즈칸에 멸망할 때까지 존속하게 된다.

서하에서도 요처럼 불교문화가 흥성했고, 또한 유교문화도 중국에서 수입되었다. 한편으로 이 시기의 다른 주변 여러 민족처럼 민족독자의 문자인 '서하문자'를 창제하여(1036년 공포, 위의 그림 참조), 그것에 의한 출판사업 특히 불전출판이 성행했고 판본도 출토되었다. 또한 주목할 만한 것으로 독자적 율령인 '천성구개신정율령天盛舊改新定律令'도 제정되었다.

□ 쉼 터 □

Ⅱ. 왕안석의 신법과 당쟁

宮澤知之

왕안석 초상

1. 왕안석 등장의 배경

송초의 농촌사회

왕안석의 신법新法이 실시된 것은 11세기 후반이다. 이 개혁은 직접적으로는 재정재건을 의도한 것이었으나, 단순한 세금징수정책이 아니라 넓은 범위에 걸친 행정·재정개혁이며 동시에 사회개혁이기도 했다.

왕안석의 신법이 해결하려 한 재정문제란 11세기 후반이라는 건국 이후 약 1백 년이 지난 시점의 재정문제였음은 말할 필요도 없다. 하지만 그것은 또한 당 중기 이후 격렬한 사회변동을 겪은 시점에서의 사회문제와 불가분의 관계에 있었다. 즉 11세기 후반이란 당과 송 사이의 사회변동이 아직 안정되지 않은 시기에 성립한 송의 지배체제와 현실사회와의 괴리가 드러난 시대이며, 그 괴리가 집중적으로 재정면에 나타난 시대였던 것이다. 여기서는 송대에 성립한 사회구조와 송왕조의 지배체계를 개관하여 어떠한 문제가 11세기에 나타났는가를 설명하자. 먼저 농촌부터 보자.

송대 농촌사회는 부자와 빈자가 양극으로 분해된 사회가 아니었으며, 또한 비교적 균등한 규모의 농민으로 구성된 평준화된 사회도 아니었다. 8세기의 양세법兩

稅法 제정 이후 토지의 자유로운 매매가 일반화되었고 토지를 집적한 신흥지주층, 토지를 잃은 소작인층이 형성되는 한편 그 중간에 두터운 중소 자작농층이 존재했다.

송대의 농민 여러 계층은 무산자로 전락한 자가 끊임없이 있는 반면, 근로활동을 통해 유산자로 상승하는 자도 존재함으로써 상하 유동성이 심했다. 예를 들어 지주층이라고 해도 중국의 전통적인 균분상속제均分相續制로 인해 세대마다 분할·축소되는 것을 면하기 어렵다. 토지소유의 끝없는 집적과 분할, 획득과 상실은 전체적으로 지주층·자작농층·소작인층, 그밖에 계층의 구성비가 극단적으로는 변동하지 않는 사회를 성립시켰다. 극히 대략적인 구성비는 경제 선진지역인 양절로兩浙路를 예로 들면 지주층은 1% 정도, 자작농층은 수%, 자소작농층은 70% 전후, 무산농민은 20% 정도이다. 사천 등 후진지방에서는 무산농민의 비율이 증가했다.

위전
圍田

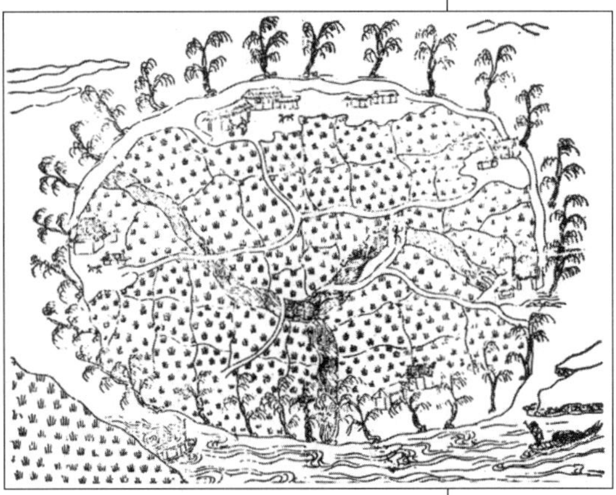

『王禎農書』

소작농민은 당시의 용어로 전호佃戶라고 한다. 즉 송대의 농민은 자소작농과 소작농을 합쳐 8·9할이 지주와 관계를 갖는 전호였다고 말할 수 있다. 이 같은 지주-전호 관계의 보편화는 송대 사회의 큰 특징이다. 이 지주-전호관계의 성격을 둘러싸고 일찍이 학계에서는 유럽 중세의 농노農奴에 비정할 수 있을지 어떨지 첨예한 논쟁이 전개되었다. 그러나 모든 지주-전호관계가 반드시 인격적인 지배예속 관계만은 아니었음에 주의해야 한다. 확실히 무산농민 중에는 사실상 인신매매에 의해 지주에게 예속되는 농민(佃僕)도 존재한다.

하지만 대부분의 전호는 설령 얼마 되지 않더라도 자기의 토지를 소유하고 있었고, 한편으로 지주와 경제적인 소작계약을 맺은 농민이었다. 지주-전호관계의 일반적인 형태는 경제관계인 것이다. 송대 농촌사회는 지주-전호관계도 포함해서 기본적으로는 경제관계에 의해 사람과 사람이 연결된 사회라고 할 수 있을 것이다.

향촌통치정책

이 같은 구성을 갖는 사회에 대해 송조는 지주-전호 관계를 통해서가 아니라 농민의 토지소유를 기준으로 한 지배체계를 구축했다. 세역稅役부과의 기초가 되는 호적제도에서는 토지를 중심으로 하는 부동산의 유무에 의해 전체 인호人戶를 주호主戶(유산자)와 객호客戶(무산자)로 나누는 주객호제主客戶制를 채용하여 주호에게 양세兩稅를 부담시켰다. 또한 양세액의 다과와 정수丁數('정'은 20~59세의 남자)에 따라 주호를 5등급으로 구분하는 오등호제五等戶制(戶等制)를 정하여 이 호등을 직역職役·연징沿徵(부가세)·지이支移(거주지 이외에의 납세)·절변折變(납세품목 이외의 것으로 대납하는 것)·화매和買(견포 등의 매입)·신정전身丁錢(丁男의 인두세)의 기준으로 삼았다. 호등은 세역부과를 위한 정치적 구분이기 때문에 엄밀하게는 사회계층과 대응하지 않지만 일반적으로는 1·2등호는 지주층, 3등호는 자작농층, 4·5등호는 자소작농층으로 생각할 수 있다.

이상과 같이 유산자인 주호는 국가에 다양한 세역을 부담했다. 한편 무산자인 객호는 아무것도 부담하지 않은 것이 아니라 신정전말고도 잡세와 잡역이 부과되었다. 그러나 모두 특정지역의 잡세·잡역으로 송조의 주요한 세역부담자는 아니었다. 송조의 지배원리로서는 어디까지나 토지소유 농민이 지배대상의 중심이며, 이 의미에서 송조의 존립을 지탱하는 기반은 인구의 대부분을 차지하는 중소자작농이었다.

송대의 농촌에서 무거운 부담이었던 것이 직역이다. 직역이란 징세와 경찰 등 지방행정의 실무가 인민에게 맡겨진 것을 말한다. 중국에서는 오래 전부터 이 같은 제도가 있었으나 송대에는 관료제도가 성립되고 정비됨에 따라 행정적인 실무가 크게 늘어났다. 그 가운데 일부의 실무는 전문직원職員(즉 서리)의 직무였지만 그래도 아직 많은 공무公務가 직역으로서 인민의 노동을 징발해서 수행된 것이다.

송초의 직역은 차역법差役法이라고 한다. 이것은 당시 현저히 성장한 자연촌락을 구성요소로 하는 향鄕을 단위로 1~3년을 임기로 해서 호등에 응하여 다양한 내용의 직역을 부과한 것이다. 예를 들면 향촌에는 이정里正[징세]·향서수鄕書手[호적]·기장耆長[경찰]·장정壯丁[기장의 부하]과 주현에는 아전衙前[창고의 관리, 세의 수송]·궁수弓手[도적의 포박]가 있는 등 수없이 많다.

또한 차역법에서 관호官戶[관료를 배출한 집]·방곽호坊郭戶[도시거주자]·여호女戶·단정호單丁戶·미성정호未成丁戶·사관寺觀은 직역에서 면제되었다. 그러나 직역이 면제된 관호도 정세正稅인 양세가 면제되는 것은 아니었다.

모순의 격화

이상에서 설명한 농촌을 대상으로 하는 행정제도는 건국 이래 수시로 제정되어 온 것이나 1033년의 오등정산부五等丁産簿[호등대장]가 제정됨으로써 일단 정비되었다고 할 수 있다. 그러나 제도가 정비된 이 무렵부터 실제로는 여러 모순이 나타나기 시작하면서 송의 제도는 사회현실에 대응하지 못하게 되어갔다.

이미 설명한 것처럼 송의 존립기반은 중소작농민이었다. 하지만 지주제=대토지 소유의 성장은 중소농민의 경영을 압박하여 불안정하게 한다. 뿐만 아니라 대토지 소유자는 사회적 강자임을 이용해서 자주 자기 토지를 감추거나 호등을 내리곤 한다. 소유지의 불분명함은 호적의 혼란과 조세의 결손을 불러 국가재정을 불건전하도록 만들고, 그 피해는 중소농민이 받는 것이다. 이러한 사태는 1010년대부터 빈번히 지적되기 시작하여 때로는 천보방전법千步方田法이라는 토지조사도 실시되었다.

그러나 이것은 토지소유의 현상 재파악에 불과했고, 지주층의 경제적 지배에 의한 중소작농의 압박을 저지하는 것은 아니었다. 게다가 천보방전법은 극히 일부지역에서 실시된 것에 불과하여 문제의 해결과는 거리가 먼 것이었다.

또한 직역의 과중함도 점차 큰 문제가 되었다. 특히 무거웠던 것이 이정里正을 맡았던 자가 담당하게 되는 아전 즉 이정아전里正衙前의 역役이었다. 이것은 원래 1등호가 세의 관리와 수송을 담당한 역이었으나 교통의 안전이 확보되지 않은 시대였던만큼 종종 결손이 생겼다. 결손은 아전 자신이 배상하게 되어 있었고, 이 때문에 파산하는 자가 연이어 나타났다. 그래서 송조는 1055년에 아전제도를 손질했으나 그래도 파산은 피하기 어려워 결국 2등호에게도 역이 미치게 되었다.

아전은 농촌의 상등호와 관련된 문제이지만 하등호도 여러 직역에 시달렸다. 다만 그 고통은 경제적 부담이라기보다도 농업노동과의 균형문제였다고 생각된다. 송대에서 농업이 발전하는 데에는 보다 많은 노동의 투입이 불가피했다. 그렇기 때문에 2정丁 이상 있으면 1정을 빼앗기는 직역의 부담 자체가 농업에 대한 충분한 노동을 방해한 것이다. 송조는 농업진흥을 위하여 때로는 답려踏犁[쟁기]와 점성미占城米를 나누어주거나 권농사勸農使를 상설하는 등의 방책을 강구했다. 하지만 사회적인 재생산 조건의 정비를 포함한 항상적인 농업진흥책은 아직 이루어지지 않았다. 중소농민의 보전과 농업진흥의 과제는 왕안석 시대까지 이어진다.

송초의 상업과 유통경제

당조 이래로 성장하고 있었던 상품유통은 오대십국의 정치적 분열시대에 한층 진전했다. 주현의 성城과 군대의 주둔지인 진鎭에는 대량의 물자가 돌았기 때문에 상업도시로서의 성격이 강했고, 또 그 주변에 초시草市라고 하는 소규모 상업집락을 발생시켰다. 당대의 도시제도였던 방시제坊市制의 해체도 진행된 것이다.

이러한 상업의 발달은 송의 전국통일로 새로운 단계에 도달한다. 특히 일부지역만을 제외한 화폐의 통일은 전국적인 물류를 일거에 확대시키는 계기가 되어 유통기구의 발달을 초래했다. 송대는 중국 상업사상에서 새로운 국면을 연 시대였다.

유통조직에서는 상품의 흐름에 따라 명확한 분업관계가 성립되었는데 특히 저점邸店·아인牙人이라는 중계조직의 중요성이 커져 갔다. 저점은 주로 외래객상과 도시의 소매상 사이에서 도매상으로 성장했고, 아인은 본래의 주선업周旋業이라는 역할 이외에 중계인으로서 농촌과

도시를 연결했다. 주로 도시와 도시 사이의 유통을 담당한 이들이 객상이다. 객상의 활동은 송대에서 전국적 물류의 융성을 가능하게 했다는 점에서 특필할 만하며, 또한 그들과 다른 상인들 사이의 거래, 사매賒買〔신용매매〕·약속어음 등의 상관행이 일반화된 점도 놓칠 수 없다.

또 방시제의 완전한 붕괴는 '행行'의 성격을 크게 바꾸었다. 당대까지 동일업종이 모인 거리로서의 의의가 강했던 '행'은 송대에 들어서는 상인조합을 의미하는 경우가 일반적이다. 상품별로 존재하는 상인조합='행'은 같은 종류의 상품을 취급하는 모든 상인으로 조직된 단체는 아니고, 또 청대의 '행'에서 보이는 명확한 길드규제를 갖는 단체도 아니라, 때로는 관부官府에 의해 조직된 경우처럼 자치적 기능의 범위가 매우 제약된 단체였다. 그러나 도시시장을 실질적으로 움직이는 존재로서

소금의 생산

『重修政和証類本草』

'행'의 기능은 이전과는 비교할 수 없을 정도로 그 중요성이 커지고 있었다. 이렇게 해서 송초에는 이후의 중국에 보이는 유통조직이 기본적으로 성립했다.

전국적 물류의 시스템화

도시경제가 성장하고 상품유통이 확대됨에 따라 송조는 새로운 재원으로서 가옥세·지세라는 도시적 과세와 유통에 대한 세금체계 즉 상품가격의 2%에 해당하는 과세過稅〔통행세〕와 3%의 주세住稅〔판매세 혹은 入市稅〕로 이루어진 상세를 제도화하고, '행'에는 행역行役을 부과하여 관용물품을 사들이거나 불하하여 재정운영에 이용했다.

상업발달의 기초는 농업의 발달이다. 이것으로 잉여생산물의 시장투입이 확대되고, 농촌 가내공업인 방직업이 성장하고, 또 각지에서 특산화가 진전되었기 때문이다. 그러나 상업의 발달은 민간경제의 자생적인 성장에 의해서만 생겨난 것은 아니었다. 송의 전국통일은 당대 이래 북방에 대해 우위를 확립한 강남을 중심으로 하는 남방경제와 최대의 물자소비지인 중국의 서방과 북방을 어떻게 합리적으로 연결시킬 것인가 하는 과제를 안겨주었다. 이를 위하여 송조는 재정을 유도함으로써 상인을 움직여 전국적인 유통을 촉진하는 데 노력하였고, 이것이 또한 상업을 발전시키는 한 원인으로 되었다.

송조가 만들어낸 전국유통의 시스템은 다음과 같은

것이다. 먼저 요와 서하에 대비하여 북방과 서방에서 방대한 군량을 매입할 때 지불수단으로서 현금 이외에 각종 약속어음을 이용한다. 정부가 발행한 어음에는 현금·소금·차를 지불할 것을 약속하는 것이 있고, 이를 각각 교인交引·염초鹽鈔·차인茶引이라고 한다. 북방과 서방에서 군량을 납입한 상인은 교인을 지불받고, 교인은 국도 개봉에서 프리미엄을 붙여 염초와 차인으로 교환하는데, 염초와 차인은 다시 생산지에서 약속한 소금과 차로 교환된다. 그리고 소금과 차를 지정된 지역에서 판매하여 현금을 수중에 넣게되는 것이다.

이 시스템은 어음제도와 전매제도를 매개로 하여 개봉을 연결점으로 서북 국경지대와 강남 경제선진지대를 잇는 것이다. 이것은 직접적으로는 군량획득을 목적으로 하는 것이었지만, 중국전역에 걸쳐 계획적으로 상인을 움직이게 한 의의는 크다.

상세 수입

지도(至道) 3(997)	400만 관
경덕(景德)중(1004~07)	450만 관
천희(天禧) 5(1021)	1,200만 관
경력(慶曆) 5(1045)	1,975만 관
황우(皇祐)중(1049~54)	786만 관
가우(嘉祐)중(1056~63)	700만 관
치평(治平)중(1064~67)	846만 관
희녕(熙寧) 10(1077)	807만 관

[표 1]

유통의 정체

상품유통량의 변화, 객상의 활동상황을 보기로 하자. 이것은 상품의 이동·판매를 포착한 상세액의 추이를 보면 대체로 이해할 수 있다. [표 1]에 의하면 상세수입은 송초부터 11세기 중엽까지 급속히 증대하고 있었음에도 불구하고 그 이후에는 거꾸로 감소한다. 농촌사회의 모순이 보이는 것과 거의 때를 같이해서 상세수입의 감소 즉 객상의 움직임이 둔화된 것에 주의하고

국가 **재정수지** 개요

	수입	지출.
天禧 5(1021)	15,085만	12,678만
皇祐 1(1049)	12,625만	거의 수입과 같음
治平 2(1065)	11,614만	13,186만

[표 2](단위 : 貫石匹兩 등)

싶다. 이 원인을 어디서 찾을 수 있을까?

첫째 요인은 송조가 전국적 시야에서 세운 물류시스템이 효율적으로 기능하지 못하게 된 것이다. 이 시스템의 열쇠는 어음제도와 전매제도의 결합에 있었다. 그렇지만 북방과 서방에서의 지불방법은 각종 어음의 난발로 혼란을 초래하여 현전법現錢法·삼세법三說法〔3종류의 지불수단을 이용하는 방법〕·사세법四說法 등 어지럽게 변경되어 안정되지 못했을 뿐 아니라, 차 전매제도 자체를 유지하는 것이 곤란하게 되어 1059년에는 폐지하기에 이른다.

둘째로 생각할 수 있는 것은 도시시장에서 대상인의 과점상태가 강화된 것이며, 그 때문에 외래객상은 불리한 거래조건을 종종 감수하지 않을 수 없었다. 이것은 뒤에 시역법市易法이 발포되었을 때, 그와 같은 까닭으로 강조된 점에서도 알 수 있듯이 중대한 문제였다.

재정의 악화

[표 2]는 11세기에서 국가재정의 수지개요 변천을 나타낸 것이다. 다양한 품목이 각각 고유의 단위 그대로 합계되어 있어 물량으로 표현한 재정통계라고 말할 수 있다. 여기서 주목하고 싶은 것은 세입의 일관된 감소와 세출의 증가, 그리고 11세기 중엽에 적자재정으로 전락한 두 가지 점이다. 세입감소에 대해 여기서는 자세한 설명을 피하지만 극히 낮은 가격의 마초馬草 등이

현물납입에서 화폐를 이용한 구입으로 바뀌어 전체적으로 물량이 감소한 것이 한 원인이며, 동시에 앞에서 설명한 사회경제상의 여러 문제가 재정에 반영되었을 것이다. 한편 세출증가는 관료기구의 비대화(冗官), 군대의 증가(冗兵) 및 대 서하전쟁(1038~44) 이후의 군사비 증대에서 기인한다. 참고로 당시 세출의 7·8할 전후는 군대 양성 비용을 포함한 군사비에 지출되었다.

재정상태에서 알 수 있는 것처럼 송조는 건국 후 1백 년 정도 경과한 시점에서 중대한 위기에 봉착한다. 그리고 그 위기는 당 중기 이후 변동하고 있는 사회와 송조의 통치체제 사이의 구조적인 위기였다. 11세기 후반은 단순한 수입증가와 절약정책이 아닌 사회경제의 내부를 파고드는 대개혁이 요청되고 있었다.

2. 왕안석의 신법

신법의 실시

이 때 나타난 이가 기예의 청년황제 신종神宗과 개혁에 대한 강한 의지를 가진 재상 왕안석이었다. 신종은 즉위한 해(1067)에 왕안석을 지방관에서 한림학사로 발탁하여 그 개혁론을 경청하고 이어서 참지정사, 다시

소호가 풍년이면 천하가 족하다

"소호(蘇湖)가 풍년이면 천하가 족하다"·"소상(蘇常)이 풍년이면 천하가 족하다"라는 말은 남송시대 소주(蘇州)를 중심으로 하는 장강 하류 델타지대의 풍부한 농업생산을 표현한 속담이다. 태호(太湖) 주변의 광대한 소택지(沼澤地)의 농지화는 대규모의 자본과 노동력 투입 이외에 고도의 토목기술, 습지에 적응할 수 있는 품종도입 등의 조건이 갖추어져야 비로소 가능하게 된다. 송대에서 이 지역의 농업은 기술단계로서는 아직 조방(粗放)하지만 압도적인 수리면적의 뒷받침으로 전국 제일의 생산고를 자랑한 것이다. 이 농지화를 본격적으로 추진한 것이 농전수리법이다.

경확도
耕穫圖

『宋人畵冊』

동평장사同平章事에 임명했다. 그리고 이 사이에 제치삼사조례사制置三司條例司를 특설하여 본격적인 신법新法실시를 착수시켰다. 왕안석의 신법은 유명한 것만으로도 열 손가락이 부족하며 게다가 각각이 전체적인 구상의 일부를 이루고 있다. 따라서 신법은 개개의 특징과 동시에 전체를 관철하는 목적과 이념이 추구되지 않으면 안 된다. 여기서는 각 신법을 대상영역별로 본 다음 전체의 특징을 생각하기로 한다.

〔어전법과 농전수리법〕

먼저 농촌을 대상으로 한 신법으로는 생산증진을 목적으로 한 어전법淤田法과 농전수리법農田水利法이 있다. 어전법은 하천의 진흙을 메마른 토지에 끌어들여 비옥한 토지로 바꾸는 것이다. 왕안석은 어전사淤田司라는 관청을 특설하여 징발한 농민을 사용하여 단숨에 공사를 행한 결과 모두 십수만 경頃에 이르는 농토를 조성했다. 어전법은 주로 화북에서 행해졌는데 그것은 북방지대 근처에서 증산을 꾀하

여 군량매입을 쉽게 하기 위해서였다.

농전수리법은 황폐한 전지를 복구하고, 수리시설을 수복 또는 신설하여 농지확대를 의도한 정책으로 전국적인 규모로 행해졌다. 실시 후 7년 동안에 1만 8천 곳, 합계 36만 경의 실적을 올렸다고 한다. 이 가운데 양절로만으로 1,980곳, 10만 경 남짓에 미치는 것이었으므로 장강〔양자강〕 하류유역 개발에 이 법이 끼친 의의는 특

히 크다.

어전법·농전수리법은 모두 정부가 독자적으로 대규모의 노동력을 편성하고 대량의 자본을 투여하여 농지를 확대한 정책으로, 그 결과 조성된 농전은 대부분이 민전화民田化되었다고 추정된다. 이 두 법은 농민의 재생산 조건의 창출과 정비를 도모하면서 세수와 화적和糴〔곡물매입〕의 확대를 꾀한 것이었다고 할 수 있다.

〔청묘법〕

다음에 당시의 농촌사회의 구조적 문제에 대처한 신법을 들어보자. 청묘법青苗法·방전균세법方田均稅法·모역법募役法·보갑법保甲法이 그것인데, 이 법은 그 주어진 과제가 중대했기 때문에 많은 논란을 불러일으켰다.

청묘법〔혹은 常平新法〕은 1069년에 하북·산서·회남에서 실시되었다가 이윽고 전국적으로 확장되었다. 처음 시행한 주요내용은 다음과 같다.

① 1월과 5월 연 2회, 현금을 대부하여 주고 여름·가을의 납세시점에 곡물로 변제시킨다. 단 곡물대부·현금변제를 희망하는 자는 이를 허락한다.
② 대부액은 자산에 따라서 최저 1관貫으로 하고, 5호戶 이상으로 연대보증을 한다.
③ 객호는 주호의 연대보증이 필요하며 주호의 자산에 따른 대부를 받는다.
④ 향촌에 대부해 주고 여유가 있으면 방곽호에도 대부한다.

이들 규정은 각지에서 그대로 시행된 것은 아니다.

예를 들면 하북에서는 10호로 연대보증하고 3등호 이상이 책임자가 되며 대부액은 호등에 따랐고, 또 현금으로 변제할 경우에는 최고 이자율이라도 3할로 한다는 규정이 있었다. 아마 세부적인 규정은 각지의 사정에 따라 달랐을 것이다.

청묘법이 의도하는 바는 두 가지 점이었다. 첫째는 저리대부에 의한 농민구제이다.(뒤에 이자율을 2할로 규정) 당시 지주는 때로는 배칭의 식倍稱之息(즉 이자율 10할)이라고 불리는 고리대를 통하여 농민을 지배했고 특히 하등호의 경영을 압박했다. 청묘법은 정부의 저리대부로 지주의 농민지배를 어느 정도 견제한 것이다. 둘째는 대부원칙이 현금대부·곡물변제라는 점에서 알 수 있듯이 곡물획득에 있었다.

청묘법은 사실상 곡물매입정책이며, 상인을 개재시키지 않는 군량확보정책이라고 할 수 있다. 다만 얼마 있다가 현금에 의한 변제가 일반화되었기 때문에 후자보다 전자쪽의 성격이 강하게 된다. 청묘법은 구법당 치하에서 폐지되었으나 다시 존속시키는 조서가 나온 데서 알 수 있듯이 구법당의 일부에도 그 의의를 인정하는 자가 있었다.

(방전균세법)

1072년 실시된 방전균세법은 내용상 방전법과 균세법으로 나뉜다. 방전법은 사방 1천 보步를 단위로 하는 농지측량·장부작성·농지비척의 등급화(처음에는 5등급, 뒤에 10등급) 등을 규정했고, 균세법은 조세액의 증액 금지, 황무지 소유자의 확정, 산림·연못·도로 등의 비과세, 궤명협전詭名挾佃, 즉 이름을 속여 다른 사람의 전호가 되는 것에 대한 개정 등을 규정한다. 즉 방전균세법은 정확한 토지대장을 만들어 토지소유자의 확인과 과세의 공평화를 도모한 것이다.

이 법이 대토지 소유자를 대상으로 한 은전隱田적발 정책인 것은 말할 것도 없다. 다만 그 시행범위는 화북의 4로에 머물렀다. 이 4로에서 적발된 토지는 1077년까지 248만 경에 달했다. 이것을 같은 시기의 전국농지 합계 461만 경과 비교하면 실로 반을 넘고 있다. 불과 4로라는 좁은 시행범위임에도 불구하고 얼마나 많은 대량의 은전이 검출되었고 또 탈세가 적발되었는지를 알 수 있다.

방전균세법과 같은 정책은 양세법 실시하에서 대토지 소유의 발달이라는 구조적 문제가 존재하는 한 어떠한 형태로건 실시되지 않을 수 없는 정책이다. 방법은 다르지만 이것은 남송에도 이어지게 된다.〔境界法〕

〔모역법〕

모역법募役法〔免役法〕은 농촌의 무거운 부담이었던 차역법을 폐지하고, 이를 대신하여 징수한 현금으로 사람을 고용하는 법이다. 1069년 개봉에서 실시, 1071년 전국에 반포되었다. 개봉에서 실시된 주요한 내용은 다음과 같다.

① 향촌의 3등호 이상부터 호등에 따라서 여름과 가을의 납세 때에 면역전을 징수한다.
② 종래 차역을 부담하지 않던 방곽호·관호 등에게 조역전助役錢을 징수한다. 그 액은 면역전의 반으로 하고 또한 방곽호 6등 이하는 면제한다.〔방곽호는 10등으로 나뉘고 있었다〕
③ 면역전·조역전은 각 2할의 면역관잉전免役寬剩錢을 추가 징수하여 재해 등의 구제비용에 충당한다.
④ 면역전·조역전을 지출해서 향촌 3등호 이상의 자를 고용한다.

또한 전국적으로 면역전 등의 징수기준은 다양하며 4·5등호에 미치는 경우도 있다. 모역법은 행정실무에 대한 직접적인 노동력 제공을 전납화한 점에서 획기적인 의의를 가지는 동시에 관호의 면역특권을 부정한 점에서도 주목할 만하다. 또한 방곽호에게도 조역전을 징수한 것은 도시경제력 상승을 인정한 것으로 여겨진다.

농촌관계의 신법은 왕안석 이전부터 이미 지방에서 시도된 것이 많았다. 그 가운데서도 직역의 전납화는 강남을 중심으로 어느 정도 진행되고 있었으며, 모역법은 이 시류를 타고서 한층 확대되고 철저하게 된 것이다. 그렇지만 모역법은 신법 가운데서도 가장 격렬한 논의 대상이 되었고, 구법당 내부에서도 찬반 양론이 있었다. 결국 구법당 치하에서 차역법은 부활하게 되지만 이 경우에도 관호의 조역전은 남아 있었고, 차역법 실시하의 남송에서도 면역전 징수가 보인다. 이처럼 모역법의 평가는 당시부터 일정치 않았는데, 그것은 결국 모역법이 하등호를 구제하는 데에 도움이 될지 아닐지를 둘러싸고 평가가 갈렸기 때문이다.

〔보갑법〕

보갑법保甲法은 1070년 개봉에서 실시, 1073년 전국으로 확장된 향촌의 경찰-방범조직에 대한 법이다. 그 구성은 당초에 주호·객호를 불문하고 10가家=1보保, 50가=1대보大保, 5백 가=1도보都保로 해서, 보에 보장保長, 대보에 대보장, 도보에 도보정都保正과 부보정副保正을 두고, 2정 이상 있는 호의 1정을 보정保丁으로 했다. 보갑의 임무는 무기자급·교련·범죄고발·도적포획 이외에 보保 내부의 연좌제, 인호人戶이동의 보고의무도 규정하여 단순한 경찰-방범조직이라기보다 통치를 위한 향촌의 조직화를 의미한다.

보갑법이 전국으로 확장되면서 5가=1보, 25가=1대보, 250가=1도보로 조직을 축소했고, 또 교열보갑教閱保甲과 불교열보갑不教閱保甲으로 구분했다. 교열보갑은 농한기에 보정에게 교련과 열병을 행하는 보갑으로 하북·섬서·하동 등 화북지방 연변지역의 로에서 시행되었고, 그밖에 지역은 교련을 행하지 않는 불교열보갑이 되었다. 즉 전국에 적용되면서 화북지방에서는 보갑의 민병화가 시작된 셈이며, 이 이후 민병조직으로서의 보갑은 한층 강화된다.

이에 비해 화남지방에서는 군사조직이 아닌 향촌의 통치조직으로서 정착하게 된다. 그것은 보갑법이, 자연촌락이 성장함에 따라 무너진 당조의 인보제隣保制를 보다 큰 규모로 부활시켜 자연촌락에 인위적인 재편을 가한 의미가 있었기 때문이다. 이러한 통치조직은 효율적인 행정을 위해서 필요했으며, 따라서 구법당 치하에서도 존속되어 남송에서는 향과 촌 사이에 도都라는 보갑법에서 유래한 단위가 보태져 향도촌제鄉都村制가 성립하게 된다.

그런데 보갑의 기능은 차역법의 기장耆長·장정壯丁과 유사하다. 이들 역은 모역법의 실시로 고용하도록 되었으나, 보갑법의 실시는 향촌의 경찰-방범조직을 곧바로 차역화差役化하여 향촌호鄉村戶는 면역전과 보갑윤번輪番이라는 이중부담을 짊어지게 되었다. 부담의 중복은 1075년의 최세갑두제催稅甲頭制의 도입으로 한층 더해진다. 이것은 주호 10~20호에 한 사람의 최세갑두를 납세시기마다 순번을 정하여 두고 양세·면역전·청묘전 등을 징수시킨 것으로, 모역법에서 폐지되었던 호장의 역에 상당한다. 보갑법은 부분적이지만 차역법을 부활시킨 것이다.

모역법은 가장 무거운 아전의 역을 전납화한 점에서는 상등호 구제에 도움이 되었다. 그러나 보갑법과 함께 본다면 역법 자체의 혼란을 불러일으켜 결국 보갑법의 차역화와 면역전 징수라는 이중의 부담을 향촌호에게 안긴 것이 된다. 그런 까닭에 모역법에 의한 직역 전납화의 의의는 상당한 한계를 갖지 않을 수 없었다. 농촌관련 신법으로는 그밖에 보마법保馬法이 알려져 있다. 이것은 1073년에 개봉과 화북의 여러 로에서 실시되어 자산에 따라 1~2마리의 말을 키우게 한 것이다. 군마의 양육비를 민간에 부담시켜 재정부담의 경감을 노린 것이다. 물론 말을 키우는 집에는 그 대가로 절변折變과 연납沿納면제 등 세제상의 우대조치를 부여했다.

〔균수법〕

다음으로 상인 및 유통관련 신법을 보기로 하자. 왕안석이 1069년 최초의 신법으로 입안한 것이 동남6로의 상공上供의 합리화를 꾀한 균수법均輸法이다. 송의 중앙재정은 대부분이 지방에서 보내온 상공으로 유지되었는데 11세기 초 이래로 상공물품은 품목별로 연간액이 정해졌다. 이 연간액은 조세분을 상회하거나 조세품목과 상공품목이 반드시 일치된 것은 아니었다. 그래서 지방에서는 중앙에 상공하는 품목을 화적和糴으로 보충하고 있었다.

이러한 구조는 점차로 중간에 개재한 상인이 이익을 챙기게 되어 자금의 낭비, 물가의 불안정을 부르게 되었다. 균수법은 이 폐해를 개선하기 위하여 양주발운사揚州發運司에게 큰 자금과 권한을 주어 통일적이고 계획적으로 상공품목을 조달시킨 것이다. 발운사의 업무는 뒤에 시역사市易司가 화중·화남에도 설치되어 광범위하게 물류를 전개시키게 되면서 그 의의가 저하된다.

〔시역법〕

다음에 도시시장 대책으로서 실시된 것이 1072년의

시역법市易法이다. 처음에 시역법은 개봉에서만 행해졌지만 점차로 전국적으로 확대되었다. 그 실행기관은 시역무市易務와 시역사市易司다. 시역법의 주요내용은 다음과 같다.

① 시역무는 저당과 5인 이상의 연대보증을 조건으로 행호行戶를 등록시킨다.
② 객상이 시역무와 교역을 원할 경우, 시역무에 등록된 행호가 필요로 하는 상품은 시역무가 관전官錢과 다른 물품으로 먼저 구입하고, 그 다음에 행호가 시역무에서 사청賖請〔대금후불〕으로 구입한다. 이자율은 반년에 1할이다.
③ 객상의 상품이 행호가 필요로 하는 물품이 아닐 경우는 시역무가 앞으로 전매될 수 있는 것을 구입·저장했다가 시가로 판매한다.

시역법 발포의 배경은 앞서 설명한 것처럼 대상인에 의한 시장의 과점체제이다. 이에 대해 시역법은 국가기관인 시역무가 객상과 행호 사이에 서서 도매상 역할을 하여 대상인의 시장지배를 억제하는 것이다. 시역법이 성공할 수 있는 열쇠의 하나는 가능한 한 많은 행호를 시역무에 등록시키는 것이다. 이 점에서 밀접히 관련된 것이 면행법免行法〔또는 免行錢法〕이다.

〔면행법〕

1073년 실시된 면행법은 행의 부담인 행역行役을 폐지하고 면역전을 징수한 것이나, 동시에 행에 가입하지 않은 자의 가입을 강제하고 면행전을 내는 행호에게만

도시에서의 영업을 인정해 주었다. 이로써 도시 내의 모든 상인이 행에 소속하게 되어 시역무 등록의 자격을 얻는 것이다. 시역법과 면행법은 모두 도시시장의 재편을 위한 정책이라 할 수 있다. 또 시역법은 1073년에 저리로 현금을 융자하는 내용이 부가되었다.

유통시스템의 개혁

균수법과 시역법은 유통관계의 신법으로서 저명하다. 하지만 그것은 특정한 이름이 있었기 때문이라고도 할 수 있다. 특별한 명칭은 붙여지지 않았으나 이 무렵 한편에서 행해진 전국적인 물류시스템에 대한 개혁은 중요했다. 북송시대에 강남에서 북방·서방으로의 물류를 확보하는 것은 재정의 기본과제였다. 왕안석은 종래의 방법을 답습하면서 나아가 하북·진봉秦鳳 등의 군사적 요지에 경제관청을 설치하여 정부의 경제활동을 활발하게 만들었다. 즉 하북에는 군량매입 전문기관인 적편사糴便司를, 하북과 진봉의 각지에는 외국무역을 중심으로 다면적인 교역을 행하는 시역사를 설치했다.

시역사는 또한 항杭·초楚·진眞·윤潤·월越 등 대운하 연변의 대도시, 광주廣州·검주黔州 등 광동·사천의 요소에도 설치되었고, 개봉의 도제거시역사都提擧市易司가 이들을 통괄했다. 또한 사천의 차를 전매화하고, 성도成都와 진주秦州에 차장사茶場司를 두어 사천과 진봉도 경제적으로 연결시켰다. 이렇게 하여 강남·국도·서변西邊·

북변北邊·사천 사이에 중앙의 통제하에 있는 물류체제가 구축된 것이다.

화폐정책

여기서 거론하지 않으면 안될 것은 특이한 화폐정책이다. 송대의 유통경제의 발전은 화폐수요를 제고시켰고, 특히 기본화폐인 동전제도의 안정은 송조의 중요한 정책의 하나였다. 왕안석 이전의 동전정책의 요점을 정리하면 해외로의 반출과 훼손을 금지한 전금錢禁, 동의 매매를 금지한 동금銅禁이 정해졌고 매년 발행액은 수십~백수십만 관貫이었다. 동전은, 주조하는 데 대체로 2문文을 필요로 한다는 액면 1문의 소평전小平錢이 보통이며 이 높은 주조비가 기본적으로 사주조私鑄造를 배제시켜 정부가 발행한 동전의 신용을 안정시키는 근거가 되었다.

이에 대해 왕안석의 동전정책은 연간 5백만 관에 이르는 대규모의 동전주조, 전금과 동금의 해제, 부분적으로는 이미 발행되고 있던 절이전折二錢〔소평전에 대해 중량이 거의 두 배로 액면 2문〕의 증주로 정리될 수 있다.

원래 왕안석의 신법에는 현금을 매개로 구상된 것이 많았다. 이를 지탱한 것이 화폐의 대규모 증주정책이었음은 말할 것도 없다. 그러나 이 경우, 주조비를 억제하지 않으면 재정부담이 늘어나는 곤란함이 있었다.

절이전 보급정책은 동전의 품위를 변동시키지 않고

단백短陌

당 중엽부터 송에 걸쳐 동전을 세는 방법으로 단백이라 불리는 관행이 있다. 예를 들면 75백(陌)의 경우, 동전 1매에서 74매까지는 매수대로 세지만 75매가 되면 자리가 바뀌어 1백 문으로 세는 것이다. 따라서 76매는 101문으로 된다. 이것은 시간을 헤아릴 때 61분을 1시간 1분으로 헤아리는 것과 같다. 이와 같은 단백은 상업의 종류와 지역에 따라 자리가 바뀌는 수치가 달랐다. 이 현상은 사실상 상업의 종류에 따라서 다른 화폐가 사용되고 있었음을 의미한다.

주조비를 절약하는 데에 도움이 되었다. 그렇지만 1074년의 전금해제는 대량의 동전을 국외로 유출시키는 원인이 되었다. 동전의 대량유출은 국가의 부를 손실시킨다는 비난을 불렀고, 동시에 신법의 원활한 운용에도 지장을 가져올 우려가 있었다. 그러나 왕안석은 전금의 해제를 견지했다.

동전유출이 다름 아닌 송조의 무역 수입초과를 의미한다는 점과, 시역사가 전국 각지에 배치되어 전국적으로 물품을 움직이는 체제가 만들어진 것이 1074년경으로 전금해제와 때를 같이한다는 점을 주목할 때, 효율적인 전국적 물류를 위한 현물획득정책의 하나로서 전금해제의 의미를 찾을 수 있을 것으로 생각된다.

관료제 관련의 신법

왕안석의 신법은 사회·경제·재정의 개혁에 머무르지 않고 정치기구 내부에도 미쳤다. 여기서 검토된 것이 당말 이래로 행정실무에서 진행된 서리화胥吏化의 문제와 유능한 관료를 육성하여 등용하는 방법이다. 그 결과 정해진 봉급이 없던 서리에게는 창법倉法[重祿法]을 실시하여(1071) 봉급을 보장해 줌으로써 행정실무상의 명료하지 않은 부분을 개선하고, 인재등용에 관해서는 과거와 학교제도를 고쳤다.

과거개혁은 문학적인 교양보다는 현실정치 문제를 다루는 논책論策의 중시와 경서의 해석을 왕안석의 학문

동전

熙寧元寶(上·中)와 熙寧重寶折二錢(下)

적 견해로 통일하는 것을 요점으로 했고, 나아가 대리시大理寺 이외에 법률과 깊이 관련있는 부문의 관료등용에는 전문적인 법률시험을 도입했다〔試法官〕. 학교제도의 개혁으로는 종전의 태학太學제도를 확장한 삼사법三舍法으로 상사上舍·중사中舍·외사外舍의 정원을 정하여 엄격한 진급과 실용적인 교육을 행했다. 이는 과거를 거치지 않는 관리등용의 길을 열었고, 또 정부 스스로 인재를 양성하는 제도라고 할 수 있다.

서리와 관료에 대한 이상의 개혁은 이사합일책吏士合一策이라 불리는 왕안석의 구상에서 생겨났다. 이것은 당 말기 이래로 관官과 이吏가 분리되는 경향에 제동을 걸어 서리는 관리의 곁에서 행정의 충실한 집행자가 되게 하고, 관리에게는 정치에 대한 현실적 능력을 요구하는 큰 구상이다. 이사합일책은 군주독재제가 고도화되어짐에 따라 국가의 의사를 관료기구 전체에 분명하게 전달할 필요에서 나온 정책이었다. 그리고 당면한 목적으로서 신법을 수행하는 과정에서 왕안석의 의도를 확실히 전함으로써 장애를 제거하려는 의의도 갖고 있다.

왕안석이 물러난 뒤 관제의 대개혁이 행해졌다. 당의 삼성육부를 중심으로 한 율령관제는 당 중기 이후 영외令外의 관직과 관청이 다수 생겨나 송초에는 유명무실하게 되었다. 이 관제개혁은 추밀원처럼 율령관제 이외의 것도 남았지만 대체로 명칭 면에서는 율령관제를 부활한 것이 많다. 그러나 그 직장職掌은 송대의 행정에 적절히 대처할 수 있도록 정리되었다.

3. 신법의 성과

왕안석의 신법이 직접적인 과제로 삼은 재정재건의 성과는 어떠했을까? 신법시기의 재정 전체를 보여주는 자료가 남아 있지 않기 때문에 전체 모습은 명료하지 않지만 다행히 1076년 무렵의 수치가 부분적으로 전한다. 거기에 의하면 면역전 1,041만(貫·石·匹·兩…, 이하 같음), 방장하도전坊場荷渡錢 387만, 시역식전市易息錢과 시례전市例錢 133만의 수입이 있었고, 청묘전 3,739만, 면역전 888만, 방장하도전 364만의 현재액(누적보관액)이 있었다.

또 재정 총수입에서 차지하는 현금수입은 약 7천2백 만 관貫이며, 이를 가우嘉祐연간(1056~63)의 3천 7백에서 3천9백만 관, 치평治平연간(1064~67)의 4천4백만 관과 비교하면 신법에 의한 현금의 수입증가는 3천만 관 가까이 이른다. 신법실시에 의한 재정재건은 상당히 성공을 거두었다고 할 수 있을 것이다.

그런데 신법은 최초로 실시한 균수법 이래로 항상 격렬한 반대와 방해를 받았을 뿐 아니라, 절박한 재정 위기를 구했음에도 신종이 죽자 곧바로 거의 다 폐지되었다. 그 이유는 보통 신법이 중소농민과 상인을 보호하고 대상인과 지주층 같은 부호의 이익을 침해해서 그들을 적으로 만들었기 때문이라고 설명한다. 분명히 신법을 폐지로 몰고 간 직접적인 이유는 그것일 것이다. 그러나 이 점을 강조하면 할수록 신법은 단순한 강자억압·약자보호 정책으로 인식되어 신법의 특질과 역사적 위치는 도리어 애매하게 된다. 그래서 신법 전체의 특질을 다시 정리하여 둘 필요가 있다.

신법의 특질

먼저 신법의 첫번째 특징은 당과 송 사이에 성장한 다양한 부문의 중간층 세력을 억제하는 한편, 일반인민의 경영을 보전함으로써 사회와 경제에 대한 국가의 직접적 통제를 강화한 것이다. 중소농민에 대한 지주층의 경제적 지배를 약화시키려고 한 청묘법, 상품유통에서 기존의 중개기구를 배제하고 국가기관이 스스로 도매기능을 수행한 시역법, 관과 민간 사이에 형성된 이吏를 관쪽으로 유도한 창법은 그 전형적인 정책이다. 동시에 보갑법에 의한 농촌의 조직화, 면행법에 의한 도시상인의 조직화 등은 일반인민을 조직한 것이며 사회에 대한 국가의 직접지배 강화의 일환이다.

두번째 특징은 당·송 사이에 화폐경제의 발전이라는 시류를 이용하여 물자를 움직이고 사람을 통제하는 수단으로서 화폐를 최대한으로 이용한 것이다. 청묘법의 대부와 변제, 모역법과 면행법에 의한 역의 전납화는 정부에 환류하는 현금을 증대시켰고 이렇게 해서 얻은 화폐로 물자를 구입하고 또한 여러 신법의 재원에 충당하는 것이다. 현물과 노동력을 징수하는 대신에 화폐를 매개로 한 것에 신법 전체의 연관성을 낳은 비결이 있다.

셋째로 신법이 직면한 재정재건의 과제라는 것은 단적으로 말하면 북방과 서방의 군수를 확보하는 것이다.

이 목적을 위해서는 세입의 증수를 꾀하는 것도 중요하지만, 그보다도 현물의 확보와 남에서 북으로의 전국적 물류의 효율화가 한층 도모되지 않으면 안되었다. 초기의 청묘법이 사실상의 화적和糴이며, 어전법·농전수리법·방전균세법도 화적의 기반을 확대했다는 것은 현물확보를 중요시한 증거이다. 또한 이들 여러 법의 실시범위의 중점이 화북에 있고, 또 시역사의 배치상황에서 보더라도 그것들이 북방에서의 군량획득과 밀접하게 관계하고 있음을 엿볼 수 있다.

신법의 역사적 위치

이상과 같이 신법의 특질을 정리하면 그 역사적 위치 즉 혁신성과 한계성이 저절로 결정된다. 먼저 첫번째 점인 사회·경제에 대한 국가통제의 강화는 송조의 존립기반인 중소농민과 상인의 경영의의를 재확인하고 그 보전과 조직화를 꾀했다는 점에서 11세기 송조의 위기를 구하고 독재군주체제의 사회-경제적 기초를 강화하는 데 공헌했다고 할 수 있다. 그러나 반면에 중간층을 중간층으로서 국가체제 속에 포섭하려는 시각은 좀 희박했다. 사회의 구석구석에까지 국가의 직접지배를 미치게 하려는 왕안석의 의도와 중간층의 성장이 필연적이었던 송대 사회의 현실 사이에는 모순이 있었다고 하지 않을 수 없다.

두번째 점인 화폐의 활용은 유통경제의 급속한 발전에 주목한 정책이었음이 확실하다. 그러나 신법에 의해서 화폐를 농촌사회에 강제적으로 도입한 것은 반드시 상품유통의 전개와 결부된 것은 아니었다. 왜냐하면 농민에게 화폐의 획득과 지불은 거의 연 2회의 납세기에 한정되어 버렸기 때문이다.

청묘전 변제와 면역전 납입을 위하여 생산물을 불리한 조건에서라도 팔지 않으면 안될 뿐 아니라 청묘전의 대부를 받지 않으면 안되는 구조가 존재한다. 그것이 자유로운 상품거래가 아님은 물론이고, 화폐의 이동도 상인을 경유하지 않는 국가와 농민 사이만의 한정된 이동이 큰 부분을 차지하는 것이다. 농촌경제에서 왕안석의 화폐정책의 의의는 상품경제에 있는 것이 아니라 국가가 농민을 지배하기 위한 한 수단이었다는 점에 있다.

세번째 특징은 왕안석 신법의 그 뒤의 운명에 결정적인 의미를 갖는다. 신법은 1069년부터 북송 멸망에 이르기까지 단절은 있지만 도합 50년 정도 실시되었다. 이 사이에 신법은 상당히 사회에 정착되었다고 생각되지만 그럼에도 불구하고 남송에 계승된 것은 얼마 되지 않았다. 더구나 남송시대에는 요·서하보다 강대한 금과 대립하여 군사체제에 대응하는 재정운용이 북송보다도 절실한 과제가 되었다. 그것은 왕안석의 신법이 과제로 삼아 상당한 실적을 거두었던 문제 바로 그것이었다.

하지만 신법은 존속될 여지가 없었다. 왜냐하면 신법이 이 과제를 해결하기 위하여 쌓아올린 전국적 물류시스템은 이제 강남지역에만 의거한 반쪽 중국이 된 남송시기에는 적용될 수 있는 것이 아니기 때문이다. 신법의 체계는 전국적 물류시스템이라는 집약점을 상실하여 개개로 분해되었을 때 앞서 본 한계점이 나타나 사회의 동향과 맞지 않게 되는 것이다. 그 의미에서 신법은 역시 북송의 멸망과 함께 역사적 사명을 마쳤다고 할 수 있을 것이다.

역자 보충설명

□ 원풍(元豐)의 관제개혁

북송의 전반기 1백 년간은 중국역사에서도 관제가 가장 복잡하게 얽힌 시기다. 그것은 한 마디로 말한다면 진·한시대 이래의 긴 역사적 발전이 다다른 하나의 도달점이라고도 할 수 있는 당의 삼성육부제도를 계승하지 않으면 안되는 입장=원칙과, 당 중기 이후 현실적인 필요에 따라서 차례로 탄생한 새로운 직제(職制)=현실을 양립시키려고 한 결과였다.

『대당육전(大唐六典)』으로 대표되는 삼성육부제는 실제의 직무를 갖는 '직사관(職事官)', 관리의 등급〔=位階〕을 나타내는 '산관(散官)', 그리고 북조 이래로 정비되어 온 군공(軍功)에 기초한 '훈관(勳官)' 등 여러 개의 서로 다른 범주로 구성되며, 이들은 다시 문과 무로 나누어진다. 직사관은 관청의 상하에 따라 그 자체에 품위(品位)가 있고, 그 직무를 담당하는 개인의 품위〔=散官〕와 직사관은 대체로 서로 일치했다.

그러나 당 중기 이후의 큰 사회변혁, 당조의 쇠퇴와 군벌세력의 할거는 삼성육부의 지배체제를 붕괴시켜 버린다. 새로운 현실에 대응하기 위해 당조는 절도사·조용사·안찰사를 비롯한 수많은 '○○사(使)'라는 이름의 이른바 '사직(使職)'을 신설했고, 이것이 종래의 직사관의 임무를 잠식하게 되었다. 이와 함께 위계 및 궁중석차와 관련된 산관 등은 완전히 유명무실해진다.

이렇게 해서 당의 제도에서 이부와 호부 등 6부의 경우라면 각각의 상서(尚書)·시랑(侍郎)·원외랑(員外郎) 등의 직책, 홍로시(鴻臚寺)·사농시(司農寺) 등 9시의 경우라면 경(卿)·소경(少卿)·승(丞)·주부(主簿) 등으로 정연하게 이루어진 직사관 체계가 내용을 잃게 된다. 북송 초기에는 당의 삼성육부제가 유명무실해진 속에서 예를 들어 이부라면 심관원(審官院)과 삼반원(三班院), 호부는 삼사(三司), 예부는 태상예의원(太常禮儀院), 병부는 추밀원과 같은 식으로 당의 각 부가 갖고 있던 기능을 실질적으로 이어 받은 관청이 창설되었다.

그렇다면 종전에 존재해 온 직사관의 명칭을 폐지하면 좋지 않은가라고 생각할 수 있겠지만 그것은 우리 식의 생각이고, 중국적인 발상과 유교 이데올로기에서 볼 때 거기에는 저항이 많았다. 그래서 삼성육부 체계중의 직사관명의 상당부분을 위계와 급여를 표시하는 '기록관(寄祿官)'이라 부르는 새로운 카테고리로 대체시키게 되었다. 이 때 종래의 산관은 단순한 직함으로만 남게 되었고 그 실질적 내용 역시 기록관으로 흡수되었다고 볼 수 있다. 이해를 돕기 위해 약간의 예를 들어보자. '선교랑(宣教郎) 삼사염철판관(三司鹽鐵判官) 대리승(大理丞) 아무개'라는 관명은 북송의 전반기에서는 각각 산관·실직〔이를 '差遣'이라 부른다〕·기록관을 나타내고, 맡은 일은 경제부처 전매청의 부장급이며, 대리〔사〕승은 본래의 사법 관련의 직함과는 아무런 관계가 없이 단지 종8품을 의미하는 데에 불과하다. 또 '조산대부(朝散大夫) 우간의대부(右諫議大夫) 권어사중승(權御史中丞) 아무개'인 경우에는 산관－기록관－실직〔차견〕의 순이 되어, 상당히 고관에 속하는 어사대(御史臺)의 장관에 해당하며, 우간의대부는 직무와는 아무런 관계가 없는 위계를 나타내는 기호에 불과하다.

여기서 본 기록관에는 나름대로의 체계가 존재하며, 그 명칭을 보면 같은 품계라도 그 인물이 진사(進士)출신인지 은음(恩蔭)출신인지, 엘리트인지 그렇지 않은 코스인지를 대체로 알 수 있는 구조로 되어 있다. 그러나 이를 알지 못하면 혼란을 불러일으킨다. 예를 들어 북송 중기의 문호 구양수가 예부시랑의 관함을 갖게 된 것을 보고 당대의 감각으로 교육부 차관이 되었다고 설명하거나, 형부상서에서 병부상서로 바뀐 것을 보고 법무부장관에서 국방부장관으로 임명되었다고 설명하는 것은 큰 잘못이다. 이것은 단순히 정4품·정3품·종2품의 위계와 봉급을 나타내는 직함에 불과하다.

형부와 대리시(大理寺)를 제외한 삼성육부와 9시3감의 대부분은 형식적으로는 존속했고, 거기에는 직함은 있지만 실직(實職)이 없는 약간수의 관원이 적을 두고 있었다. 그들은 판상서호부(判尙書戶部)라든지, 동판사농시(同判司農寺)처럼 '판(判)'자를 붙인 이름으로 불렸다.

거듭 말하지만 송대가 되면 과거출신 엘리트 집단을 위해 궁중의 어용문고 등의 이름을 붙인 '관직(館職)'이라는 새로운 범주가 형성된다. 예를 들어 '비각수찬(秘閣修撰)'과 '용도각직학사(龍圖閣直學士)'와 같은 칭호가 70개 이상이나 만들어져, 이 이름을 소지하는 것이 젊은 관료에게는 장래성을, 나이 많은 관료에게는 공로가 있음을 나타내는 표시가 된다. 따라서 송대의 중급 이상의 과거관료는 관직과 기록관 및 실직, 당시의 용어로서는 '직(職)'·'관(官)'·'차견(差遣)'의 3가지를 갖고 있는 것이 통례였다.

이 같은 복잡한 관제를 대상으로 송조가 건국된 지 120년이 지나 왕안석의 개혁도 일단락된 1080년(元豊 3) 9월부터 1년 8개월간의 시간을 들여 대개혁이 가해졌다. 그 결과 당의 직사관명을 그대로 사용한 기록관은 모두 본래의 직사관으로 회복되었고, 송대에 새롭게 설치된 관서와 '○○사(使)' 혹은 '판(判)○○'이라는 관명은 다수가 폐지되었다. 그리고 기록관은 모두 당대의 산관으로 교체되었다. 따라서 이후의 북송과 남송을 합친 약 2백 년간 가까이는 예를 들어 '은청광록대부(銀青光祿大夫) 이부상서(吏部尙書)'라고 하면 종2품의 인사담당 장관, '조봉랑(朝奉郎) 예부원외랑(禮部員外郎)'이라

인사담당 장관, '조봉랑(朝奉郎) 예부원외랑(禮部員外郎)'이라면 7품으로 교육부에 속한 과장을 의미하여, 당의 모습으로 돌아가게 되었다.

하지만 여기서 충분히 유의해야 할 점은 원풍시기 이후의 제

도가 그 내용까지 당대의 삼성육부제로 환원되었다고 생각해서는 안된다는 것이다. 원풍 이후의 제도에서는 중서(中書)와 문하(門下) 그 자체의 중요성이 감소한 반면 상서도성(尙書都省)이 두각을 나타냈고, 군정의 추밀원, 조칙을 담당한 한림학사원(翰林學士院)과 지제고(知制誥) 등은 당의 삼성육부에는 존재하지 않았음에도 불구하고 여전히 남아서 높은 위치를 차지했다. 또 같은 6부와 9시라고 해도 그 부국(部局)의 구성과 부속 관청의 존재방식 등에 당과는 매우 큰 차이가 보인다. 이부의 인사임용 부분이 매우 확대된 것을 비롯해 호부 이하 여러 부국의 명칭과 구성도 일신되었으며, 또한 사농시 등도 당대에는 12부국이었던 것이 50부국으로 증가했다.

『中國史3-五代~元』(山川出版社, 1997), 151~154쪽 참조.

4. 당쟁의 격화와 북송의 멸망

송대는 일반적으로 관료끼리 당파를 맺어 싸우는 당쟁이 활발한 시대였으나 신법을 둘러싼 당쟁만큼 격렬한 것은 없었다. 왕안석에 대한 반대는 최초의 신법인 균수법 때부터 심했는데, 차례로 신법이 제정되자 구양수歐陽脩·부필富弼·한기韓琦·문언박文彦博·사마광司馬光) 등 당시를 대표하는 사대부 관료가 반대로 돌아섰고, 이어 처음 신법을 구상하는 데 참여했던 소철蘇轍·정호程顥 등도 결별하여 신법에 반대하는 일대세력이 형성되었다. 그들과 왕안석 사이에는 격렬한 논쟁이 전개되었으나 왕안석에 대한 신종神宗의 신뢰는 여전하여 신종이 죽는 1085년까지 약 16년간 신법은 유지되었다. 그 사이인 1076년에 왕안석은 퇴진했고, 그 뒤에는 신종이 신법의 추진자였다.

신·구 양당의 싸움

신종의 죽음으로 신·구 양당의 정치적 관계는 역전되었다. 나이 어린 철종哲宗을 돌보게 된 선인태후宣仁太后(신종의 어머니)가 구법당 사람들을 중앙의 요직에 다시 불렀기 때문이다. 이렇게 해서 재상이 된 사마광은 신법을 차례로 폐지하고 구법을 부활시켰다. 그러나 이 전환은 신법에 대신하는 이념을 제시하여 행해진 것이 아니라 그저 마구잡이식 반대라는 감이 강했다. 구법을 지지하는 사람들 가운데는 개별적인 신법에 대해 장점을 인정한 소식蘇軾과 같은 사람도 있었지만 결국 거의 전면적인 폐지가 강행된 것이다.

9년간의 선인태후의 섭정이 끝나고 철종이 친정을 개시하자(1094) 다시 정변이 일어났다. 신법당의 장돈章惇·증포曾布가 기용되어 구법당이 배척된 것이다. 이 무렵이 되면 양당의 대립은 한층 더 심각해져 1098년에는 구법당의 인물을 심사하여 처분하는 간상소리국看詳訴理局이라는 기관도 두어졌다.

철종이 죽고 휘종徽宗이 즉위하자(1100) 섭정이 된 상태후尙太后(철종과 휘종의 어머니)는 양당의 화해를 꾀하여 두

사마광
초상

당에서 모두 재상을 기용하고 일부 신법도 폐지했다. 그러나 이 같은 화해책은 혼란만 증폭시키고 끝나 휘종이 친정을 시작하자(1101) 신법당에 의한 구법당 탄압이 철저해진다. 재상이 된 채경蔡京은 사마광 등 309명의 구법당 사람들의 이름을 돌에 새겨 전국에 세웠다. 이를 원우당적비元祐黨籍碑라 한다. 이후 북송의 마지막인 흠종조欽宗朝(1125~27)를 빼고 신법당 정권이 이어졌다.

이처럼 북송말의 정계는 신·구 양당의 정쟁으로 점철되었지만 대체로 신법당의 집권기가 길었고 따라서 신법의 실시기간도 길었다. 그러나 이 사이에 신법의 내용은 고정된 것이 아니라 점차 변하고 있었다. 시역법은 현금대부가 중지되었고〔현금대부는 抵當法으로 시역법에서 분리됨〕, 모역법은 고전雇錢지급이 중지된 경우가 많아졌으며, 보갑법은 차역화가 한층 진행되었다. 그밖에 신법도 많건 적건 내용에 변화가 보인다. 또한 민전을 공전으로 바꾸는 공전법公田法이라는 신법도 실시되었다.

송강

1120년경 산동의 양산박(梁山泊)에서 유력자 36인을 이끌고 반란을 일으켰다가 1122년 정부군에게 붙잡힌 송강의 전기는 거의 전해지지 않고 있다. 송강의 난이 유명해진 것은 첫째는 『수호전(水滸傳)』의 제재(題材)로 된 점, 둘째는 방랍의 난 토벌자의 한 사람으로서 송강의 이름이 사료에 남아 있는 점 등 때문이다. 송대의 역사문제로서는 후자가 중요하지만, 현재 송강은 정부군에게 투항했다는 설, 투항하지 않았다〔따라서 토벌군에 가담하지 않았음〕는 설, 반란자 송강과 토벌군의 송강은 서로 다른 사람이라는 설이 있다.

두 개의 대란

북송 말의 신법은 왕안석의 정신을 잃고 오히려 인민을 수탈하기 위한 제도가 되었다고 한다. 이것은 개개의 신법 조문이 그와 같이 바뀌었다기보다는 그칠 줄 모르는 당쟁으로 인한 지방행정의 혼란과 기강문란에 의해 법의 악용이 확대되었기 때문이다. 강남에서 진기한 나무와 돌을 진상시키는 소위 화석강花石綱과 같은 문자 그대로의 수탈을 황제 휘종과 재상 채경 스스로가 하명하는 시대였다.

신법에 의해 국가재정은 늘어났다. 하지만 그 반면 농촌사회에는 불만의 소리가 들리기 시작했다. 때마침 장성의 북쪽에서 금이 발흥하고 있을 때, 화북에서 송강宋江, 강남에서 방랍方臘이 반란을 일으켰다. 송조는 이 두 개의 대란을 진압하고 또 일시적으로 금의 원조를 얻어 숙원이던 연경燕京땅을 회복했지만, 국내에서 신망을 잃고 금에게도 약속위반을 되풀이하여 결국은 멸망한다.

북송의 멸망은 보갑법 등 일부를 제외한 신법의 종언을 의미했다. 이는 남송정권에 구법당 계통의 관료가 기용되고, 북송을 파멸로 이끈 책임이 신법당의 정치에 있다고 여겨졌기 때문이다. 그러나 이 같은 정치적 이유와는 별도로 재정·사회·경제 각 방면에서 신법을 적극적으로 계승하지 않으면 안되는 이유가 앞에서 본 대로 남송에서는 이제 없어져 버렸다고 해도 좋을 것이다.

방랍

방랍은 목주(睦州) 청계현(青溪縣: 절강성 淳安縣) 사람으로 1120년 휘종조의 압정에 대항하여 반란을 일으켜 영락(永樂)이라는 연호를 사용했으나 반년만에 진압되었다. 송조는 반란 발발 뒤에 화석강을 정지시켰다. 이 난의 성격에 대해, 방랍이 토착주민으로 옻나무를 재배하던 지주, 또는 끽채사마(喫菜事魔) 즉 마니교를 신봉하는 비밀결사의 교주라는 설명이 있었으나 현재에는 방랍이 흡주(歙州)에서 옮겨와 방씨(方氏)의 고공(雇工)이 된 인물이라는 사료가 소개되었고, 나아가 그가 마니교도는 아니었다는 학설이 유력해졌다.

□ 쉼 터 □

Ⅲ. 송·금의 대립

衣川 强

1. 정강靖康의 변

여진의 건국

여진女眞인은 현재의 동북3성에서 연해주 일대에 거주하면서 요의 지배를 받고 있었다. 이 지역에서 나는 사금砂金에 눈독을 들인 관료와 상인들의 끊임없는 수탈에 대항하여 여진의 한 부족인 완안부完顔部 추장 완안아골타完顔阿骨打(재위 1115~23)는 여진인 부족을 통일해서 요에 대한 독립을 도모하다 1115년에 즉위하여[태조; 재위 1115~23] 금조를 세우고 요를 공격했다. 요의 천조제天祚帝(재위 1101~25)는 170만 대군을 이끌고 토벌에 나섰지만 군부의 반란 등으로 인하여 혼동강混同江 가까이에서 크게 패했다.

금조의 군대가 우세하다는 정보를 얻은 송은 해로를 통해 사절을 보내 송과 금이 동맹하여 요를 협공하기로 했다. 그러나 송의 국내에서는 절강지방에서 방랍의 난이 일어났고, 이 때문에 동관童貫이 15만 군대를 이끌고 진압하지 않으면 안되었는데 그 진압은 3년이나 걸렸다. 그 사이에 금의 군대는 요의 영토를 거의 제압했으나 송과의 약속을 지켜 요의 수도인 연경燕京지방에는 군대를 넣지 않은 채로 송군의 공격을 기다렸다.

방랍의 난을 평정한 동관은 곧바로 연경공략에 착수했으나 약체화한 요의 군대에 승리하지 못했을 뿐 아니라 도리어 패배를 거듭하는 모양새였다. 그래서 송은 금에 구원을 청했고 금군은 순식간에 요군을 진압하였다.(1123) 송으로부터 동전 1백만 관(1관=1천 전)과 군량 20만 석의 지불약속을 받은 금군은 연경을 철저하게 약탈한 뒤 물러났고 그 자리에 송군이 입성했다. 함락직전에 연경을 탈출한 천조제는 내몽골로 도망하여 재기를 꾀했으나 믿었던 서하가 금에 복속하여 버리고 자신은 마침내 금군에 잡혀 요왕조는 멸망한다.(1125)

금 태조가 송과의 약속을 지켜 송군의 북진을 기다렸던 것과는 달리 그 뒤를 이은 태종太宗(여진이름은 吳乞買, 完顔晟; 재위 1123~35)은 요와 송에 대해 강경한 자세를 취하여 먼저 요를 멸망시켰다. 연경을 회복한 송은 금에 다른 요구를 했다가 거절당한 사정도 있어, 연경 부근에서 일어난 장각張覺의 반란을 지원하는 한편 천조제에게 밀서를 보내 요의 재흥과 송의 응원을 약속하여 금 내부의 교란을 노렸다.

그러나 이 모든 정보와 밀서는 금에 발각되었고 송의 배신행위에 분노한 금은 대군을 남하시켰다. 재상 채경과 환관 동관 등의 부추김으로 연일 유흥으로 날을 보내던 휘종은 네메가粘罕와 오리브斡離不가 이끄는 금의 군대가 수도 개봉에 가까이 오자 제위를 흠종에게 넘기고 채경과 동관을 데리고 남방으로 도망쳤다.

수도 개봉에서는 강화를 주장하는 장방창張邦昌 등과

항전을 주장하는 이강李綱 등이 대립했고, 이강 등이 송의 군대와 개봉시민을 이끌고 방어전에 진력했으나 결국 강한 금의 군대 앞에서 송측은 겁을 먹고 양군 사이에 강화교섭이 시작되었다. 금 5백만 량, 은 5천만 량, 우마 1만 두, 비단(帛) 1백만 필의 증여, 금의 황제를 백부로 하고, 중산中山·하간河間·태원太原 3진鎭과 거기에 딸린 20주州의 할양, 그밖에 왕자를 인질로 보낼 것 등의 내용이 결정되었고, 이 결정에 만족한 금군은 곧바로 물러났다.

북송의 멸망

금군이 물러나자 항전파와 주전파가 힘을 얻어 다시 등장한 이강은 3진의 군대에 영토를 할양하지 말도록 명했다. 또 금에 항복해 있던 야율여도耶律余覩에게 반란을 권하는 밀서를 보냈으나, 이것이 오리브의 손에 들어가 다시금 송의 배신행위가 발각되었다. 금은 다시 오리브와 네메가를 사령군으로 한 대군을 파견하여 개봉을 포위했다.

겁이 난 송은 이강을 물리치고 다시 강화교섭을 시작했으나 금은 3진의 할양과 함께 송이 성의 표시로 휘종과 흠종을 인질로 보낼 것을 요구했다. 송측이 망설이는 사이에 금군이 개봉의 외성을 쳐부수고 성내의 시민을 몰살한다고 협박하자 두 황제는 어쩔 수 없이 금군의 인질이 되었다.

금군은 다시 배상금으로 금 1천만 정錠(1정은 50량), 은 2천만 정, 견絹 1천만 필을 요구했다. 송은 백성들에게서 강제로 금은을 사들여 거두었지만 요구한 물량의 1/10도 못되었다. 게다가 궁중창고에는 금은이 다수 은닉되어 있었기 때문에 금군은 몇 번이나 약탈을 되풀이하여 금은·재보는 물론 서화와 골동품까지 닥치는 대로 빼앗아 갔다. 그리고 재상인 장방창을 황제로 삼아 초楚나라를 세웠고, 휘종과 흠종을 비롯하여 후비后妃와 황족, 나아가 관료와 기술자들까지 수천 명을 북방에 납치하여, 북송왕조는 멸망했다.(1127) 그 뒤 휘종과 흠종은 오국성五國城(흑룡강성 依蘭 부근)에 유배되었다가 죽게 된다.

2. 송조의 재흥

송의 재건

장방창의 초국은 금의 괴뢰국가로서 송의 영토지배를 노린 것이었다. 그렇지만 송의 황족으로 흠종의 아우인 강왕康王 조구趙構(1107~87, 재위 1127~62)는 우연히 금군의 추격에서 벗어나 있었다. 또한 제7대 황제 철종의 황후였던 맹씨孟氏도 있었는데 황족의 적籍에서 제외되

고종
좌상

『故宮圖像選粹』(國立故宮博物院(臺灣), 1971)

어 있던 관계로 금군의 수색대상이 아니었다.

금군이 물러나자 장방창은 자기의 지위와 입장에 불안을 느껴 맹씨를 황태후로 맞이하고 자신은 신하로서 맹태후의 조칙으로 조구를 황제로 맞아들이려 했다. 조구는 맹태후의 명을 받아 건염建炎 1년(1127) 5월 1일에 남경 응천부應天府(하남성 상구현)에서 즉위해 남송의 초대 황제인 고종高宗이 되었다. 초국은 불과 33일로 붕괴하고 장방창은 협박을 받아 즉위했다는 이유만으로 얼마 동안은 처벌받지 않았으나 뒤에 재위하던 중 궁중에서 좋지 못한 행동이 있었다는 탄핵을 받아 자살하기에 이르렀다.

고종 아래에는 많은 근왕군勤王軍이 모였고, 조정은 주전론자로 넘쳐 강경한 자세로 군사력 재편에 착수했다. 금은 초를 붕괴시킨 죄를 묻는다는 명목으로 송을 공격했기 때문에 고종은 먼저 양주로, 다시 장강을 건너 항주杭州로 도망쳤다.

금군의 남하는 역대의 북방민족들처럼 기후와 풍토의 차이 때문에 늘 가을에서 겨울에 걸쳐 행해졌고 봄에서 여름 사이에는 중단되었다. 건염 3년 10월, 금의 군대는 남하작전을 개시하여 이윽고 항주를 공격하여 왔기 때문에 고종은 월주越州에서 명주明州를 거쳐 해상으로 나가 온주溫州로 달아났다.(건염 4:1130 정월) 금의 추격은 명주까지 미쳤으며 여기서 약탈을 자행하고 물러났다. 건염 4년 4월 고종은 금군이 물러난 뒤에 월주로 귀환했다.

금에서는 고종을 추격하는 한편 사회·경제·문화 등의 선진지역인 송의 옛 영토를 직접 지배하는 것이 어렵다는 것을 알게 되었기 때문에 다시 괴뢰왕조를 세우기로 하고 유예劉豫를 후보로 정했다. 유예는 북송 철종시대의 과거에 합격한 진사로 제남부濟南府의 지사知事였으나, 건염 2년 12월에 제남부가 함락되자 금에 항복한 상태였다. 유예는 건염 4년 7월에 대명부大名府에서 즉위하여 제국齊國의 황제가 되었다.

진회의 등장

그런데 남송 초기의 정치에 절대적인 권력을 떨친 진회秦會(1090~1155)는 건염 4년 10월에 금에서 도망쳐 돌아왔다. '정강靖康의 변' 와중에 장방창의 즉위에 맹렬히 반대한 진회 등 5인의 관료와 가족은 송의 황족들과 함께 금에 납치되었다. 포로의 몸인 휘종을 계속 섬기는 진회의 절의있는 태도를 본 금 태종은 그를 따로 떼어서 다란達蘭[完顔昌; ?~1139]에게 주어 비서로 삼게 했다. 그러다가 진회는 다란의 출진을 따라나선 도중에 처와 시종들까지 데리고 탈주하여 귀국했다고 한다.

11월 7일 진회는 월주에서 고종을 배알하여 '남은 남, 북은 북'이라는 남북 분열현상을 긍정·추인하는 정책을 진언했다. 이 때부터 진회는 송·금 양국의 강화를 주장하게 된다. 소흥紹興 1년(1131) 진회는 부재상에 해당하는 참지정사에 임명되었다. 귀국한 지 4개월 남짓,

남은 남 북은 북

『송사(宋史)』 열전 가운데 「진회전」, 『건염이래계년요록(建炎以來繫年要錄)』 등의 사료본문에는 "만일 천하가 무사할 것을 원한다면 모름지기 남은 남으로 자족해야 하고 북은 북으로 자족해야 한다[如欲天下無事 須是南自南 北自北]"고 적혀 있다. 송과 금의 화평관계를 바란다면 각자가 자국의 일에만 신경을 쓰고 서로 간섭하지 않는다는 것으로 현상유지와 현상긍정을 적극적으로 추인할 것을 의미한다. 진회의 대금외교정책의 기본방침이었다고 평가된다.

배알하고 나서는 3개월 남짓으로 이 지위에 오른 사정에는 고종의 의향과 밀접한 관련이 있었을 것으로 추측된다. 얼마 되지 않아 진회는 차석재상에 올랐으나 수상에 취임한 여이호呂頤浩(1071~1139)와 당파싸움을 격렬히 전개한 뒤 패하여 파면되었다.(1132.8.27)

소흥 4년 원단에 금의 사절이 고종을 배알하고 강화교섭이 시작되었으나 쌍방의 입장차이가 커서 실패했다. 9월에 금과 제의 연합군이 회하를 건너 남침하여 화주和州에서 장강 도하작전을 준비했으나 기후불안정과 보급의 어려움, 그리고 금 태종의 병환으로 연말에는 전군이 철수했다. 금 태종은 소흥 5년 정월에 죽고 희종熙宗[여진명은 合剌 完顔亶; 재위 1135~49]이 즉위했다.

금에서는 태조와 태종이 형제였기 때문에 태조계통과 태종계통 사이에 권력쟁탈전이 진행되고 있었다. 희종은 태조의 손자에 해당하며, 태종 아래서 권력을 떨치고 있던 완안종한完顔宗翰[여진이름은 粘沒喝 또는 粘罕; 1079~1136]을 대신하여 완안종간完顔宗幹[여진이름은 斡本; ?~1141]이 권력을 잡았고, 종한에게 눌려 있던 다란이 송·금관계의 전면에 등장했다.

괴뢰정권 설치를 생각한 것은 다란이었지만 종한이 그 공을 독점하고 있었다. 또한 유예도 종한일파에게는 막대한 뇌물을 바쳤으나 다른 중신과 장군들을 경시했기 때문에 금 내부에서 유예와 제에 대한 평판은 매우 나빴다. 게다가 제는 남송과 충돌이 일어날 때마다 금에 구원을 청해 오는 형편이라 항시 금에게 짐이 되고 있었다. 이러한 때에 다란이 송·금 관계를 다루는 위치에 섰다. 희종시대의 금은 급속히 중국화해 가는 시기로 천회天會 15년(남송의 소흥 7년=1137) 11월에 괴뢰왕조인 제를 폐하고 하남과 섬서지역을 직접 통치하에 두었다.

남송에서는 소흥 7년 정월에 진회가 부재상에 해당하는 추밀사樞密使에 임명되어 약 5년 만에 조정의 중추에 복귀했다. 그 전년인 소흥 6년 9월에 제의 유예는 아들 유린劉麟과 조카 유모劉猊 등을 시켜 남송을 공격하게 했으나 남송의 반격으로 패배했고, 이를 계기로 금의 조정에서는 제를 폐지할 계획을 세웠다.

이러한 정세변화를 보고 경서·호북선무사京西湖北宣撫使[하남성·호북성 일대의 군사령관]인 악비岳飛는 건강부建康府를 찾아온 고종에게 남송의 군대를 총동원해서 송의 옛 영토를 회복해야 한다고 진언했다. 조정은 북벌로 기울었으나 장준張浚은 반대했고, 진회 또한 북벌군의 동원은 악비군단을 강화하는 데 불과하다고 반대했다.

악비의 활약

악비岳飛(1103~41)는 상주相州 탕음현湯陰縣 농민의 아들로 태어나 일찍부터 무예와 학문에 정진했다. 소작인인 악비는 요에 패한 송이 모집한 의용군에 응모했다. 선화宣和 6년(1124)에 다시 모집에 응하여 황제직속인 시위마군사侍衛馬軍司 지휘하의 기병대에 들어가 편교偏校[소부대의 대장]로 발탁되었으나 정강靖康 원년(1126)에 주둔지

악비상

鄧廣銘, 『岳飛傳』(人民出版社, 1983)

인 태원太原이 함락되자 고향 탕음현으로 돌아갔다. 같은 해 말 3번째로 의용군에 참가했을 때, 등에 '진충보국盡忠報國'이라는 4문자의 문신을 새겼다는 유명한 이야기가 전해 온다. 종택宗澤(1059~1128)의 지휘하에 들어간 악비는 고종에게 금군에 점령된 송의 옛 영토를 지금이야말로 탈환해야 한다는 의견서를 제출했으나, 이것이 월권행위라 하여 관직을 박탈당했다. 하북초토사河北招討使(하북지방을 평정할 임무를 가짐)인 장소張所 밑으로 가서 부대의 지휘관에 임용되었다가, 이윽고 다시 개봉부開封府의 종택 아래에서 금군을 상대로 대활약을 했다.

종택이 죽은 뒤 건염 3년(1129) 10월에 시작된 금군의 침공 때에 송의 최고사령관인 두충杜充 등의 무능과 무책임으로 악비가 소속된 군대는 패하여 분산되었다. 악비는 광덕군廣德軍(안휘성 광덕현)으로 가 퇴각하거나 도망쳐 온 부대와 병사를 비롯하여 혼란 속에서 생겨난 도적 등 무장집단까지 모아 부대를 재편하여 악비의 사병집단인 '악가군岳家軍'의 기초를 만들었다. 건염 4년 2월에 개봉부가 함락되자 악가군은 장강 하류유역에서 금군 사령관인 완안종필完顔宗弼(여진이름은 烏珠 또는 兀朮; ?~1148)의 부대와 전투를 전개하여 건강부를 탈환했다.

당시 남송의 영역에서는 국가권력의 약체화로 각지에 반란이 빈발하여 치안상태가 극히 악화되었다. 악비 군단은 장준張俊 지휘하에 들어가 강남동서로江南東西路(강서성과 안휘성의 동남부)의 반란 등을 진정시켰다. 강남서로에서는 이성李成집단을 격파하여 8만 명 남짓을 귀순시켰

남송 효종 隆興 2) 12월의 일이었다. 고종의 은거로 제위를 이은 효종(재위 1162~89)은 실지회복에 의욕적이어서 북벌도 시도했으나 어이없이 실패하여 금 세종의 강화를 받아들였다. 고종이 순희淳熙 14년(1187)에 죽자 효종은 2년 뒤인 순희 16년 2월에 은거하고 아들인 광종에게 제위를 물려주었다.

재위중 효종은 자신이 방계로부터 제위에 오른 사정도 있어 물러난 고종과 그 부인인 황태후 오씨에게 효도했으나, 그밖에는 아무런 치적도 없었고, 그저 금의 국내사정으로 송·금의 평화관계가 계속되었다.

43세로 즉위한 광종(재위 1189~94)은 태생이 범용한 인물이었다. 거기에 황후인 이씨李氏가 정치에 관심을 가졌고 또 질투가 많은 성격이었기 때문에, 조모 오씨와 물러난 효종과의 사이에 문제가 있었고, 이씨의 애증이 인사와 정책에 영향을 미치는 상황에서 광종이 병을 이유로 조정에 나오지 않는 일도 종종 있었다.

황후 이씨의 전횡을 우려한 고급관료들은 효종이 죽은(紹熙 5년 6월 9일, 1194) 뒤 행한 장례식에 병을 이유로 상주의 책임을 맡지 않은 광종을 폐위시키고 대신 그 아들인 확擴의 즉위를 획책했다.

한탁주의 등장

이 반역과 다름없는 계획은 태황태후 오씨의 승인 없이는 수행될 수 없는 것이었으나 한탁주韓侂胄의 움직임으로 성공하여 영종寧宗(재위 1194~1224)이 탄생했다.

한탁주는 북송의 명신인 한기의 증손으로 어머니는 태황태후 오씨의 동생, 처는 오씨의 조카, 영종의 황후 한씨는 조카의 딸이라고 하는 황실 및 오씨와 매우 깊은 관계를 가진 인물이었다.

영종도 자신의 즉위에 진력했기 때문에 주희朱熹 등의 학자와 조여우趙如愚 등 관료의 의견을 무시하고 한탁주를 중용했다. 한탁주는 자기의 공적을 평가하여 주지 않은 조여우 등에 악감정을 가졌고, 대의명분의 관점에서 황제친족의 권력장악에 반대한 주희 등을 추방하고자 '경원위학慶元僞學의 금禁'을 일으켜 정씨程氏의 학문을 위학으로 금지하고 주희 등 그 학파에 속하는 자들을 추방했다.

남송에서는 정씨의 학문이 유행했기 때문에 이 학금學禁은 한탁주의 평을 아주 나쁘게 만들었다. 거기에 태황태후 오씨와 황후 한씨가 죽자 한탁주는 권력의 후원자를 잃어버렸다. 조정에서 불안한 상황에 처한 한탁주는 학금을 완화하여 인기회복을 노렸고, 또 권력자로서의 지위안정을 위하여 북벌을 강행했다. 북방 몽골의 침공을 받아 금의 국내가 불안정한 틈을 타서 한탁주는 금과의 전쟁을 결단한 것이다.

'개희용병開禧用兵'이라 불리는 이 전쟁은 실제로는 가태嘉泰 4년(1204) 말부터 시작되었다. 남송군이 계속 침입하자 처음에는 상대하지 않던 금도 개희 2년(1206) 4월에 남송토벌 조칙을 내어 개전했고, 남송도 5월에 금을

주희상

陳正夫・何植靖, 『朱熹評傳』(江西人民出版社, 1984)

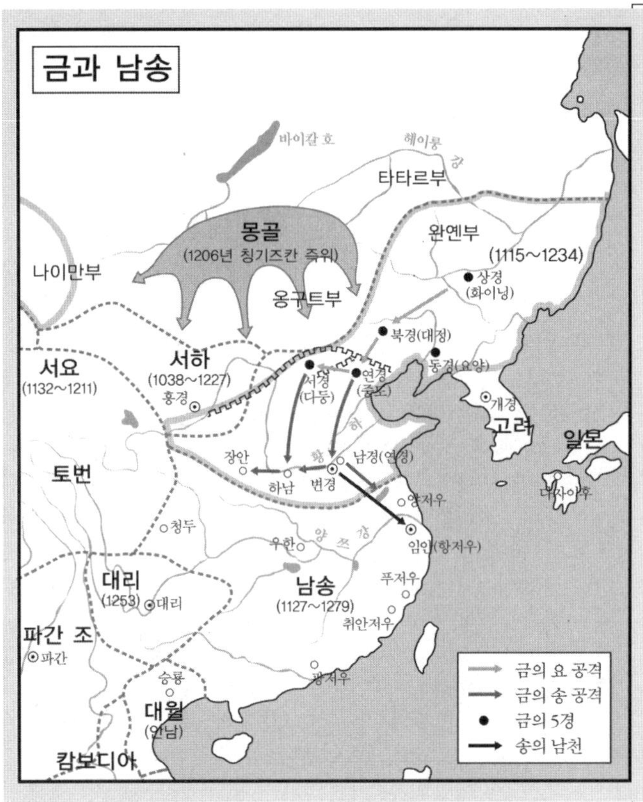

역자 보충

토벌하는 조칙을 내었다.

전투가 본격화되자 남송의 각 군은 금군에 압도되어 패배를 거듭했고, 개희 2년 11월부터 강화교섭이 시작되었다. 금에서는 개전책임자인 한탁주의 수급을 집요하게 끊임없이 요구했고 계속 이어진 교섭은 결국 개희 3년 11월 3일에 한탁주가 암살됨으로써 매듭지어졌다. 한탁주의 머리는 금에 보내졌고, 금의 조정에서는 이를 충신의 예로써 정중히 매장했다. 송·금의 강화는

역자 보충설명

□ 위학(僞學)의 금(禁)

'위학'이란 주자학을 가리킨다. 1196년(寧宗 慶元 2)에 한탁주와 한패인 유덕수(劉德秀)이 상주문에 사용한 말로, 이로부터 주자학에 대한 탄압을 '위학의 금'이라 칭하게 되었다. 주자만이 아니라 북송 이래 정(程)·주(朱)의 도학을 비판하는 풍조는 이미 효종(孝宗)시기부터 나타나 1188년에는 병부시랑 임율(林栗)이 주자를 '난신(亂臣)의 우두머리'라고 칭하는 상주문을 올렸다. 이 무렵에는 도학에 대한 비난이 사대부 사이에서 일어났고, 주자의 강학이 융성하여 영향력이 커짐에 따라 비판의 소리도 높아갔다.

1194년(紹熙 5)에 재상 조여우(趙汝愚)를 중심으로 효종을 이은 광종을 폐하고 그 둘째아들인 영종을 옹립하는 사태가 일어났다. 광종이 병약할 뿐 아니라 황후 이씨(李氏)의 전횡이 날로 심해지는 것을 우려했기 때문이라고 하나 결과적으로 이것이 '위학의 금'을 일으키는 계기가 됐다. 즉 1195년(慶元 1)에 영종이 즉위하자 그 옹립에 공이 있고 또 황후 한씨(韓氏)의 대숙부(大叔父)이기도 한 한탁주가 위세를 떨치게 된다. 조여우는 한탁주에게 권력을 빼앗기고 영주(永州: 호남성의 벽지)에 유배되어 사망했다.(1196) 이로써 중앙정권은 한탁주 일파가 농단하게 되었고, 거기에 비판적이던 주자에 대한 탄압도 거세졌다. 일찍부터 한탁주에 비판적이던 주자는 앞서 조여우의 추천으로 황제에게 진강(進講)하는 시강(侍講)을 맡고 있었으나, 그의 정권에 대한 비판적인 태도 때문에 1194년(紹熙 5) 11월에는 한직으로 좌천되어 고향으로 돌아갔다. 그러나 1196년 연말에는 관위가 박탈되었고 주자학을 위학으로 공격하는 소리가 조야에서 높아졌다. 주자의 문인들에게도 박해가 미쳐 59명에 이르는 도학파의 학자와 관료가 비정통 위학의 당파로 지목되어, 이 학파의 저서는 유포가 금지되었고 관계에서 추방되었다. 이를 '경원(慶元)의 당금(黨禁)' 또는 '위학의 금'이라 한다.

박해는 주자가 죽고 2년 뒤인 1202년(嘉泰 2)에 약화되어 도학파는 복관(復官)되었고 주자에게도 관위가 추증되었다. 1207년(開禧 3) 한탁주가 주살되었고, 1241년(淳祐 1)에는 공자의 도(道)를 세상에 넓혔다고 하여 주돈이·장재·정호·정이 등과 함께 공자묘(孔子廟)에 종사(從祀)되어 이후 정통학문임이 공인되었다.

『中國史』 3-五代~元(山川出版社, 1997), 315~316쪽 참조.

양자의 관계를 백질伯姪관계로 고치고, 한탁주의 수급을 받는 대신 회남지역을 송에 반환했으며, 세폐를 30만으로 늘리는 등의 조건으로 가정嘉定 원년(1208) 3월에 성립되었으나, 남송에서는 금의 사절이 영종을 배알한 9월이 되어서야 강화성립을 발표했다.

재상 사미원

한탁주의 암살을 도모한 것은 한씨의 뒤를 이은 황후 양씨의 오빠인 양차산楊次山과 사미원史彌遠이었다. 사미원은 가정 원년 10월에 수상인 좌승상 전상조錢象祖와 함께 부수상 즉 차상次相인 우승상이 되었으나 다음달에 모친의 복상으로 이임했다가 가정 2년 5월에 다시 우승상에 임명되어 이후 소정 6년(紹定, 1233) 10월에 죽을 때까지 약 26년간 영종·이종理宗 2대의 재상으로서 절대적인 권력을 장악했다.

사미원은 범용한 영종시대에 양황후와 결탁해서 강대한 권력을 쌓았고, 영종 만년에는 그의 세력을 경계한 황자 굉竑에게 반역의 오명을 씌워 추방한 뒤 살해했다. 그 대신 전昀을 황자로 삼았고 가정 17년(1224) 8월 영종이 죽자 그를 즉위시켰다.[理宗] 이런 경력이 사미원에 대한 좋지 않은 평의 최대 원인이 되었지만 그밖의 요인도 고려할 필요가 있다.

남송과 금 사이에는 긴 국경선이 가로놓여 있었고 게다가 금군이 강했기 때문에 항상 군대를 정비해 둘

이종좌상

『故宮圖像選粹』(國立故宮博物院[臺灣], 1971)

필요가 있었다. 그 때문에 많은 군사비를 들여야 했고, 국내에서는 다양한 명목으로 세수의 증가가 이루어져 국민은 무거운 세금부담에 시달렸다. 한탁주가 일으킨 전쟁은 이러한 사정에 한층 박차를 가했고, 재정의 악화를 벗어나기 위하여 회자會子라 불리는 지폐가 발행되었다. 회자는 발행 처음에는 태환성兌換性이 있었지만 위기 모면을 위해 불환지폐로 대량 발행했기 때문에 인플레이션이 진행되어 경제적·사회적인 불안이 증대되었다. 이것은 모두 사미원의 정치적 무능이 원인이라고 해서 그의 평판은 더욱 악화되었다.

이종 초에는 변함없이 사미원이 정치를 독점하고 있었으나 사미원이 죽자 이종은 친정을 하고자 했다. 먼저 연호를 단평端平(1234~36)으로 고치고, '경원위학의 금'이 약화된 뒤 세상을 풍미하는 형세로 학문의 주류를 차지한 주자학에서 당대제일의 학자인 진덕수眞德秀와 위료옹魏了翁을 조정에 맞이했다. 이른바 '단평의 경화更化'이다. 제1급 학자가 둘이나 조정에 들어왔기 때문에 사람들은 새로운 정치를 기대했으나 새 정책은 전혀 나오지 않은 채 진덕수는 병사했고 위료옹은 조정을 떠났다.

지향했던 정치개혁의 실패로 이종은 정치에 대한 열정을 잃어 사치와 유흥에 빠졌고 궁전조영에 정력을 기울이게 되었다. 다만 최신 학문인 주자학을 보호하는 노력은 계속되어 순우淳祐 원년(1241) 정월에 주자학의 성립과 발전에 중요한 위치를 차지하는 주돈이周敦頤·장재張載·정호程顥·정이程頤·주희朱熹 5인의 학자를 현

> **도학**
>
> 북송에서 새로운 유학의 전개는 주돈이에서 시작되어 장재와 정씨형제〔程顥·程頤〕에 의해 발전되었고, 남송시대 주희의 손으로 대성되었다고 평가되며, 또 공자의 도(道)가 맹자 이후 단절된 것을 주돈이와 이정(二程)이 계승했다 하여 도통(道統)이라는 성인현자의 계통을 설정했다. '사람이 살아가는 길'의 탐구를 목적으로 하였기 때문에 도학(道學)이라 칭하였고 그밖에 송학(宋學)·이학(理學)·성리학(性理學)·정학(程學)·주자학(朱子學) 등으로 불린다. 전통적인 유학을 비판적이고 철학적으로 연구한 성과이며 여기서 유학은 면목이 일신되었다.

창해서 공자묘孔子廟에 제사했고, 주자의 사서四書(『大學』·『中庸』·『論語』·『孟子』)를 국립대학인 태학太學에서 강의하도록 했다.

주돈이에서 시작되는 송대의 새로운 학문은 도학道學이라 불려 남송 초부터 재야에서는 크게 유행했지만 진회와 한탁주 등의 시대에는 탄압받았다. 그러던 것이 이때 와서 이종이 공인함으로써 정당성을 얻었고 이후의 중국사회의 역사에 적지 않은 영향을 주게 된다.

몽골제국의 흥륭

1206년 칭기즈칸의 즉위로 성립한 몽골제국은 동아시아에 중대한 변화를 가져왔다. 거듭되는 몽골군의 침입으로 금은 개봉(금의 南京)에 수도를 옮겨 당면한 위기를 회피하려 했으나(1214) 도리어 몽골의 화를 샀다.

칭기즈칸은 서정西征이 일단락된 1226년이 되자 중국방면에 진출을 개시하여 서하를 멸망시킨(1227) 다음 창끝을 금 쪽으로 돌렸다. 칭기즈칸은 이 해 7월에 죽고 1229년 8월에 태종 우구데이窩闊台(재위 1229~41)가 즉위했는데 금에 대한 공격은 계속되어 남송 소정 5년(紹定, 1232)에 몽골과 남송이 금을 협공할 약속이 정해졌다. 금은 몽골과 남송의 협격을 알고 '순망치한脣亡齒寒(입술이 없어지면 이가 시려진다)'의 비유를 인용하면서 금과 연합하여 몽골에 대응해야 한다고 전했으나 남송은 듣지 않았다. 그리고 앞서 설명한 것처럼 단평 원년(1234) 정월에

쿠빌라이상

『故宮圖像選粹』(國立故宮博物院[臺灣], 1971)

퇴위한 애종이 자살하고 금왕조 마지막 황제인 말제가 혼란중에 살해되어 금은 멸망했다.

남송에서는 옛 영토인 개봉·낙양·상구商丘의 회복을 꾀할 천재일우의 호기로 여겨 군대를 파견하여 낙양에 송의 군대를 진입시켰다. 몽골은 채주蔡州와 진주陳州의 서북을 몽골령, 남동을 남송령으로 한 금왕조 멸망시기의 약속을 위반했다는 이유로 남송과 전투를 벌였다.(1235) 중부전선에서 군사적으로 가장 중요한 거점인 양양襄陽이 함락되는(1236) 등 몽골군이 압도적으로 우세했다. 그러나 남송에서 맹공孟珙 등이 활약하여 양양을 탈환하게(1239) 되자 전투는 교착상태에 빠졌다.

이는 몽골제국의 국내사정에 원인이 있었다. 1241년 우구데이의 죽음, 황후 투르게네脫列哥那의 섭정과 왕들의 권력투쟁, 1246년 구육貴由(定宗; 재위 1246~48)의 즉위, 2년 뒤인 1248년 구육의 죽음, 1251년의 뭉케蒙哥(憲宗; 재위 1251~59) 즉위 등 중앙에서 큰 사건이 계속된 몽골에서는 국내체제의 정비가 가장 중요한 과제였고, 외정에 전력을 투입하는 것은 불가능했다.

1252년 비로소 뭉케가 아우 쿠빌라이忽必烈(뒤에 원왕조의 世祖; 재위 1260~94)에게 대리大理원정을 명하여 외정이 재개되었고, 남송 보우寶祐 5년(1257) 9월에 남송토벌이 결정되어 다음해 2월에 헌종 뭉케가 진두에 서서 남침했다. 헌종은 사천 서부로, 쿠빌라이는 악주鄂州에서 수도 임안부로, 우량카다이兀良哈台는 티베트에서 광남서로廣南西路를 거쳐 악주로 각각 진격을 개시했다.

쿠빌라이가 악주를 공격하고 있을 때 헌종이 합주合州 조어산釣魚山[사천성 合川 동부]의 본영에서 급사했다. 몽골의 새로운 황제는 쿠릴타이로 결정되기 때문에 쿠빌라이는 북상하는 우량카다이 부대를 맞이할 약간의 병력을 남기고 북방으로 철수했다.

경정景定 원년(1260) 정월 겨우 악주 부근에 도착한 우량카다이 군대는 급조된 가설교량으로 장강을 건넜으나, 이 때 남송부대가 후미를 습격하여 몽골군사 170명이 죽었다. 이것이 남송군의 대승리로 수도의 임안부에 전해져 사령관인 가사도賈似道의 권력과 명성을 굳게 유지시키는 근거가 되었다.

5. 남송의 멸망

가사도 시대

'단평의 경화'의 실패로 이종은 사미원의 조카인 사숭지史嵩之를 중용했다. 그러나 주자학이 공인된 뒤 남송에서는 사숭지가 학자가 아니라는 점만으로 평판이 나빴고, 또 부친의 복상을 적당히 했다는 비난을 받아 이종의 요청으로 그는 사임했다. 이후 다수의 재상이 임명되었으나, 평판이 좋은 학자는 실무능력이 부족했고,

남송회자

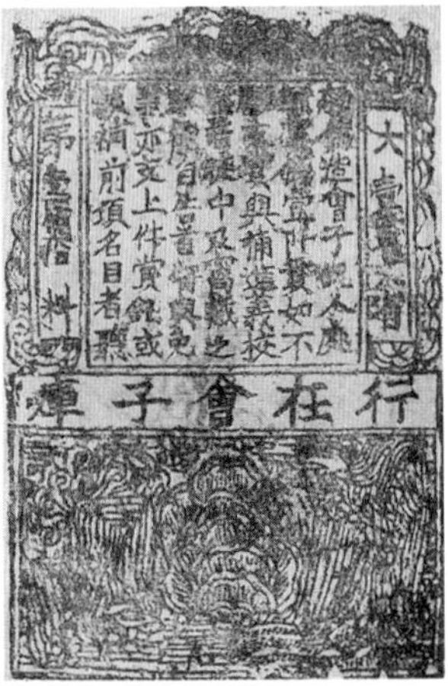

彭信威, 『中國貨幣史』(上海人民出版社, 1965)

학자가 아니면 유능해도 비난과 탄핵의 대상이 되어 단기간에 경질되었다.

또한 남송에서는 황제를 배경으로 환관이 세력을 얻었고 이종 때도 환관세력은 강대했다. 그들과 연결한 정대전丁大全이 재상이 되어 학자관료와 학자·학생을 탄압하자 큰 불평을 사게된데다 재임시기에 몽골의 남침이 일어나자 이것도 정대전의 정치가 원인이라는 비난을 받아 파면되었다.

이러한 조정의 혼란을 아랑곳하지 않고 국경지대의 전선에서 권력기반을 강화하고 있던 이가 가사도(1213~75)였다. 가사도의 부친은 사미원시대에 금군과 싸워 용맹을 날린 가섭賈涉이고, 배다른 누이가 이종의 귀비로서 황후 이상으로 총애를 받았으나 20세로 죽었다. 누이의 연으로 관계에 들어간 가사도는 출세가 빨라 쿠빌라이가 악주를 공격했을 때에는 양회안무제치대사兩淮安撫制置大使로 참지정사와 지추밀원사를 겸한 대몽골전쟁의 최고책임자였다.

악주 근처에서 우량카다이군의 도강작전을 습격한 일로 가사도는 조정의 부름을 받아 재상이 되었다.(開慶원년(1259) 10월) 그로부터 공종恭宗(재위 1274~76) 때인 덕우德祐 원년(1275)까지 약 15년에 걸쳐 남송 말기의 정치를 독점했다.

가사도는 정대전의 악평을 거울삼아 학자와 학생을 우대하여 인기를 모았지만 동시에 스파이를 이용한 정보활동을 통하여 외척·학교·환관을 완전히 지배하에 두었다. 또한 전선의 군단과 부대에 대해서는 회계감사를 엄중히 시행하고 부정을 적발하여 매우 엄한 처분을 단행하여 군벌과 장군들을 통제했다. 이렇게 해서 가사도의 권위와 권력은 확립되었다. 형식적으로는 학자들이 고위대관에 취임했지만 실제로 남송조정의 정치는 가사도 한 사람의 손에서 처리되었다.

가사도는 항주의 서호西湖 북쪽에 있는 갈령葛嶺에 별장을 지어 거기서 정무를 보았고, 관료들은 서호 남측의 궁정이 아니라 갈령으로 가서 결재를 받았다. 실제로 가사도를 보좌한 것은 사설비서인 요영중廖瑩中과 하급서리의 우두머리인 옹응룡翁應龍이고, 가사도는 미술품과 골동품 등의 수집에 관심을 보이며 생활을 즐겼는데, 그래도 가사도 없이는 아무 일도 진척되지 않았다.

또한 절강浙江의 민간소유 토지를 강제로 사들여 공전으로 만들고 소작인에게 빌려주어 조세를 징수한 다음 이를 군량에 충당하는 공전법公田法, 토지측량을 통해 대장을 정비하고 모든 토지에 과세하는 경계추배법經界推排法, 현전관자見錢關子[태환성이 있는 약속어음]를 발행해서 회자를 정리하는 한편 금괴와 은괴의 약속어음을 병용하는 제도 등을 실시하여, 왕조 말기의 재정재건정책으로서는 상당한 성과를 올렸다.

> **회자會子**
>
> 북송시대부터 사용된 어음과 증권을 의미하는 말이다. 북송의 사천에서는 교자(交子)가 지폐로 사용되었고 한때 섬서에서도 사용되었다. 북송의 회자는 현금을 납입하여 입수할 수 있으며 그 종류는 환어음·송금어음 등이 있었다. 남송에서는 교자가 불환(不換)지폐가 되어 신용이 실추한 것을 거울로 삼아 '회자'라 이름을 고쳐 태환권(兌換券)으로서 통행시켰으나 이윽고 대량으로 발행되어 인플레이션을 가속시켰고 태환성을 잃자 신용도 잃어 가사도 시대에는 현전관자(現錢關子)라는 정부가 보증하는 약속어음으로 바뀌었다.

쿠빌라이의 남침

쿠빌라이는 개평開平[현재의 내몽골자치구 도론놀 서북]에서 독자적으로 쿠릴타이를 열어 몽골제국의 대칸大汗자리〔元 세조〕에 올랐다. 연호를 중통中統이라 하고,(1260) 지원至元 8년(1271) 11월에 국호를 원元으로 정했다. 쿠빌라이가 즉위했을 때, 아우 아릭부케阿里不哥는 이를 인정하지 않고 헌종의 여러 아들과 서방 여러 왕의 지지를 얻어 스스로 대칸자리에 올라, 양자의 대립은 지원 1년 7월에 아릭부케가 항복할 때까지 이어졌다. 따라서 남송은 이 사이 몽골군의 공격을 받지 않고 지나갈 수 있었다.

국내체제가 안정되자 쿠빌라이는 고려·일본·남송 등의 정복과 경영에 착수했다. 남송에 대해서는 지원 4년(남송 咸淳 3년: 1267)부터 매우 중요한 군사거점인 양양襄陽을 공격해서 약 5년 남짓한 시간을 들여 지원 10년(함순 9년: 1273)에 함락시켰다. 지원 11년에 원군元軍에 남송 토벌 명령이 발동되자 양양공격을 완수한 부대는 그대로 임안을 향하여 장강을 따라 내려갔다.

덕우德祐 원년(1275) 정월, 정세에 밀려 어쩔 수 없이 출전한 가사도는 13만의 군대를 이끌고 가서 무호현蕪湖縣에 본진을 두고, 곧바로 원의 군대에게 화의를 신청했으나 거절당했다. 할 수 없이 가사도는 무장을 동릉현銅陵縣 가까운 정가주丁家洲에 포진시키고 자신은 무호蕪湖에서 가까운 노항魯港으로 나아갔다. 원군의 일격으로 혼란에 빠진 남송군은 무참히 패퇴했고 가사도도 양주揚州로 물러났다.

2월에 조정의 거의 모든 관료로부터 비난과 탄핵을 받은 가사도는 평장군국중사平章軍國重事·도독제로군마都

督諸路軍馬에서 파면당했다. 일체의 책임을 뒤집어쓴 가사도는 생명만은 건졌으나 순주循州(광동성 龍川縣)로 유배 가게 되었다. 같은 해 9월에 유배지로 가는 도중 장주漳州에서 가까운 목면암木綿庵에서 호송을 맡은 정호신鄭虎臣에게 살해되었다.

송왕조의 종언

임안부에서는 원군이 접근해 옴에 따라 조정대신과 관료들이 도망쳐 궁정이 텅 비었고, 그 대신 우국충정에 불타는 문천상文天祥 등 젊은 관료와 근왕군이 모여들었다. 그 가운데는 철저하게 항전을 주장하는 자도 있었다. 그러나 태황태후인 사씨謝氏는 원의 사령관 바얀伯顔(1236~94)에게 항복할 사자를 보냈고 이를 접수한 바얀은 약간의 부대만을 보내 몰래 궁성에 들어가 남송의 항복을 받아냈는데,(덕우 2년 정월, 1276) 임안시민은 이를 거의 알지 못했다고 한다.

항복에 반대하는 육수부陸秀夫와 장세걸張世傑 등은 익왕益王인 시昰를 송왕조의 후계자(端宗)로 받들고 해상으로 도망쳐 복주福州에서 천주泉州로 이동했으나 얼마 뒤 익왕이 죽고 그를 대신하여 위왕衛王인 병昺을 세워 광주廣州 남쪽의 애문厓門에 돌출한 애산厓山에 당도했다. 그러나 압도적인 원군의 공격 앞에서 8세의 어린 황제 병은 육수부에 안겨 물로 투신했고 이로써 송왕조는 멸망했다.(지원 16년 2월, 1279)

문천상

1236년 출생하여 1282년 사망한 남송 말의 재상으로 길수(吉水: 강서성 길수현)사람이며 자는 송서(宋瑞), 호는 문산(文山)이다. 20세로 과거에 수석으로 합격하여 가사도 정권 아래서 지방관으로 있다가 근왕군을 모아 원군에 저항하면서 각지를 전전했다. 원군의 침공을 앞두고 거의 모든 관료가 수도 임안부에서 도망쳤기 때문에 재상에 임명되어 원군의 사령관 바얀(伯顔)과 강화교섭에 임했으나 강경한 송조옹호론을 주장하여 구류되었다. 뒤에 탈주하여 근왕군 재건을 의도했으나 다시 붙잡혀 원의 수도인 대도(大都: 북경)로 보내져 3년의 옥중생활 도중 여러 번의 항복권고를 거부하다 처형당했다. 옥중에서 만든 「정기가(正氣歌)」는 삼국시대 제갈량의 「출사표(出師表)」와 함께 충군애국의 심정을 피력한 것으로서 높이 평가된다.

□ 쉼 터 □

Ⅳ. 산업과 사회

木田知生

1. 기술혁신과 산업의 발달

다양한 기술혁신

일반적으로 송대의 역사·사회는 우리에게 수·당시대와 같은 화려한 인상을 주지 않는다. 일본뿐 아니라 이러한 인상은 본토인 중국에서도 마찬가지다. 예를 들면 중국 저널리즘의 태도도 수·당이 주이고, 송 등에 대해서는 매우 소극적이라고 할 수 있다. 이러한 관점이 성립한 데는 현재의 중화인민공화국을 구성하는 56개 민족 가운데 총 인구의 약 94%를 차지하는 한족의 세력신장이 그 요인이 되고 있다. 송조의 이른바 문치주의文治主義도 수·당과 비교할 때 비확장주의非擴張主義라기보다는 소극주의의 다른 표현으로 이해되어 버린다.

하지만 허심탄회하게 송대를 되돌아보면 우리에게는 수·당 시대보다 이해하기 쉬운 요소로 가득 차 있다. 단순히 시대가 지금에 가깝다는 것만이 아니고 현대사회의 기구와 문화에 가까운 소재, 즉 현대사회를 둘러싼 여러 환경에 꽤 상통하는 것들이 그 시대에 이미 생겨났고, 그것을 뒷받침하는 소도구, 혹은 구조의 대부분이 이 시대에 갖추어지기 시작했기 때문이다.

인쇄기술의 발전

종이·화약·나침반과 더불어 인쇄술을 중국 고대 4대 발명의 하나로 헤아리는 것은 이미 잘 알려진 사실이다. 인쇄술은 송대에 본격화되어서 당시의 문화와 사회생활에 심대한 영향을 미쳤다.

당시는 목판木版에 글자를 조각하는 인쇄가 주였기 때문에 그 기술을 '조판인쇄술彫版印刷術'이라고도 했다. 이러한 인쇄술은 이미 수·당시대에 시작되어 오대(907~59) 중반 무렵에 기술이 한층 발전되었다. 북송 중기의 사람인 심괄沈括(1031~95)의 『몽계필담夢溪筆談』(권18)에는

> 판인板印된 서적은 당시대에는 아직 왕성하지 않았다. 풍도馮道〔오대 후당의 재상; 882~954〕가 처음으로 오경五經〔유학의 다섯 종류의 경전〕을 각인하고 나서 그 뒤의 전적典籍은 모두 판본이 되었다.

고 적고 있다. 여기에 보이는 오경〔실제로는 9경〕이 각인되기 시작한 시기를, 다른 사료에는 후당의 명종明宗 장흥 3년(932)이라고 하지만 이 이후의 서적이 모두 판본이 되었는지 어떤지에 대해서는 의문이 남는다. 다만 서적 형태의 역사에서 보면, 송대가 당대까지 일반적이었던 두루말이책〔卷軸裝=卷子本〕에서 각인된 책자본冊子本으로 바뀌는 중요한 이행기였음은 의심할 여지가 없다.

서적을 한 자씩 베껴 쓰는 초본抄本위주 시대에서, 많은 사람들이 동일한 서적을 입수하여 이용할 수 있는 시

『몽계필담』

『몽계필담(夢溪筆談)』(전26권)은 저자인 심괄(沈括) 자신이 뛰어난 과학자였기 때문에 그 자신이 천문·역학(曆學)·산학(算學) 등의 분야에서 관찰하거나 혹은 이루어낸 당시의 과학기술 수준이 여실하게 기록, 보고되어 있다. 그밖에 발명·창조에 관계된 기재도 많아 북송 중기 중국의 과학수준을 아는 데 극히 중요한 문헌이다. 호도정(胡道靜)의 『몽계필담교증(夢溪筆談校證)』이 보기에 편하다.

대가 됨으로써 당연히 문화 및 지식과 정보의 전달에 큰 혜택을 가져왔다. 또한 동시에 서적의 휴대와 보관이 용이하게 된 점과 송·원시대에 성숙단계로 접어든 제지기술이 인쇄술 발전의 배경이 된 점도 잊어서는 안된다.

출판의 주체는 중앙과 지방의 정부기관(國子監·轉運司 등)이 낸 관각본官刻本, 각지의 서방書坊(출판업자)이 낸 방각본坊刻本으로, 이들에 의해서 각각 유학경전·역대정사正史·제자백가의 책이나 당송시대의 시문詩文과 자서字書 등이 각인되었고, 다시 여기에 일반 개인의 각서출판刻書出版이 더해졌다. 출판된 곳은 널리 중국전토에 걸쳐 있지만 북송시대에는 사천의 성도와 미산眉山지역, 절강의 항주 임안부, 복건의 건안建安 그리고 북송의 수도인 하남의 개봉이 특히 유명하다.

이들 지역은 죽목竹木 등의 출판자료를 입수하기 쉬운 곳으로, 인구집중 지역에 가깝거나 혹은 교통이 편하여 수요와 공급의 균형이 잘 맞았다. 즉 많은 독자의 수요가 집중될 수 있는 지역이었고, 그런 의미에서 이들 지역을 당시의 문화 선진지대로 간주해도 좋을 것이다. 그 뒤 조판인쇄의 기술수준은 북송에서 남송에 이르는 사이에 다시 진보하여 하나의 정점에 달했다. 그 점을 증명하듯 이 시기에 각인·출판된 서적은 현대에도 '송판宋版' 또는 '송본宋本'이라 불려 장서가와 연구자들 사이에서 크게 중시되고 있다.

당시의 인쇄기술로 잊어서는 안될 사건은 북송 중기에 '활자인쇄술活字印刷術'이 고안된 것이다. 하지만 인종仁

宗 경력연간(1041~48)에 민간인 필승畢昇(?~1051?)이 활자를 제작했다는 사실과 그 활자 제작방법에 대해서는 간략한 기록이 앞서 소개한 『몽계필담』(권18)에 보일 뿐, 그 이상의 구체적인 내용은 알 수 없다. 또 그 후에 곧 활자인쇄가 조판인쇄를 대신하여 인쇄술의 주류가 되었다는 사실도 보이지 않았다. 당시로서 수천에서 1만에 이르는 한자를 일률적으로 활자인쇄를 한다는 것은 오히려 적잖은 곤란을 야기했기 때문이다. 활자인쇄 기술이 한층 발전되어 실용화된 것은 원元·명明·청淸 시대를 거쳐 근대에 이르는 긴 시간의 경과를 필요로 했다.

인쇄기술의 발전이 가져온 사회-문화적인 영향은 다시 뒤에 보기로 하고, 당시의 다른 기술혁신 부문에 대해서 눈을 돌려보자.

화약과 나침반 등

화약도 중국 고대의 4대 발명에 속하는데, 송대에는 그 기술이 도가道家의 연단기술煉丹技術에서 벗어나 군사기술에 도입되기 시작한 것이 중요하다. 북송의 인종 경력 4년(1044)에 완성된 군사백과전서인 『무경총요武經總要』에는 이미 많은 화기, 예를 들어 화포火砲·화약편전火藥鞭箭·벽력화구霹靂火毬 등의 명칭이 열거되어 있다. 거기에는 이들 화기의 그림이 동시에 게재되어 있을 뿐 아니라 유황硫黃·초석硝石·목탄木炭 등 약제藥劑의 배합 비율과 무기로서의 맹화유猛火油(석유)에 대한 기사도 보인다. 이는 이미 북송 전기에는 군사화기의 사용이 보급된 사실을 이야기하는 것이다.

화기의 제작은 무기제조와 더불어 전문관청에서 담당하여 병기를 제조하는 기술수준이 향상되었고, 그 기술적인 기초로서 강철을 정련하는 기술도 진보되었음은 물론이다. 그리고 무기 특히 화기제조 지식은 북송 말년에 여진인에 의한 개봉공략을 통하여 금에 전해졌고, 금에서 원으로, 원에서 아라비아 상인 등을 통하여 서남아시아 각국에, 다시 서유럽으로 파급되어 갔다고 한다.

일찍부터 알려져 있던 '지남침指南針'의 특성이 항해

『무경총요·전집』의 무기도

『中國古代版畫叢刊(第1)』(上海古籍出版社)

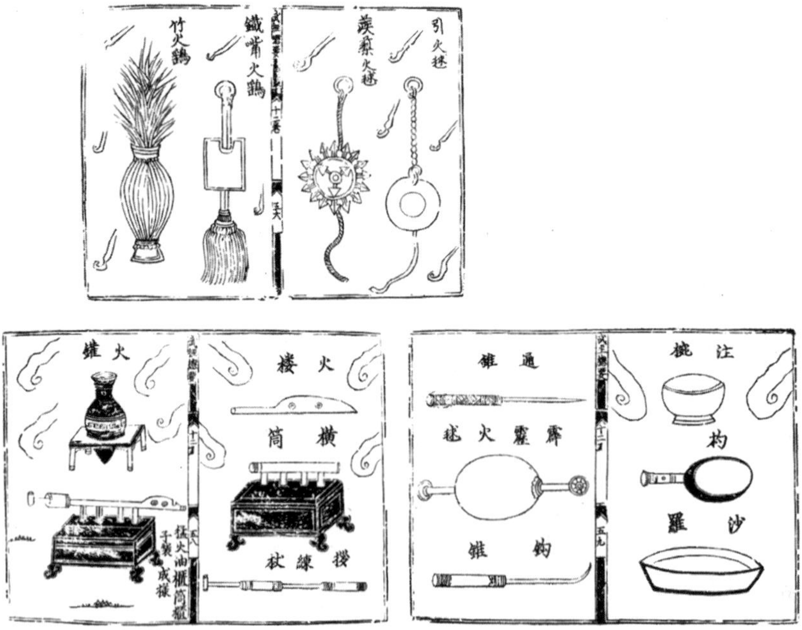

기술에 도입된 것도 송대의 일이다. 북송 중기 단계에서는 아직 충분한 보급이 확인되지 않고 항행航行에는 주로 천문관측이 이용된 듯하나 북송 말기의 기록인 『선화봉사고려도경宣和奉使高麗圖經』(권34)에는

> 만일에 하늘이 어두우면 지남부침指南浮針을 이용하여 남북을 가리고…

라고 했고, 역시 동시기의 기록인 주욱朱彧의 『평주가담萍洲可談』(권2)에도 같은 기사가 있기 때문에 북송 말기에 이르러 그 사용이 본격화된 것으로 생각된다.

송대 과학기술의 수준향상은 이상의 세 가지 예 이외에 의학·천문학·수학·건축학 등 여러 분야에서 눈부셨다. 이 가운데 앞서 살핀 인쇄기술의 발전과 보급이 위력을 발휘하여 의학·위생 지식과 기초산술 지식

『궁조법식』의 건축도

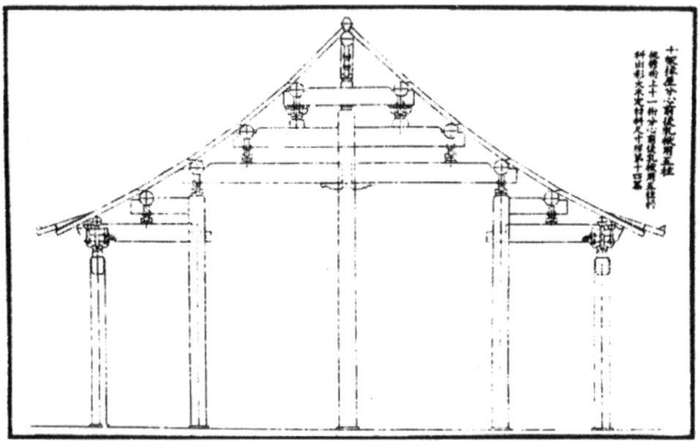

『營造法式』 卷引附

『晋祠』(文物出版社)

진사晉祠 성모전

의 보급은 전대를 훨씬 능가했다. 서민의 식자識字교재가 되는 것들과, 『정화본초政和本草』와 『구장산술九章算術』 등과 같은 고급 계몽서가 폭넓게 또 자주 인쇄되어 각지에 유포되었기 때문이다. 그 가운데서도 남송 순우淳祐 7년(1247)에 쓰여진 진구소秦九韶의 『수서구장數書九章』에는 남송 후기의 사회·경제 정황을 엿볼 수 있는 재료도 포함되어 있어 흥미롭다.

건축학 분야에서는 북송 말년에 궁정건축 관련관청인 장작감將作監에서 오래 근무한 이계李誡의 『영조법식營

『中國古代橋梁』(文物出版社)

낙양교

造法式』 34권(1103년 간행)이 남아 있어 당시의 건축수준을 총괄적으로 보여준다. 송대의 대표적인 건축물로서는 산서성 태원시太原市 서남 교외에 현존하는 진사성모전晋祠聖母殿이 있는데 주위에 위랑圍廊을 갖춘 우아한 모습을 지금도 전하고 있다.

교량공학의 대표적인 예인 복건성 천주시泉州市 동북 교외에 있는 낙양교洛陽橋(원명은 萬安橋로 1059년에 완성)는 근래 일부가 보수되었으나 아직도 이용되고 있다. 특히 그 교각 부분에는 가늘고 긴 석재가 여러 겹으로 교차되어 쌓여 있고, 또 견고함을 유지하기 위하여 교각부에 감나무를 번식시키는 신기한 배려도 보인다.

2. 여러 산업의 부흥과 발전

농업기술의 개량

북송이 전국을 통일한 이후 먼저 노력한 것은 각지의 혼란수습, 중앙통치의 안정화, 세수증가, 그리고 농업생산의 회복 등이었다. 일부지역에서는 과도한 증세정책이 농민의 반항과 투쟁을 일으켰고 사회 신분질서의 여러 모순 등도 나타났다. 하지만 북송 말년까지 국내에서는 눈에 띄는 큰 전쟁은 없었고, 사회가 전반적

범성대의 칠언절구 「변하」

남송 범성대(范成大: 1126~93)의 칠언절구인 「변하」는 북송이 멸망하고 이미 거의 반세기가 지난 건도(乾道) 6년(1170)에 그가 관찰한 변하의 모습을 읊은 것이다. 그가 시에다단 주의 일부를 소개하면 다음과 같다. "변하는 사주(泗州: 강소성 盱眙. 변하가 회수와 교차하는 지점으로 당시의 남북교통의 요지였다) 이북이 이미 말라 있고 초목이 자라나 버렸다. 그 지역사람들은 송조가 부흥하지 않는 한 변하는 재개되지 않을 것이라고 한다."

으로 안정되어 산업이 발전할 기초조건이 갖춰졌다. 인구도 점차 증가하여 노동력을 확보하는 데 유리한 조건이 되었고 따라서 개간한 토지의 면적도 점차 증가했다.

변하汴河 가까이에 위치한 북송의 수도 개봉은 원래 강남과 동남 지역으로 연결되는 수리교통에 매우 편리한 도시로 당시 교통의 요지였다. 그리고 북송과 이를 잇는 남송시대는 농업관개와 수리기술이 현저하게 발전한 시대이기도 했다. 현재도 중국 각지에서 송대의 수리시설을 확인할 수 있으나, 그 가운데서도 천혜의 수리자원을 누린 곳은 회수·장강 중하류 유역, 태호太湖 주변 등 소위 강남 일대와 복건성을 중심으로 하는 동남 지역이었다.

특히 북송시대의 태호 주변에서는 수리전문서인 『오문수리서吳門水利書』를 쓴 겹단郟亶과 『오중수리서吳中水利書』의 저자 단악單鍔이 수리시설의 개량 또는 창설에 대해 설명한 것이 주목된다. 새로 경지를 확대한 결과 제전梯田(山田이라고도 한다)과 당전塘田(구릉의 산지에 인공적으로 둑을 만들어 물을 담아두고 관개에 이용하는 것), 그리고 저습한 지역에 제방을 둘러쌓고 그 가운데를 전지로 만든 우전圩田(지역과 경우에 따라 圍田·湖田이라고도 불린다) 등의 수리전水利田 명칭이 특히 남송의 지방지 사료에 자주 보이고, 점성미占城米를 대표로 하는 우량 신품종이 재배된 것도 이 시대 이후의 일이다.

농공구農工具의 개량과 농업서인 『농서農書』의 보급도 이 시대의 큰 특색이었다. 연료의 개발과 강철 정련기술의 진보 등에 따라 철제농공구가 확산되어 농전개간에 크게 기여했고, 수력을 이용하는 '번차翻車〔水車〕'와 '통차筒車'도 농촌에 정착하여 문학작품에도 등장하게 된다. 남송 초에 완성된 진부陳旉의 『농서』는 이 시대를 대표하는 종합농서로 진부가 생활한 장강 델타지역의 농업과 양잠경영 사정이 잘 반영되어 있고, 농전관리와 비료에 관한 기록 이외에도 경작에 필요한 자세한 기술과 관련된 농업 실천이론이 기술되어 있다.

북송 말년부터 남송 초기에 걸친 송-금전쟁으로 송조는 화북지방을 잃고 회수 중·하류 지역은 큰 손해를 입었다. 하지만 피해가 비교적 적었던 강남 및 동남 지구는 농업생산력 회복에 그리 시간이 걸리지 않았고, 사천지구의 농업생산도 점차 성황을 보이게 되었다. 이들 지구를 중심으로 면화와 뽕나무·차나무·사탕수수·밀감 등의 상품작물이 각지에서 전대보다 왕성히 재배된 것은 남송농업의 한 가지 특색이다. 이들 작물은 각지의 특산지에서 수상과 육상 교통로를 타고 인구가 집중된 소비지로 보내졌다. 당시, 각종 '차서茶書'와 '원예서'의 출판이 이미 없어진 것을 감안한다면 생산량이 크게 늘어난 것은 주목할 만하다.

도자기와 직물

한편 수공업 생산의 발전은 이미 설명한 과학기술의 성취를 통해 볼 때 쉽게 유추할 수 있을 것이다. 송대의 수공업 산업으로는 먼저 도자기 생산을 들 수 있다. 우리가 송대, 특히 그 문화를 떠올릴 때는 이 시대의 백자와 청자작품을 연상하는 사람이 많을 것이다. 북송시대에는 하북의 정요定窯〔曲陽縣〕, 하남의 여요汝窯〔臨汝縣〕·균요鈞窯〔禹縣〕, 섬서의 요주요耀州窯〔銅川市〕, 절강의 용천요龍泉窯〔龍泉縣〕 등이 유명하다. 남송시대에 국도가 절강의 항주 임안부로 옮겨오자 북송 말년에 개설된 변경汴京의 '관요官窯'가 항주로 옮겨졌고 근처에도 새로운 '관요'가 증설되었다. 유명한 강서의 경덕진景德鎭은 북송 경덕연간(1004~1007)에 진이 설치된 까닭에 그 이름이 생겨났지만 원래는 당대부터 시작된 구요舊窯이다.

남송시대가 되면 북송시대 화북의 유명한 도요들이 금왕조 치하에 편입되면서 거의 쇠퇴한 데 반해 경덕진에서는 그 자요磁窯가 교외로까지 확대되어 기술과 공예수준 모두 비약적으로 향상되었고 특히 영청자影青磁는 이름을 날렸다. 명대에 크게 발전하는 기초조건이 이미 이 시기에 갖추어지게 된 것이다.

송대에는 각지의 관요와 민요가 모두 유약釉藥의 개량과 형태의 다양화 등을 통하여 백자와 청자에는 '가옥기假玉器'라고 불릴 만한 높은 품질의 자기가 출현했다. 그리고 산업상품으로도 시장에 대량으로 출하되었고, 나아가 복건의 천주항泉州港 등을 창구로 해외에까지 판로를 넓힐 정도로 성장했다. 또 '자요'의 집중지구로서는 화북은 주로 하남·산서·하북 남부, 화남에서는 절강·복건·강서였다.

방적수공업의 발전도 이 시대에 현저하다. 특히 견제품絹製品은 당대까지의 토공土貢(중앙정부에의 상납품) 관계 사료에서 볼 때 생산지의 대부분이 화북이었으나 북송이 되면 주산지가 점차 사천과 강남 두 지역으로 이동되었고 각 산지의 특산품(蜀錦과 절강의 綾·羅·絁 등)도 보급된다. 전체 생산액도 북송 말년에는 정부의 통계만으로 2천4백만 필을 넘어 성당盛唐시대의 3배가 된 것으로 보고된다.

주요한 방적품목은 견 다음으로 마麻와 모毛를 들 수 있는데, 북송 말년까지 면포綿布(당시는 '吉貝'라고도 부름)의 생산기술, 즉 면방직 기술이 주로 해남도海南島(해남성)에서 복건 및 광동 지구로 확대된 점도 놓칠 수 없다. 면화의 재배도 남송 말년에 이미 장강유역으로까지 확대되어 점차 중요한 상품으로 성장한다.

문방사보

송대만이 아니라 중국의 문화예술을 말할 때 빼놓을 수 없는 것이 '문방사보文房四寶'이다. 이 붓(筆)·먹(墨)·종이(紙)·벼루(硯)의 4보는 서도書道와 회화예술에서 빼놓을 수 없는 도구일 뿐 아니라 지식전달을 위한 기본도구였다. 송대처럼 종래에 비해 식자율識字率이 높아지고 조판인쇄술이 보급되어 다양한 지식이 일반인에게까지 널리 침투한 시대에 그러한 수요의 증대는 말하자면 시대의 요청이기도 했다.

먼저 종이는 인쇄술의 발전으로 수요가 크게 확대되었다. 원재료는 원래 마麻가 주였으나 새롭게 대나무와 등나무 또는 닥나무[楮: 뽕나무과의 낙엽수]와 뽕나무 껍질이 이용되었고, 햇볕 이외에 불로 건조시키는 방법도 고안되었다. 주산지는 절강의 임안臨安, 안휘의 휘주徽州[지금의 안휘성 歙縣 일대] 이외에 사천의 성도가 특히 유명하며, 이들 산지의 종이는 광택과 강도 면에서 전대를 능가하는 높은 수준에 도달했다. 고서적에서 '송본宋本'·'송판宋版'이 특히 존중되는 원인은 실은 그 용지에도 있는 것이다.

여기서 하나 더 상기하고 싶은 것이 있다. 북송 인종시대에 사천 성도지구에서 지폐의 원형인 '교자交子'가 발행된 사실이다. 이 지폐를 발행하기 위해서는 가장 기본적인 두 가지 기술조건이 꼭 필요했다. 즉 제지와 조판인쇄 기술이 그것이다. 그리고 사천의 성도지구는 이 두 가지 요건을 갖춘 수준 높은 산업기술의 중심지였다. 경제의 새로운 도약도 당시의 높은 기술과 산업수준에 의존해서 비로소 용이하게 이루어진 것이다.

> **휘주[歙州]**
>
> 휘주 일대는 임업의 중심지이기도 했다. 남송 초기 범성대의 기행문인 『참난록(驂鸞錄)』에는 "휴령현(休寧縣) 산중에는 삼(杉)나무가 잘 자라기 때문에 밭농사보다 대부분 삼나무를 심어 생업으로 삼는다", 또는 "우리 주(州)는 그밖에 아무런 재원이 없다. 만일 휘주에 삼나무가 없었다면 주는 형편없었을 것이다"라는 관리의 말이 쓰여 있다. 이 지역의 임업경영은 명청시대에 더욱 발전하게 된다.

필묵筆墨도 각지에 전문공장이 나타났다. 일정한 제조공정 아래에서 다량의 제품이 시장에 나왔고, 각지에서는 명인名人과 명공名工이 배출되어 그 품질을 다투었다. 이들 명인 가운데 예를 들어 붓의 제갈고諸葛高와 조문수趙文秀, 먹의 '묵선墨仙' 반곡潘谷 등 지금도 이름을 전하는 이들이 적지 않다. 특히 벼루로 저명한 산지가 된 곳은 제지업의 중심지이기도 했던 안휘의 휘주, 그리고 광동의 단주端州[광동성 肇慶市]로, 그 생산품은 대부분 조정에 진상되었다. 이들 '흡연歙硯'과 '단연端硯'은 지금도 그 이름이 알려져 있다.

운하와 해운

이 시대에 수공업이 발전한 사례는 그밖에도 많다. 수요가 늘어난 석탄개발을 포함한 금·은 등의 금속광산업, 국가재정의 중요한 부분을 차지하는 소금의 생산과 판매, 주전鑄錢·누룩 제조, 칠기생산 기술 등이 그것이다. 마지막으로 교통과 운수에 대해 설명하기로 하자.

당 말기에서 오대에 걸친 전란기 동안에 중국 내부는 몇 개의 지역으로 분단되어 있었다. 다만 북송이 건국되던 초기단계에는 일부 신흥도시를 제외한 성도·양주揚州 등 중요도시는 당대와 거의 똑같이 중요한 위치를 차지했다. 당대의 교통간선도 비교적 유지되었다. 그렇지만 간선의 가장 중요부분에 위치한 것은 종래의 장안과 낙양이 아니라 이 두 지역보다 훨씬 동쪽에 자리잡은 개봉開封(하남성 개봉시)이었으며, 수륙의 주요 간선은 개봉을 중심으로 방사선처럼 퍼져 각지와 연결되었다.

또한 국도 개봉에는 이 시대의 곡물 주산지였던 강남 및 동남 지역으로부터 대량의 물자가 집결되었는데 그 주요루트는 운하로 이용된 변하汴河였다. 『송사宋史』 하거지河渠志 권93에는,

해마다 강江·회淮·호湖·절浙 지역의 미곡 수백만 석을

> 운반한다. 동남지구의 산물과 백물중보百物衆寶는 그 종류를 이루 헤아릴 수 없을 정도다.
>
> 변하汴河는 해마다 강·회 지구의 쌀 6백만 석을 수도(京師)로 나른다.

고 기록한다. 또 북송시대의 장방평張方平이라는 고관은,

> 변하야말로 건국의 토대다.

고까지 단언하고 있기 때문에 그 중요성을 이해할 수 있을 것이다. 이상은 모두 북송 중기의 기록이지만, 북송의 초대황제인 태조 조광윤趙匡胤은 오월吳越의 국왕 전숙錢俶이 보대寶帶를 바치려고 했을 때 이미,

> 짐에게도 3개의 대帶가 있는데 그것은 그대의 이 보대와는 조금 다르다.

고 하면서 그것이 국도 개봉을 관통하여 흐르는 변하와 혜민하惠民河 그리고 오장하五丈河임을 나타내어 전숙이 창피를 당했다고 한다.(『東齋記事』 補遺) 이 에피소드는 당시의 천자 스스로가 운하의 중요성에 대한 강한 인식을 갖고 있었음을 나타내는 좋은 예라고 말할 수 있을 것이다.

여기서 이해를 돕기 위해 좀더 현실적인 이야기를 해보자. 국도가 금金의 공격을 받아 함락된 뒤 회수를 주요경계로 하여 남북의 교통은 대체로 두절되었다. 그렇게 되자 자연히 변하가 운하로서의 기능을 유지하기 어렵게 되고 운하는 각처에서 항행 불능상태에 빠졌다.

변하의 기능이 정지됨에 따라 국도 개봉에는 필연적으로 물자가 보급되지 못하여 그 번영의 원천이 끊기게 되었다. 개봉의 국도로서의 부흥은 이후 몇 번인가 시도되었지만 이미 기능이 정지된 변하를 복구하지 않고서는 꿈 같은 이야기여서 계획은 거의 실패했다. 그리고 변하도 점차 그 존재의의가 옅어졌다.

당시의 변하의 정확한 물길〔河道〕도 현재에 이르기까지 충분히 조사되지 못하고 있다. 1984년 여름에 중국의 당사학회唐史學會 등이 실시한 「당송운하고찰唐宋運河考察」의 조사보고에서도 변하의 하상河床을 식별하는 것이 곤란했다고 한다.〔『당송운하고찰기唐宋運河考察記』·『운하방고運河訪古』 등〕 이런 사실이야말로 국도인 개봉, 나아가서는 북송왕조 자체가 얼마나 운하인 변하에 의존하고 있었는지를 말하는 명명백백한 증거라 할 수 있다.

내륙항행은 변하 등 운하 이외에도 황하와 장강 및 그 지류가 중심이 되었고, 항행에 이용된 선박은 형호荊湖·강남江南·회남淮南·양절兩浙과 섬서 각지에 분포한 대형 조선소에서 건조되었다. 북송 말년에서 남송이 되면 조선소는 다시 명주明州〔절강성 寧波市〕와 온주溫州〔절강성 온주시〕 등의 절강 연해지구와 천주·복주·장주漳州 등의 복건 연해지구에서 다수 존재한 것이 확인되고, 그 건조된 수량도 뚜렷이 증가했다. 이들 연해지구에서 조선소가 발전한 것은 곧 이 시대의 해양, 주로 연해항로가 많이 이용된 것을 의미하는데, 이를 가능하게 한 것은 앞서 설명한 나침반 사용 등의 기술혁신이었다.

역자 보충자료

개봉 내성확대도

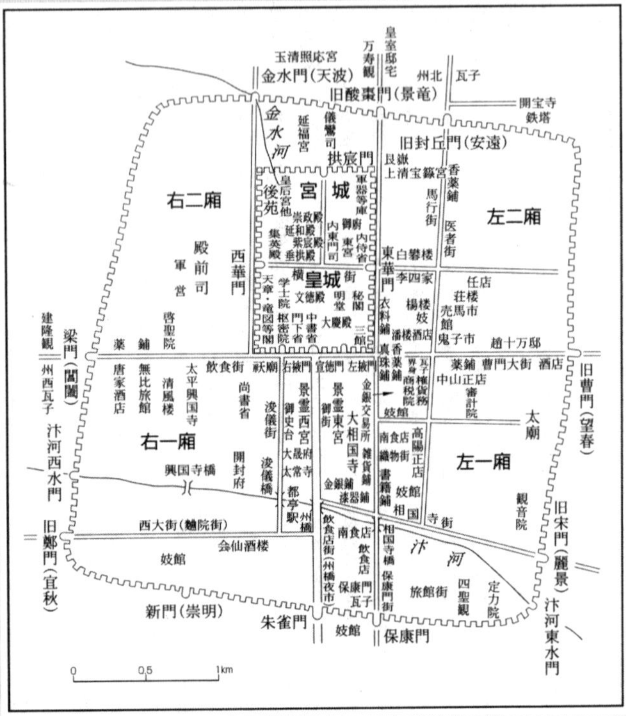

3. 상업의 발전과 도시생활

상업도시의 번성과 변용

농업과 수공업의 발전에 대해서는 앞에서 몇몇 사

례를 들었지만, 농업 생산물과 수공업 생산물은 당·오대 시기에 비해 크게 증가했고 수요에 따라 각지의 소비시장으로 향하게 되었다. 이들 상품물자가 유통되는 기초조건을 제공한 것이 송조에 의한 국내통일과 그에 따른 교통로 확보 및 그 보전이었다.

상업의 형태로는 크게 나누어 관영官營과 사영私營이 있고, 운용방식으로는 관매官賣와 통상通商이 있으며, 또 시대와 정황에 따라 이를 구별하여 사용했다. 상업이 발달하고 번영했음을 나타낸 것으로서 국가에 대한 상세商稅수입의 증가를 들 수 있고, 그 과정 혹은 결과로 도시, 특히 상업도시가 번창했다.

그와 같은 도시의 변용을 먼저 국도를 예로 들어 보기로 하자. 당대의 장안성은 주위 36km에 미치는 성곽도시로, 성의 내부는 궁성宮城·황성皇城·관아官衙·민간의 주거 등이 뚜렷하게 분리되어 있었다. 주민은 방坊이라 불리는 크고 작은 1백 개 이상의 방형方形구획에 각기 나뉘어 살았고, 각 방은 방장坊墻과 방문坊門으로 에워싸여 있었다. 방문의 관리가 엄중해서 일몰 뒤에는 행동이 사실상 금지되었고 상점을 설치하는 것도 비교적 제한되었기 때문에 생활용품 구입을 포함하여 일상생활은 큰 제약을 받고 있었다.

이러한 방제坊制와 야금夜禁제도는 다른 도시에서도 실시되고 있었는데, 각종 산업과 상업이 발달함에 따라 그것이 실제 사회생활에 점점 불편함을 초래했음은 당연한 형세일 것이다. 방제의 완만한 해제와 붕괴, 그리고 야금제도의 이완은 실은 이미 당대의 비교적 이른 시기에 화남의 양주揚州 등 선진상업지구에서 시작되고 있었다.

오대시기의 사료 가운데는 「부주현진府州縣鎭의 방계坊界」라는 기재가 보여, 원칙상 주·부·현·진에 방계가 존재한 것처럼 이해되기가 쉽다. 하지만 확증은 없지만 현실적으로 진鎭 등에 방이 실재한 일은 우선 없었다고 생각된다. 이 경우의 '방계'도 방장을 갖는 '방'으로서 이해하기보다 행정도시의 도로구획으로 보는 것이 적절할 것 같다. 이를 사료에서 가장 분명한 형태로 확인할 수 있는 사례는 오대시기를 거친 이후 북송의 국도 개봉에서이다.

오대에서 북송의 이른 시기까지에 방제는 이미 사실상 쇠퇴했고 방장坊墻도 거의 존재하지 않게 되었다. 그 사이에 가로에 면해서 종래는 금지되어 있던 문과 살림집이 세워졌고 생활물자를 매매하는 크고 작은 다양한 점포와 와자瓦子〔소극장〕·주루酒樓·다관茶館 등의 가게가 늘어서게 되었다. 도시의 경관이 전시대와는 상당히 이질적이 된 셈이다.

이러한 도시 내부의 변용은 국도에 한정되지 않고 같은 성곽도시인 부·주·현의 치소治所에서도 진행되고 있었다. 그것을 증명하는 것이 도시의 근교 등에 설치되는 신흥상업지구라고도 부를 수 있는 초시草市의 발생과 발전이다. 이 초시는 성곽도시와 반대의 위치에 있는 향촌에 개설된 상업정기시〔商業市〕에서 출발, 점차 발전하여 원거리 객상客商과 그 지역에 정주하는 좌고坐賈가 결집하여 형성된 것이다. 이들 신흥상업지구는 처음부터 방장을 갖지 않았고 그 주위에 성곽이 없는 것이 보통이었다. 주로 상품경제의 발전에 수반하여 도시는 이전의 폐쇄적인 경관景觀에 비해 점차 개방적인 모습을 띠어가게 된 것이다.

이러한 도시의 변용은 필연적으로 지역이름을 표시하는 방법마저 바꾸게 했다. 즉 어느 특정지점을 표시할 경우 방의 이름을 기준으로 하던 종래의 표현보다는 도시 내부에서 큰 의의를 띠기 시작한 가로의 명칭으로 표현되는 일이 많아지게 된 것이다. 그리고 방의 이름도 종전과 같이 구획을 나타내는 것이 아니라 가로를 나타내게 되었다. 사원과 저택이 '모가某街'라든가 '모항某巷'에 있다는 식의 지명표현이 이 이후에는 보편적으로 쓰이게 된다.

이렇게 방이 도시 내부의 치안행정 단위로서 사용되지 않게 되자 이를 대신하는 기구로서 방의 몇 구역을 합친 넓이의 상厢이 각지의 도시에 등장한다. 원래 군대의 주둔 구분이었던 이 상제도는 새로운 도시환경 속에서 점차 도시의 독립된 관리기구로 되어간다. 그리고 그 주된 업무는 치안과 화재 등이었다.

송대에는 가로에 면하여 저택과 점포가 진출했고,〔당시는 이를 '侵街'라 부름〕 심한 경우에는 각 가옥이 서로 근접해서 처마를 잇게 되어 화재와 범죄의 위험은 이전의 도시를 훨씬 능가했다. 실제로 이 시대를 알기 위한 기본

사료인 『송사』와 『문헌통고文獻通考』(권298, 物異 4, 火災)・『송회요집고宋會要輯稿』 그리고 뒤에 소개하는 각종 도시 관련기록에 화재와 화재방지에 대한 기사, 나아가 화재 방재시설인 망화루望火樓 기사 등을 자주 보게 된다.

당시의 회화繪畵사료를 보아도 개봉 등 여러 도시의 가옥은 아직 목재를 건축재료로 하는 부분이 많고, 그것은 특히 항주 임안부 등을 대표로 한 남쪽 도시에서 뚜렷했다. 도시에 방장이 존재하지 않게 된 것이 어쩌면 화재가 일어났을 때 불길을 퍼지게 했을지도 모른다.

방화와 화재 진압활동에 종사한 것은 군순포軍巡鋪와 상주廂主라고 불린 전문소방대였고, 남송시대에는 그밖에 수포水鋪라는 민간의 소방활동 조직도 존재했다.

사료에 보이는 도시의 모습

이상과 같은 도시의 변화와 그에 대응한 사태가 일시에 발생한 것이 아님은 말할 나위도 없다. 다만 국도 개봉은 전국적인 정치・경제의 중심지이며 그 변화양상도 상당히 심했다. 그리고 그러한 도시변화는 오군吳郡〔蘇州〕과 임안臨安〔杭州〕 등에서도 일어나고 있었다. 이 가운데 개봉의 도시변화가 가장 자세해서 그 과정과 변화한 뒤의 모습을 알 수 있는데, 그 대표적인 문헌사료가 『동경몽화록』이며, 회화사료로는 장택단張擇端의 『청명상하도淸明上河圖』 등을 들 수 있다.

『동경몽화록』(10권)은 남송의 유란거사幽蘭居士 맹원로孟

『동경몽화록』

『동경몽화록』은 지명도가 높은 반면 충분한 연구는 이루어지지 않고 있다. 기재된 사항들이 현재로서는 확인되기 어려운 점, 그리고 문장이 난해〔특히 권5의 京瓦技藝 항 등〕한 것이 그 이유이다. 등지성(鄧之誠)의 『동경몽화록주(東京夢華錄注)』, 일본어역으로 매원욱(梅原郁) 등 역주의 『동경몽화록(東京夢華錄)-송대의 도시와 생활-』이 있다.

청명상하도

『淸明上河圖』(人民美術出版社)

元老의 회상록으로 그가 생활한 북송 휘종조(1101~25), 즉 북송에서 가장 늦은 시기의 개봉의 번영상이 그려져 있다. 남송 고종의 소흥 17년(1147)에 적은 서문에는, 남방으로 거처를 옮긴 저자가 20수년 전에 체험한 옛도읍 개봉의 번영모습을 정리한 글이라고 설명하고 있다.

저자가 다룬 내용의 시기는 때마침 개봉이 방제坊制에 의한 도시규제에서 벗어난 뒤에 속한다. 거기에 기술된 도시구획, 명승·궁중·민간의 여러 행사, 그리고 생활풍속 등에 관한 많은 기사는 완만하게 송대 이후의 도시풍경으로 계승되어 갔고, 시정의 서민생활 등 근세 도시 내부의 사회·경제 실상을 이해하는 데 큰 도움이 된다. 특히 생활풍속을 논한 부분은 기사가 가장 화려해서 남송시대에 그의 추종자들에게 유사한 작품을 낳게 했다.

관포내득옹灌圃耐得翁의 『도성기승都城紀勝』(모두 1권, 1235년 작), 서호노인西湖老人의 『서호노인번승록西湖老人繁勝錄』(모두 1권, 『도성기승』보다 조금 뒤의 작품), 남송 말 오자목吳自牧

『청명상하도』

『청명상하도』는 그 유전(流轉)이 복잡하다. 그림에 보이는 제발(題跋)과 인장(印章)도 많다. 2백년 가까이 청왕조 궁실에 보관되어 가경제(嘉慶帝)의 인새(印璽) 이외에도 마지막 황제인 선통제(宣統帝) 부의(溥儀)의 「선통어람지보(宣統御覽之寶)」나 「선통감상(宣統鑑賞)」의 인새도 있다. 부의의 『나의 반생(半生)』 등에 의하면 이 그림은 1925년에 동북지방(만주)으로 반출되었다가 그 뒤 1957년이 되어 다시 북경의 고궁박물원으로 돌아온 뒤 일반에 공개되었다고 한다.

의 『몽양록夢粱錄』(20권), 그리고 송이 멸망한 뒤에 만들어진 주밀周密의 『무림구사武林舊事』(10권) 등은 모두 남송의 행재소行在所인 임안에 관한 도시의 번영상을 다룬 기록이다. 거기에는 흘러넘치는 듯한 다양한 명사名辭－명승구적名勝舊蹟·시장·와자瓦子·식품·물산·주루·요리·연예 등등－가 많아 당시의 물질과 문화 양면에 관한 정보가 가득하다.

『청명상하도』에 보이는 서민들의 생활

한편 이 『동경몽화록』과 거의 같은 시대의 개봉을 그린 것이 불후의 명화인 『청명상하도』(세로 25.5cm, 가로 525cm의 두루마리 그림. 북경 고궁박물원 소장)이다. 작자는 장택단張擇端으로 알려져 있다. 사실 작자 혹은 제작한 장소와 시점에 대해서는 여러 설이 있어 지금까지 일치된 견해가 없다. 가장 유력한 설명으로는 북송 휘종시기에 청명절淸明節(24절기의 하나로 태양력으로 4월 초순에 해당함)을 맞은 개봉의 모습을 변하汴河를 주 대상으로 묘사한 것이라 하는데, 아무튼 『동경몽화록』과 함께 도시생활에 관한 중요한 연구사료이다.

이 그림은 원래 비단에 채색한 것으로서 제작시점에서 8백 년 이상이 지난 지금은 누렇게 변색되어 길을 지나는 사람들의 복장과 주점의 깃발이나 버드나무 등에 색채가 남아 있는 것을 빼고는 선명치 않은 부분도 적지 않다.

그림을 보면 인상적으로 두드러진 존재는 우선 변하로 그 강가에는 정박중이거나 항행중인 이십수 척의 운하선運河船〔漕船〕이 보인다. 이것은 강남과 동남 지방에서 행해진 활발한 물자유입을 증명한다. 짐을 실은 화물이 몇 군데에 보이는데 원거리 또는 해외에서 수송된 물자일지도 모른다.

그리고 역학구조적으로도 흥미를 끄는 받침대〔支柱〕 없는 '홍교虹橋'가 있고, 또 문루와 각종의 건축들이 있다. 이들은 모두 당시의 대체적인 건축규모와 각양각색의 생활풍속을 생생하게 보여준다. 다리 위에 처마를 맞대고 늘어선 작은 점포는 가로를 점거한 많은 상인들의 활력을 실감케 하며, 그림에 그려진 주루酒樓에는 '정점正店'과 '각점脚店'의 구별이 있고, 문 앞에 장식해 놓은 '채루환문綵樓歡門'도 『동경몽화록』(권2, 酒樓)의 문헌사료를 보완해 준다.

그리고 이 그림의 또 하나의 포인트로 볼 수 있는 것은 몇 개인가 보이는 십자로 및 거리에 대한 사실묘사이다. 여기에는 방장坊墻도 방문坊門도 모두 없고, 도시주민의 생활구역으로서 의의가 커진 길거리가 도시 내부에서 주역의 자리를 차지하고 있는 정세가 분명히 보인다. 단지 한 가지 부언해 둘 것은 여기에 그려진 도시외관이 국도의 것이라는 점이 당연히 고려되어야 한다는 것이다. 여기에 보이는 번영이 같은 시기의 전국도처에서도 보편적이었는지 어떤지는 속단을 피해야 할 것이다.

송대의 기록인 『도관집都官集』 권2에는

> 수도의 옷차림과 신기한 기물器物들은 아침에 궁정에서 사용되기 시작했나 했더니 저녁에는 시정市井에서 모방되고, 몇 개월 뒤에는 천하에 넘친다.

고 전하고 있어, 국도의 문화풍속이 지방 각지에 빠르게 파급된 것을 말하고 있다. 같은 시대의 많은 필기사료에도 각 지역 도시의 번성을 적고 있다. 하지만 그러한 도시번영은 반드시 일률적인 것이 아니고 국도의 번영은 어디까지나 그러한 대표적인 예의 하나로 생각해야 한다. 하물며 북방 금왕조에 의한 개봉공략과 그에 이은 북송의 멸망이 이 무렵에 이미 목전에 이르고 있어, 그 번영은 다른 형태로 남방 항주 등의 도시로 옮겨가게 된다.

도시의 생활자

여기서 시점을 도시 그 자체에서 생활자 쪽으로 바꾸어 보기로 하자. 많은 도시주민은 앞에서 설명한 것처럼 송대의 산업과 상업 발전의 혜택을 받았다. 적어도 『동경몽화록』 등 각종 도시번성기와 필기 수필사료에서는 그렇다. 그렇다고는 해도 사료에는 편향이 있어 번영과 발전의 반대측면에 대해서는 아직 연구도 충분하지 않고 설명도 어렵다. 또 설명하려는 인물들이 주로 도시주민과 사대부인 점도 어쩔 수 없는 일이다.

다음은 도시의 시민생활과 그 오락에 대한 설명을 위하여 한 사람의 저명인사를 예로 들어 도시의 생활환경을 개관해 보고 싶다. 송대가 되면서 유행한 사詞장르에서 여류로서 제일가는 이청조李淸照(1084~1155?)에 관한 에피소드이다. 그녀는 현대 중국에서도 아주 인기있는 작가로 그 생애가 경극京劇의 소재가 되었을 정도이다. 그녀의 산문작품 속에 「금석록후서金石錄後序」라는 것이 있는데, 거기에는 남편인 조명성趙明誠〔金石 즉 銅器와 비문수집가〕과의 부부관계, 그리고 금석의 수집에 대한 경위가 다루어져 있다.

조趙와 이李 두 집안의 부친은 모두 지식계층 출신으로 '서향지가書香之家'라 할 수 있고, 그 때문에 20세를 겨우 넘긴 이 젊은 부부도 서적과 문물에 많은 관심을 갖고 있었다. 그들은 옷을 저당잡히면서까지 돈을 마련하여 당시 살고 있던 개봉의 유명한 사원인 상국사相國寺로 가서 그 경내의 교역시장에서 비문과 과일을 사들였다고 한다. 두 사람은 또한 여기저기서 오래 되고 귀한 서화를 수집하여 이들을 정리하고 교정했다. 그리고 옮겨 살게 된 산동의 청주靑州〔산동성 益都縣〕 집에서는 식후에 차를 마시면서 곁에 쌓아둔 서적 중 어떤 일이 어디에 적혀 있는지를 서로 알아맞히면서 즐겼다고 한다.

서화와 금석을 수장하는 행위는 이미 북송 중기 이후에 구양수 등에서 시작된 지식인들의 새로운 기호였고, 부부 사이의 지극한 사랑이 이렇게 자세히 묘사되는 것도 이 시대 이후의 일일 것이다. 또한 상국사 안에서의 교역은 『동경몽화록』(권3, 相國寺內萬姓交易)에도 기사가 있는데, 다양한 물품이 경내의 노점과 임시점포 등에서 거래되고 있었다고 한다. 이러한 사료에 따르면 이 교역장소는 일반서민에게도 제한없이 개방되었으며 매매도 활발했다. 비슷한 기능을 각지에 존재한 촌시村市와 묘시廟市가 했고 이것들은 특히 강남지역에 많이 보인다.

이청조는 청주에서 보낸 부부간에 정감 넘치는 생활을 그리워하며 그것이 계속되기를 바랐으나 그 꿈은 이루어지지 못했다. 금나라 군대의 침입과 개봉의 함락이 화북일대에 중대한 영향을 미쳤기 때문이다. 부부에게도 이 국가적 재난이 닥쳐왔다. 수집한 서화의 산일散逸, 화남으로의 이주, 그 가운데서도 절강浙江에서의 거듭되는 주거이동과 고생, 그리고 남편의 죽음이 「후서後序」에 기록되어 있다. 그녀의 결혼부터 「후서」가 쓰여진 소흥 4년(1134)까지 이청조는 34년간을 회고하면서 "우환과 이해의 교차됨이 어찌 그리도 많은가" 하고 적고 있는데, 이것은 그녀 한 사람만의 탄성에 머무르지 않고 동시대 대다수 사람들의 탄성을 대변하는 것이다.

화남으로의 이주는 황족과 중앙정부뿐 아니라 관료와 사대부, 그리고 많은 서민들도 마찬가지였으며, 이 북송 말에서 남송 초에 걸친 대이동은 당연히 정치와 군사는 물론 평범한 사회생활에도 큰 영향을 미친다. 한 집안이 분산되고 또 종족이 분리되어 그 종족의 분파가 화남에서 성립한 경우가 문헌에서 확인되는 예도 적지 않다.

남송 전기에는 금나라 군대의 위협에 대한 군사적

대응, 치안의 회복과 유지에 중앙정부가 대부분의 국력을 쏟지 않으면 안되었다. 또한 남송 말년에는 관과 민 모두가 몽골군의 위협에 떨지 않으면 안되었다.

이렇게 볼 때 이러한 시기를 뺀 비교적 짧은 시기에 강남의 여러 도시와 주변농경지 등 비교적 부유한 지역에서만 상대적으로 평온한 사회생활의 발전과 농업 등의 산업발전이 관찰·보고된 것인데, 그 점은 남송시대의 많은 사료와 시문도 말해 주고 있다. 산업발전의 혜택을 누릴 수 있었던 것은 강남 등 부유한 지역의 도시 주민이었고, 그들이라고 해도 그 모두를 손에 넣을 수는 없었다. 군사와 정치상의 역경과 함께 자연재해와 무거운 세금이 그들의 환경을 감싸고 있었기 때문이다.

서민의 오락

이렇게 이 시대가 반드시 평온한 것만은 아니었지만, 특필할 수 있는 특징으로서는 오락의 내용이 많은 사람들에게도 향유될 수 있는 범위로까지 확대되어 사회생활에도 많은 변화가 일어난 점이다.

이 변화의 주된 원인은 역시 상업의 번영에서 구해야 할 것이다. 상업발전은 필연적으로 상인의 지위를 향상시켜, 당말오대 시기까지 여전히 존재했던 상업을 미천하다고 보는 생각을 현실 속에서 약화시켰다. 그리고 도시 내부에서는 종래의 문벌관념이 더욱 더 약화되어 자산의 많고 적음이 사회신분의 높고 낮음과 무관하지 않게 되었다. 북송의 꽤 이른 시기부터 늦은 시기까지 일반 사인士人과 서민, 특히 부상대고富商大賈가 복식과 탈것에 큰돈을 들이는 풍조가 세간에 많았고, 중앙정부는 규정을 넘어서는 사치에 대해 금령을 발하고 있다.〔『송사』 권153, 輿服志 5, 士庶人車服之制 등〕 이 금령이 실효를 보지 못했다는 것은 상상하기 어렵지 않다.

부자들은 점차 묘지의 치장과 장례에까지 관심을 보여 도를 넘어서는 사치스러운 묘실 내부장식도 정부의 견제를 받았다. 그러나 결과적으로 최근의 분묘유적에 대한 발굴보고는 당시의 풍조를 알기에 충분한 수많은 재료들로 가득 차 있다. 이 시대 이후, 묘지장식 가운데 희곡관련 문물이 늘어난 것이 특히 눈에 띈다. 대표적인 것으로는 하남성 우현禹縣의 백사진白沙鎭과 역시 같은 성 언사현偃師縣의 송묘宋墓 등이 있다. 거기에 송·금·원 시대의 회화작품과 사원·전각 등의 벽화에는 악곡연주라든가 '소창小唱'·'괴뢰희傀儡戲'·'잡극' 등의 연출장면이 보여 이들 오락작품이 이미 세간에 널리 유포되었을 뿐 아니라 민중의 인기를 얻고 있었음을 알 수 있다.

『동경몽화록』과 『몽양록』 등의 기록에 의하면 개봉과 항주에는 '와자'나 '와사瓦舍'라고 불리는 종합 연예시설이 있어 많은 볼거리(「百戲技藝」)가 연출되고 있었다. 구체적인 내용을 알기 어려운 것도 있지만 '잡극'과 '괴뢰극'은 알기 쉬운 편이다. '잡기'는 당시에도 인기있는 종류의 하나인 것 같고, '씨름〔相撲: 角觝 또는 爭交라고도 했음〕'도 인기가 있었다. 그밖에 역사관련 강담講談인 「강사講史」

와 짧은 이야기 강석講釋인 「소설小說」이 있고, 후자에는 다시 전기傳奇·공안公案·신선神仙·요술妖術 등 보다 세분된 분류가 있었다고 한다.

이들 연예인들의 이야기 재료였던 '화본話本'은 현재 약 40편 정도가 남아 있는데, 동시대의 다른 문학장르의 작품과 비교하면 상당히 통속적인 문자로 쓰여져 있어 널리 대중의 인기를 모은 것을 상상할 수 있다. 당시의 사료기사에서 추측해 보면 '소설小說'만 해도 1백 종을 족히 넘는 '화본'이 유포되고 있었던 것 같은데, 당시 인쇄출판 사업의 성행이 배경에 있었음이 틀림없다.

이들 '화본'의 내용은 시정의 서민과 근교의 농민이 이야기의 주인공인 경우가 많았고 그 작품에 관심을 가진 독자도 대부분 그들 자신이었다고 생각된다. 또한 이야기는 남녀 사이의 애증을 다룬 것을 빼면 옥송獄訟과 조세에 관한 이야기가 다수를 차지한다. 그 이유는 서민층 사람들에게 관청의 부정·불공정에 대한 불만이야말로 직면한 최대문제이며, 동시에 관리들과의 접촉이 그들의 일상생활에서 가장 중요한 관심사였기 때문임이 틀림없다.

이렇게 보면 송대의 많은 사람들을 둘러싸고 있던 생활환경과 그들이 생각하고 있던 일은 지금의 우리들과 그리 큰 차이가 없다고 할 수 있을지 모른다. 또한 그러한 사실을 이 정도로까지 관찰할 수 있을 만큼의 많은 사료가 갖추어지기 시작했다는 것 역시 이 시대의 큰 특색이었다.

역자 보충설명

□ 송대의 화폐제도

송대의 산업과 상업의 번영은 그 배후에 화폐경제의 비약적인 발전을 수반하고 있었다. 중국의 화폐사에서도 송대는 하나의 획기를 이루고 있었다. 동전의 주조량은 역대 제1위이며, 은이 화폐로서 유통되었고, 세계최초로 지폐도 등장한다.

한의 오수전(五銖錢)에 이어 당에서는 동전의 대명사라고 할 정도로 유명한 개원통보(開元通寶; 621년 처음 주조)가 거의 전시기에 걸쳐 만들어졌다. 개원통보의 무게는 1량(兩=24銖=37.3g)의 1/10에 해당하는데, 이후 이를 '전(錢)'이라 칭하여 중량의 단위가 됐다. 또 동전 1매(文)의 무게는 보통 1전으로 고정되어 그 1천 매가 1관(貫)이 되며, 동시에 이것을 돈꿰미〔緡〕에 꿰어 하나의 단위로 했기 때문에 1민(緡)이라는 원칙이 성립되었다.

통화가 지역마다 달랐던 오대의 상황을 이어 전국적인 통화통일을 추진한 것이 송의 태종이다. 그의 치세중에 사천을 제외한 전국이 대체로 동전을 사용하게 되었다. 또 송에서는 대체로 개원(改元)할 때마다 그 연호가 들어간 동전이 대대적으로 만들어졌고, 문자가 우아하여 역대 화폐 가운데서 가장 미술적이라는 평을 받는다. 한의 오수전의 주조액이 1년 최고 23만 관, 당의 개원통보가 최고 32만 관인 것과 비교하면 송의 발행고는 경이로운 수준에 있다. 태종시대에 연간 80만 관에서 다음 진종의 1007년에는 180만 관으로 상승했고, 이후 대체로 1백만 관 선을 유지하다가 6대 황제 신종시기인 1080년에는 총액 5백만 관을 넘게 되었다. 여기에는 왕안석의 모역법을 비롯한 신법을 적극적으로 추진한 것이 배경에 있었다.

그럼에도 불구하고 동전의 절대량은 항상 부족했다. 그 이유의 하나로 해외에 송전(宋錢)이 대량으로 유출된 점이 있다. 송전은 동으로는 일본, 남으로는 동남아시아, 서로는 인도양을 넘어 아프리카까지 송의 교역권 전체에 걸쳐 광범위하게 다량으로 산포됐다. 송전은 일반적으로 화폐 수집가의 흥미를 끌지 못했다는 점을 통해서 볼 때도 그 유출량의 거대함을 알 수 있다. 또 하나의 이유는 국내에서의 사장(死藏)을 생각할 수 있다. 병과 항아리에 넣어 동전을 땅 속에 묻어 두는 것은 중국에서는 드문 일이 아니며 그 양도 결코 무시 못한다.

국초부터 제4대 인종의 경력연간 이전까지 송의 화폐는 모두 1문 전(錢)이었다. 하지만 이 시대에 가격이 종래보다 10배이지만 실질가치는 3배에 불과한 '경력중보(慶曆重寶)'가 출현한다. 이것은 서하(西夏)와의 전쟁에서 증원된 병사에 대해 동전 지불에 고심한 정부가 취한 부득이한 조치였다. 이후 신종시기에는 '희령중보(熙寧重寶)'라 칭하는 동전 하나가 2문에 해당하는 절이전(折二錢)이 등장한다. 철종~휘종 시기에는 통화의 혼란이 나타나, 예를 들어 '소성원보(紹聖元寶)'는 일반적으로 소평전(小平錢, 혹은 小錢)이라 불리는 소형인데다가, 민간의 사주(私鑄)가 의심될 정도의 조악한 동전이었다. 이 때 절십동전(折十銅錢)도 나타났다. 남송의 영종(寧宗)대에는 절오십전(折五十錢)도 출현했다. 하지만 송대 전체를 통해 표준적으로 즐겨 사용한 것은 '소평전'이었고 그 다음이 '절이전'이었다.

송은 동전으로 전국의 화폐통일을 시도했으나 사천에서만큼은 성공하지 못하고 철전(鐵錢)의 사용을 인정하는 예외 조치를 취했다. 또 인종시대는 '경력중보(慶曆重寶)'와 같은 이유로 섬서(陝西)의 일부를 철전 사용 구역으로 정했다. 남송시대에는 양자강 이북의 금과 영토를 접하는 지역에 철전을 행사시켰다. 모두 철전을 그 특별지역에서 유출시켜서는 안됐다.

마르코 폴로는 원대의 지폐를 보고 흥분하여 그 여행기에도 이를 대서특필하고 있다. 유럽에서 지폐사용의 시작이 18세기 말의 아시니아 지폐[프랑스혁명의 혁명정부가 발행]부터라고 하니 1023년에 시작된 중국의 지폐발행과 유통은 세계사상에서도 경이로운 일이다.

송의 지폐도 당대의 준비단계를 거치고 있었다. 그 선구로서 '비전(飛錢)'이라 불리는 송금어음과 '궤방(櫃坊)'이라 불리는 물품 관리업자가 발행하는 환어음과 약속어음이 존재했다. 송대의 지폐는 먼저 사천[蜀]지방에서 출현한다. 촉의 대상인 16가(家)가 '교자포(交子鋪)'라는, 말하자면 은행을 만들어 정부공인하에 '교자(交子=지폐)'를 발행하기 시작했다. 사천 특히 성도(成都)에는 견직물과 차의 교역으로 거대한 자본을 갖는 상인들이 있었고, 또 이 지역이 철전의 행사지역이라 거래에 불편이 있었던 관계로 '교자'가 사용된 것이다. 이후 부상(富商)들에 의한 경영의 불합리와 태환(兌換) 등에 문제가 생겨 인종시대인 1023년에 이

것이 관영으로 바뀌었다. 정부는 최저 5백 문에서 최고 10관에 이르는 몇 종류의 지폐를 발행하여 이들에 3년〔뒤에 2년〕의 '계(界)' 즉 기한을 설정하고, 기한이 지나면 구권을 신권으로 바꾸어주었다. 사천의 '교자'는 본래 교환 희망자가 1관에 대해 30문의 수수료를 치르고 받는 환어음이었으나, 그 운용 면에서 정부는 태환 준비금보다 훨씬 많은 액의 지폐를 발행했기 때문에 말하자면 약속어음 같은 성질을 짙게 갖고 있었다.

한편 북송 중기부터 개봉을 중심으로 각종의 금융제도가 정부의 손으로 시행되고 발달했다. 거란과 서하의 위협으로 항시 상당수의 방위군을 변경에 주둔시키던 송에게 병량과 사료의 조달이 골칫거리였다. 정부는 대대적으로 상인을 이용하여 그들에게 현금과 금·은 나아가 소금과 차로 가격을 치르고, 곡물 등을 납입시키는 다양한 정책을 고안했다. 예를 들어 변경의 지정한 지역에 곡물을 나른 상인들은 희망에 따라 개봉에서 할증된 값의 소금과 차의 어음을 받아들고, 이를 남방의 산지에 가서 현물과 교환한 다음, 다시 이를 정부가 지정한 지역에 파는 거대한 통상 조직이 만들어졌다. 대개의 경우 이러한 거래는 복수의 상인 혹은 조직이 분담해서 행했기 때문에, 이 과정에서 '교인(交引)'이라 총칭되는 각종의 어음이 발행된다. 또한 군인에 대한 급료의 일부는 반드시 화폐로 지급되는 것이 원칙이었기 때문에, 정부는 상인에게 동전을 변경에 납입시키는 대신 할증된 현전교인(現錢交引)이라 불리는 어음을 발행했다. 이것들은 고액에서 저액까지 여러 종류가 있으며 지폐와 같은 기능을 했다. 이러한 여러 시행과 착오를 거친 이후 12세기 남송에 들어 본격적인 지폐 유통기를 맞게 된다.

남송의 지폐는 지리적인 위치와 경제권을 반영해서 사천·강북·강남의 셋으로 나누어 발행되었다. 사천은 북송 이래의 통화 특별구역으로 '사천전인(四川錢引)'이, 금과의 완충지대로 호북과 양회(兩淮)지역에 해당하는 강북은 철전이 행사되는 구역으로 각각 '호북회자(湖北會子)'와 '양회회자(兩淮會子)'가 사용되었으나, 가장 대표적인 것은 1160년(紹興 30)부터 임안에서 만들기 시작한 '동남회자(東南會子, 일명 行在會引)'라는 지폐이다. 유통범위는 처음은 양절지방만이었으나 뒤에 널리 동남지방에 유통되었다. 3년1계로 총 발행액 1천만 관에 이르고, 1관과 5백·3백·2백 문의 4종류가 있어 동전과 병용하여 충분히 그 기능을 발휘했다. 이들 지폐에는 반드시 거기에 상응하는 태환 준비금이 있었던 것은 아니다. 그럼에도 그것이 널리 순조롭게 유통된 이유는 화폐경제의 높은 발달 이외에 그 신용도에 충분한 뒷받침이 있었기 때문이다. 그 뒷받침이란 소금과 차의 전매, 특히 전자와의 관련이다. 강소·절강의 제염장에서 생산되는 소금은 동남회자의 통행구역인 소비에 충당되고 그 전매이익금은 회자로 회수된다. 150년이나 지속되는 남송시대는 이러한 배경을 가짐으로써 비로소 회자가 안정성을 가질 수 있었다.

남송의 지폐는 발행 목적이 군수물자의 매입, 군대에 대한 급료 지불 등, 국방과 관련하는 것이었다. 남송은 북송에 비해 영토가 반으로 줄었으나 군사비는 2배로 늘어 남송 국가예산의 5~6할을 차지했다고 한다. 더욱이 동전이 끊임없이 부족했고, 철전 주조도 충분치 않았기 때문에 지폐의 남발로 사태를 돌파하려 했다. 이로써 명목상은 태환지폐이면서 사실은 불환지폐가 되어, 남송 말에는 화폐 가치가 하락하고 물가는 등귀했다.

梅原郁, 『圖說 中國の歷史』(제5권)(講談社, 1977);
河上光一, 『宋代の經濟生活』(吉川弘文館, 1966) 참조.

□쉼 터□

Ⅴ. 송학의 대성

山口久和

> **송학의 호칭**
>
> 송학이란 문자 그대로 송대에 일어난 학술사상을 개괄하는 역사적인 개념이지만, 한편으로는 송 이후의 근세적 사상의 문제의식과 방법을 규정하고 있다는 의미에서 보다 널리 철학적 사고의 스타일을 나타내는 개념이라고도 할 수 있다. 전통적으로 도학(道學)이라 불리는데, 최근의 중국에서는 이학(理學)이라는 명칭을 많이 사용하고 주자학을 정통으로 취급하면서도 그 가운데에는 육(陸)·왕(王)의 심학(心學)도 포함시킨다. 서구에서는 한·당의 훈고학(訓詁學)적인 유학에 대한 송대 이후의 학술 경향의 새로움과 그 연속성을 강조하기 위해 신유학(新儒學; Neo-Confucianism)이라는 말을 쓰고 있다.

1. 학술·사상의 신경향

사대부의 등장

오대 말기의 혼란을 평정하고 천하를 통일한 송조는 과거에 대한 역사적 반성으로 중앙집권의 강화를 꾀하는 한편 봉건적인 윤리회복에 노력하여 적극적인 문화부흥정책을 세웠다. 태조가 자주 충효의 인사를 표창했다거나 태종과 진종眞宗의 명으로 『태평어람太平御覽』·『태평광기太平廣記』·『문원영화文苑英華』·『책부원구冊府元龜』와 같은 큰 분량의 서적이 편찬된 것도 그러한 동향을 나타내는 것이었다.

이와 같은 송조의 문화정책에 부응해서 새로운 학술과 문화의 담당자로서 등장한 이들이 사대부라 불리는 계층의 사람들이다. 그들은 '독서인讀書人'이라고도 불리는 것처럼 유교적인 교양을 몸에 지닌 지식인임과 동시에 국가의 관료 혹은 그 예비군이었다. 게다가 그 신분은 세습이 아니라 자기의 재능으로 과거科擧를 통과해야만 얻을 수 있는 것이었다.

그들 사대부 사이에서 개인의 자각·자아에 대한 인식이라고도 할 만한 현상이 나타나는 것은 당연한 일이었다. 이 사대부의 학문인 송학宋學은, 그리고 보다 넓게 보면 명 말에까지 이르는 7백 년 동안의 중국 근세사상사는 실로 자아해방을 위한 투쟁의 역사였다고 말할 수 있다. 이와 함께 잊어서는 안될 것은 공인公人 즉 관료로서의 사대부에게는 그러한 자아의 해방도 정치적 세계 속에서 실현되어야 한다는 점이다. 출세간적出世間的인 불교와 이기적인 도교에 대한 송학의 본질적인 혐오는 이 점에 유래하고 있다.

송학 흥륭의 배경

송학이라는 독자적인 사상체계를 만들어낸 보다 구체적인 요인 또는 배경으로 다음의 세 가지 점을 들 수 있다.

이미 당대 중기 무렵부터 『오경정의五經正義』로 대표되는 번잡한 훈고주소訓詁注疏의 학문에 만족하지 못하고 직접 경서의 의미를 파악하려고 하는 학풍이 주로 춘추春秋학자들 사이에서 보였는데, 송대에 들어서면서 이 경향은 한층 진행되어 전주傳注[주석]뿐 아니라 경문經文까지도 의심하는 학자가 나타났다. 구양수가 『역경易經』의 계사전繫辭傳을 공자가 지은 것이 아니라고 단정한 것(『易童子問』)은 그 전형적인 사례이다. 송학에서 가장 중요한 책인 주희의 『사서집주四書集注』는 전통적인 경서의 권위로부터 자유로워지려는 이와 같은 정신이 만들어낸 것이었다.

북송은 유교를 핵심으로 하면서도 불교와 도교도

똑같이 보호했다. 그 결과 유불도儒佛道 3교의 융합이 활발하게 논의되었으며 이는 서로 다른 사상 사이에 대화와 교류의 여지를 주게 되었다. 이런 상황 속에서 송유宋儒들은 표면적으로는 불교와 도교에 대해 비판적인 태도를 보였으나 실제로는 이 두 종교로부터 꽤 많은 사상적 영향을 받았다. 불교로부터의 결정적인 영향으로서는 논리적 사고의 훈련이라는 점을 들 수 있을 것이다.

사변적인 사색에 약한 중국사상사 가운데 어찌되었건 '송유'가 형이상학과 우주론을 수립할 수 있었던 것은 불교로부터 논리적으로 사물을 생각하는 태도를 배운 덕분이라고 할 수 있다. 한편 도교로부터 받은 영향으로 도전건차島田虔次는 도사와 은자들 사이에서 계승되어 온 「우주적인 원리와 공감하려고 하는 감정」(『주자학과 양명학』, 岩波書店, 1967)을 들고 있다. 장재張載의 "민民은 나의 동포, 물物은 나의 친구이다", 혹은 정호程顥의 '만물일체萬物一體의 인仁'과 같은 우주적인 박애정신은 이 도교적인 감정과 근본적으로 서로 통하는 것으로 보인다.

종래 학문교육은 중앙의 국자감國子監[太學], 지방의 부학府學·주학州學·현학縣學과 같은 관립기관이 담당해 왔다. 그러나 근세가 되면 서원書院[또는 그 전신인 精舍]이라 불리는 사설학교가 각지에 세워져 왕성한 교육과 계몽활동이 전개되었다. 주희의 「백록동서원게시白鹿洞書院揭示」에 명확히 적혀 있는 것처럼 그 곳에서는 학생이 묻고 교사가 답하는 그 때까지의 일방적인 전수형식과는 다르게 학생 상호간의 철저한 토의-강학講學-가 요구되었다. 자유로운 의견교환을 통하여 경서에 대한 대담한 해석과 유교적 전통에 대한 과감한 비판이, 그리고 때로는 정치비판이 차례로 생겨났다. 그 때문에 서원은 종종 정부의 탄압을 받은 적도 있다. 강학 이외에 서원이 한 중요한 역할로서 서적과 문헌을 보존하여 학자들이 이용할 수 있게 해주는 도서관으로서 기능한 점, 또 지방의 선현을 제사지냄으로써 사람들의 도덕심 육성에 공헌한 점을 잊어서는 안된다.

송학의 특징

이상과 같은 지적·사회적 상황을 배경으로 출현한 송학의 특징을 든다면 다양한 현상의 배후에 불변의 유일한 원리가 존재하는 것을 인정하고, 그러한 원리를 파악함으로써 우주만물을 통일적으로 이해할 수 있다는 관념적 낙천주의optimism를 먼저 지적할 수 있다. 송학의 범위 바깥에 있었던 시인 소식蘇軾의 "산석죽림山石竹林, 수파연운水波煙雲에 이르기까지 상형常形은 없다고 해도 상리常理는 있다"고 하는 말 속에서조차 유일한 원리 즉 '상리'가 확인된다. 이러한 낙천주의는 북송기의 일반적인 사조였다고 해도 좋다.

또 하나의 특징으로서 도덕과 정치의 연속, 그 단적인 주장으로서 『대학大學』의 '수신修身 제가齊家 치국治國 평천하平天下'의 실천을 들 수 있다. 하지만 도덕의 연장으로서 정치를 보는 입장은 공자 이래로 유교 고유의 것이기는 했지만 내관적內觀的인 불교와의 교류를 통하여 깊은 인간성을 이해하는 데 도달한 '송유'는 극히 높은 도덕적 규범의 준수를 위정자에게, 그리고 사대부 관료인 자신에게도 요구한 것이다.

과연 이 같은 이상주의가 현실적인 정치의 장에서 어느 정도 실현되었는지는 의문이 있기는 하지만 아무튼 도덕의 이름으로 위정자의 전횡을 견제할 수 있는 근거를 만들었다는 것은 송학 특히 주자학이 그 뒤 중국의 역사에 끼친 분명한 공헌의 하나이다.

선구자들

송학적인 것이 싹트기 시작한 것은 당 중기의 한유韓愈와 그 제자인 이고李翱의 사상에서부터라고 인정할 수 있다. 한유가 불교와 도교 2도道에 대해서 유교의 우위를 높이 선언한 명문名文인 '원도原道'에는 요에서 순, 순에서 우, 그리고 탕왕→문왕→무왕→주공, 그리고 공자 나아가 맹자에게로 '선왕先王의 도道'가 전해져 갔다고 하는 이른바 도통道統의 설이 서술되어 있다. 이 같은 지고한 가치(즉 道)의 유일한 전승계보를 상정하여 그 입장에서 여러 가치를 판정하는 것은 정통주의의 출현이다. 한유로부터 이 도통설을 이어받은 정이와 주희의 사상, 그리고 송학 전체에도 정통주의의 색채가 진하게 나타나 있다.

엄숙주의자 정이

어떤 사람이 정이에게 과부와 결혼하는 것의 가·부를 묻자 "만일 절(節)을 잃은 자와 결혼하면 자신도 절을 잃게되므로 결혼해서는 안된다"라고 했다. 그러면 가난하고 의지할 곳 없는 과부의 재혼은 어떠냐고 묻자 "굶어죽는 것은 아주 작은 일이고 절(節)을 잃는 것은 아주 큰 일이다"(『二程遺書』)고 주저없이 대답했다. 청조의 대진(戴震)과 근대의 노신(魯迅)이 송학을 비판한 것은 이와 같은 천리(天理·節)의 이름으로 인간성을 억압한 것에 대한 것이었다.

또한 여기서 주의할 것은 도통의 계보에 보태짐으로써 이제까지 제자백가諸子百家의 한 사람에 불과했던 맹자에게 유교 정통의 지위가 인정되었다는 점이다. 또 한유는 '원도'에서 『대학大學』의 도덕수양법을 강조하고 있다. 이것과 제자인 이고의 『중용中庸』 중시를 합치면 사서 즉 『대학』·『중용』·『논어』·『맹자』를 아울러 배운다고 하는 송학의 기본적 커리큘럼의 원형을 여기서 찾을 수 있을 것이다.

주돈이의 옛집 연화정

보통 송학 즉 도학의 역사는 주돈이周敦頤에게서 시작된다고 한다. 그러나 정이를 비롯해서 많은 인재를 그 문하에서 배출한 호원胡瑗은 송학의 역사를 기술하는 데 반드시 유의할 필요가 있는 인물이다.

호원(993~1059)은 안정선생安定先生이라 불리는 북송 초기의 위대한 교육가이다. 이론적인 면에서 송학에 기여한 바는 없었지만 많은 인재를 육성한 점 이외에도 그만의 독자적인 교학법教學法에는 눈여겨볼 만한 점이

『圖說世界文化史大系(第17卷-中國Ⅲ)』(角川書店, 1959)

있다. 그가 소주부학蘇州府學의 교수였을 때 경의재經義齋와 치사재治事齋라는 학당을 열어 경의재에서는 육경六經을, 치사재에서는 정치·농업·군사·수학·역법曆法과 같은 실용학문을 학생들에게 배우게 했다. 수와 당왕조 시기의 과거에서는 뛰어난 문장력이 요구되었기 때문에 사대부 사이에는 문학적인 능력〔즉 辭賦의 재능〕을 중히 여기는 기풍이 양성되고 있었다. 호원은 이 기풍에 반대하여 장래 관료가 될 학생에게 유교적인 교양과 정치에 도움이 되는 실용적 지식 즉 이론과 실천을 아울러 수련하도록 했다. 경력연간에 인종의 명으로 소주에서 그가 실천한 교학방법이 수도 개봉의 태학에 채용된 것은 북송의 학문이 그가 의도한 방향으로 향하고 있었음을 말하고 있다.

2. 북송의 사상가

북송의 오자五子

남송의 주희에 의해 주자학으로서 대성되는 학술사상의 기초를 쌓은 이들은 북송의 오자로 총칭되는 사상가들, 즉 소옹邵雍·주돈이·장재·정호·정이 다섯 명이다. 호남성의 염계濂溪 근처에서 지낸 주돈이, 낙양洛陽에 있던 정자程子형제, 관중關中[섬서성]에 있던 장재, 그리고 민閩[복건성]출신인 주희라는 점에서 전통적으로 송학을 염락관민濂洛關閩의 학學으로 부르지만, 이 호칭이 나타내는 것처럼 주희의 사상은 주돈이·장재·정자형제의 학문을 계승한 것이며, 소옹은 약간 특수한 위치에 있다.

소옹의 상수학

소옹(1011~77)의 자는 요부堯父이고 시호는 강절康節로 원래 하남사람이나 뒤에 낙양으로 옮겨와 살았다. 평생 관도에 오르지 않고 스스로 안락선생安樂先生이라 부르며 유유자적한 생활을 즐겼다. 그의 생활과 사상에는 도교적인 색채가 강하게 나타나 있다. 주요저술에 『황극경세서皇極經世書』가 있다.

소옹은 북송의 사상가들이 '이理' 혹은 '도道'라고 부른 우주를 지배하는 지고한 원리를 특수한 수열數列과 추상적인 형상으로 표현하려 했다. 그는 이 상수학象數學으로 우주만물을 설명하는 동시에 원元[12회會]·회[30運]·운[12世]·세[30년]라는 시간체계를 만들어내어 1원=12×30×12×30=12만 9천6백 년을 주기로 해서 이 세계는 생성과 소멸을 반복한다고 하는 장대하기는 하나 좀 황당한 역사이론을 전개했다. 우리는 여기에서 북송기의 일반적인 사조라고도 할 수 있는 관념적 낙관주의의 전형을 볼 수 있다.

그런데 주희를 비롯해서 후세의 도학자들은 대체로

태극도

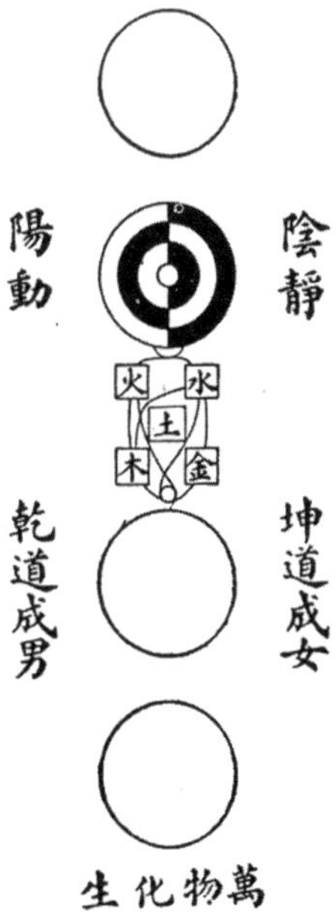

『周子全書』

소옹에게는 냉담했다. 그것은 도교에서 유래한 그의 학문이 불순하다〔그가 나타낸 형상은 대부분이 도교에서 기원한 것임〕하여 꺼리는 동시에, '인仁'과 '의義'와 같은 도덕적 논의 또는 정치와 사회에 대한 발언, 즉 소옹에게는 유자의 본분이 부족하다는 점에 불만을 느꼈기 때문이다.

주돈이의 『태극도설』

주돈이(1017~73)의 자는 무숙茂叔·염계선생濂溪先生이라 불린다. 생애를 하급관리로 보냈고 약간의 저술〔『太極圖說』·『通書』〕밖에 남기지 않았던 이 인물이 송학의 개조開祖로 간주된 이유는 맹자 이래로 단절된 도통을 다시 밝히고, 그것을 이정자二程子에게 전한 공적을 주희가 높이 샀기 때문이다.

사상에서의 주돈이의 공적은 역시 『태극도설』에 있다. 이는 「태극도」와 그에 대한 불과 전체 250자 정도의 해설로 이루어져 있다. 그 내용은 '역易'의 음양론과 오행사상을 근간으로 하며, 거기에다 불교와 도교사상〔그림 그 자체도 도교에서 유래함〕을 가미하여 우주만물이 생성되는 과정을 설명한 것이다. 철학으로서는 매우 조잡한 것이기는 했지만 우주론에서 인간의 윤리에 이르는 전체적인 인식을 부여한 것으로서 송학에서는 매우 중요시되었다. 또 『태극도설』 맨 앞쪽의 한 구절인 '무극이태극無極而太極'에 대한 해석을 놓고서, 사물을 초월한 태극을 '이理'로 단정하는 주희와 음양의 '기氣'를 떠난 '도道

〔즉 理〕'는 없다고 하는 육구연陸九淵이 남송시대에 큰 논쟁을 벌이는데, 이 결실이 많은 철학적 논의를 유발시킨 것도 주돈이가 이룬 공적의 하나일 것이다.

주돈이의 사상에서 하나 더 주목할 측면은 무욕설無欲說이다. 그는 『통서通書』 속에서 "성인聖人이 되기 위한 궁극적인 비결은 무욕이다"라고 말하고 있다. 또한 이와 관련해서 성인은 '무욕고정無欲故靜'과 외물의 유혹을 끊어버린 정온靜穩한 상태를 이상으로 본다. 이것이 욕망부정론, 즉 도학자 류의 천리와 인욕을 구별하는 엄숙주의로 연결된다는 것은 쉽게 이해가 간다. 그 경향은 곧바로 그의 제자인 정이에게서 나타나고 있다.

장재와 '기'의 철학

장재張載(1020~77)는 자가 자후子厚이고, 강학한 곳의 지명을 따서 횡거선생橫渠先生이라 불린다. 지방관을 역임한 뒤 신종의 부름을 받았지만, 신법을 추진한 왕안석과 의견이 맞지 않아 결국 관을 버리고 향리로 돌아가 강학과 저술로 일생을 보냈다. 『정몽正蒙』은 그의 그러한 사색의 정수라고 할 수 있다.

당시 관학關學〔장재의 학〕은 예학禮學으로 세상에 알려진 것처럼, 장재 자신도 고례古禮의 부흥에 노력했고 그 때문에 관중의 풍속이 일변했다고 한다. 또 『주례』를 본떠 정전제井田制〔토지의 국유화와 균등분배〕를 실행하려 하거나, 종법제宗法制와 봉건제의 부활을 주장하는 등 그 정치태도는 대체로 보수적이었지만 현실사회에 대한 의식과 관심은 북송오자 가운데 가장 왕성했다는 것은 유념할 만하다.

그러나 장재가 사상사에서 이름을 남긴 것은 그의 특이한 '기'철학 때문이다. '기'란 사물의 존재를 가능하게 하는 물질적인 측면, 쉽게 말하면 가스상태의 물체이며, 또한 그것은 음·양이라는 두 가지 형태로 나타난다. 이러한 '기'의 관념은 이미 선진先秦시대에 보이지만 '기'를 제1원리로 삼아 장대한 철학체계를 구축한 것은 장재가 처음일 것이다.

우선 그는 '기'가 충만한 우주적 규모의 공간을 태허太虛라고 부른다.〔『정몽』, 太和篇〕 그리고 이 태허 즉 존재세계 속의 사물은 인간이 지각할 수 있을 정도로까지 '기'가 응집되어 형태를 이룬 것이며, 사물을 구성하고 있는 '기'가 확산되어 희박한 가스상태가 되면 그 사물은 다시 인간의 지각이 미치지 않는 울타리 밖으로 떠나버린다. 그러나 '기'는 역시 태허 속에 머물러 있는 것이므로 그 사물은 '무無〔비존재〕'가 된 것은 아니다. 장재는 분명히 " '무'는 없다"라고 단언하고 있다. 이렇게 주장하는 그가 염두에 둔 것은, 존재는 본래 '무' 즉 '공空'이라는 허무주의에 서서 유교의 세속성을 공격해 온 불교였다.

사람도 사물도 모두 태허의 '기'로 구성되어 있다는 동일성의 인식은 만물은 일체라는 대범한 감정을 배태시킨다. 이 감정을 웅대하게 나타낸 것이 유명한 『서명西銘』이다. 똑같이 만물일체의 사상을 설파한 정호에 이

정명도

『圖說世界文化史大系(第17卷-中國III)』(角川書店, 1959)

르러서는 이 작은 장재의 『서명』을 『맹자』 이래로 가장 중요한 문헌이라고까지 격찬하고 있다.

그런데 장재의 사상과 정이·주희 계통의 사상을 비교하면, 미묘하지만 중대한 차이가 발견된다. 훗날의 주자학에서 '기'와 대립되는 개념인 '이'-즉 사물의 형상form 혹은 사물을 그 사물이게 하는 법칙-라는 용어를 장재의 경우는 거의 쓰고 있지 않다. 이것은 기의 대립 개념인 '이'를 세우게 되면, '이'가 '기'의 밖에서 그 운동을 지배한다는 도식이 쉽게 발생하는 것을 경계한 결과일 것이라고 생각된다. 그 도식이란 주자학의 용어로 번역하면 "이선기후理先氣後, 요컨대 이념(理)이 현실(氣)을 규정한다"고 하는 엄숙주의 그 자체인 것이다. 송·원·명을 통하여 '이'와 '기'의 관계가 주요한 철학상의 주제가 되지만 그것은 이 문제가 배태하고 있는 윤리학상의 귀결이 이처럼 중대했기 때문이다.

장재의 이러한 기일원론氣一元論의 철학을 현대중국의 역사가들은 유물론唯物論으로 높게 평가하지만, 사상사에서 보면 오히려 그의 사상은 '기'에 종속하는 '이', 즉 '기의 이'를 주장하는 왕양명의 심학心學-그것은 다분히 관념론적 성격을 가진다-에 더 근접하므로 마르크시즘의 사상사학 공식으로는 이해할 수 없는 사실이 존재함을 인식하는 것은 매우 중요하다고 하겠다. 관학關學은 장재가 죽은 뒤에 정이의 낙학洛學 속으로 흡수되어 그 학통은 끊기지만, 명말청초의 사상가 왕부지王夫之에 이르러 '기'철학은 더욱 정치精緻한 체계로서 다시 나타나게 된다.

정이천

『圖說世界文化史大系(第17卷－中國Ⅲ)』(角川書店, 1959)

이정자와 천리天理의 학

정호程顥(1032~85)의 자는 백순伯淳, 명도선생明道先生이라 불린다. 아우인 정이程頤(1033~1107)의 자는 정숙正叔·이천선생伊川先生이라 불린다. 이 두 사람을 이정자二程子라고 하며 거주지인 낙양에 연유해서 그 학문을 낙학洛學이라 한다. 정이는 형에 대해서 평생 존경하는 태도를 잃지 않았지만, 이 형제는 기질상에서 큰 차이를 보인다. 정호가 온아한 군자 같은 인물이었던 것에 비해 정이는 치밀하고 엄격하여 문인에게 매우 엄했다 한다. 훗날의 도학자 선생의 이미지에는 정이의 모습이 영향을 미친 것으로 생각된다.

이정자의 학문은 "천리天理라는 두 글자만큼은 자신의 체험으로 얻어진 것이다"〔『語錄』〕라는 정호의 말로 요약된다. 천리란 그의 말에 따르면 "일〔事〕에 선善이 있고 악惡이 있는 것 모두가 천리다"라고 한 것처럼, 존재세계의 다양성을 그대로 긍정하는 것이다. 정호는 이 천리가 나타나고 있음을, 만물을 계속해서 생성하고 있는 천지의 생생한 움직임 속에서 보고 이를 인仁이라 불렀으며, 또 '인'은 만물 가운데 평등하게 나타나고 있다는 이유에서 만물일체감의 체험이야말로 '인'의 실천이며 학문의 궁극적인 목적이라고 주장했다.

정호의 실천적인 천리설을 이어받아 주희의 이기설理氣說에 징검다리 역할을 한 것이 정이다. 그는 형과 달리 '이'의 규범적이고 초월적인 성격을 강조했다. 그 단적인 예는 주희의 윤리설에 결정적인 영향을 준 '성즉리 性卽理'라는 사고방식 속에서 볼 수 있다. 이것은 인간의 본성 즉 '성性'을 있는 그대로의 자연적인 상태에서 보는 것이 아니라, 극복하고 실현해야 할 목표 즉 '이理'로서 설정한다. 그리고 정이는 이 천리로부터 조금이라도 일탈하는 행위를 인욕이라고 엄하게 규탄한다. 송학의 밑바닥에 있는 냉엄한 인간관은 정이의 이 '이설理說'에서 유래한다고 할 수 있을 것이다.

주희화상

陳正夫·何植靖, 『朱熹評傳』(江西人民出版社, 1984)

3. 주자학의 성립

주희의 학술활동

북송의 오자로 대표되는 새로운 학술사상을 종합하여 체계화한 것이 주희다. 이제까지 교설教說의 집적에 불과했던 유교가 그에 이르러서 비로소 정연한 지식체계를 갖추게 되었다고 해도 좋다.

주희(1130~1200)의 자는 원회元晦이고, 호는 회암晦庵이다. 주자라는 존칭으로 불리는 경우가 많다. 복건성의 벽지인 우계현尤溪縣에서 태어나 그 근처에서 대부분의 생애를 보냈다. 그의 50년에 이르는 관계생활은 불우했다. 지방관 역임이 9년, 영종의 강관講官[천자에게 학문을 進講하는 직책)으로서 일시 조정에 있었지만 불과 45일 만에 해임. 그 뒤 40년 동안은 도교사원의 관리자라는 명예직으로 받는 약간의 봉급으로 생활을 했다. 다만 주희의 방대한 저술과 왕성한 교육활동은 정치적으로 불우했기 때문에 생겨난 자유로운 시간이 가져다준 것이라고 할 수 있을 것이다.

그런데 주희는 지방관으로서도 유능했다. 백록동서원白鹿洞書院과 악록서원岳麓書院을 수복해서 학문교육의 발전에 진력하거나, 농지개혁과 농민의 조세경감에 치적을 올렸다. 그 가운데서도 주목할 만한 것은 수왕조시대 장손평長孫平의 의창법義倉法과 왕안석의 청묘법靑苗法을 참고하여 사창법社倉法이라는 빈민구제 수단을 고안하여 이를 실시했다는 것이다. 주희를 결코 현실에 관심없는 도학자 류의 인물로 생각해서는 안된다.

주희의 학술활동은 당시의 많은 학자들과 마찬가지로 서원을 통해 행해졌다. 단 주희는 이 점에서도 적극적이어서 백록동서원과 악록서원을 수복한 것 이외에도 스스로 한천정사寒泉精舍·무이정사武夷精舍·죽림정사竹林精舍 등을 창건하여 적어도 살아 있는 동안 24개의 서원과 관련이 있었다. 이것은 그의 학문이 세간에 침투하는 데에 매우 유효하게 작용했을 것이다. 주희의 문집을 보면 그와 서간을 교류한 문인만도 2백 명 이상이었다. 1200년(慶元 6년) 주희가 죽었을 때 장례참여자는 1천 명이나 되었다. 당시 '경원위학慶元僞學의 금禁'을 받고 있었음에도 불구하고 이 정도로 많은 사람이 장례의식에 참가했다는 것은 주희의 학문이 큰 영향력을 가진 학파를 형성하였음을 말해 주는 좋은 증거일 것이다.

주희의 저작

주희는 생애를 통해서 다방면에 이르는 방대한 저작을 남겼다. 경서에 관해서는 『역본의易本義』·『시집전詩集傳』·『의례경전통해儀禮經傳通解』 등의 뛰어난 주석이 있다. 그 가운데서도 『시집전』은 『시경』 305편 가운데 24편이 당시의 연애가戀愛歌로 도덕적 교훈을 말하는 것이 아니라고 지적했고, 이는 주희가 유연한 감성과 날카로운 비판적 정신이 풍부한 인물이었음을 보여주고 있다.

그러나 주자학 그 자체를 생각하는 데에 더 중요한 저작은 4서에 관한 것이다. 특히 『대학장구大學章句』·『중용장구中庸章句』·『논어집주論語集注』·『맹자집주孟子集注』는 그가 40년 동안 심혈을 기울인 저작으로 주자학의 진수라 해도 과언이 아니다. 주희는 사서를 통해서 유교적

주희의 생계

관리로서의 급료가 적은 것을 보충하기 위하여 주희가 인쇄출판을 부업으로 했다는 것이 최근의 전기연구로 밝혀졌다.〔陳榮捷『朱子新探索』〕 잡무는 아들과 문인이 담당했고, 편찬교정과 판식(版式)의 결정은 주희 자신이 맡았다고 한다. 부업을 시작한 이유로서는 경제적인 곤궁 이외에 자신의 저작을 출판함으로써 주자학의 올바른 이해를 세상에 널리 알리려고 했기 때문이라고 진(陳) 교수는 추측하고 있다. 행동적인 사상가 주희의 일면을 잘 보여주는 사실이 아닐까.

『圖說世界文化史大系(第17卷－中國Ⅲ)』(角川書店, 1959)

백록동서원

논어집주
잔고

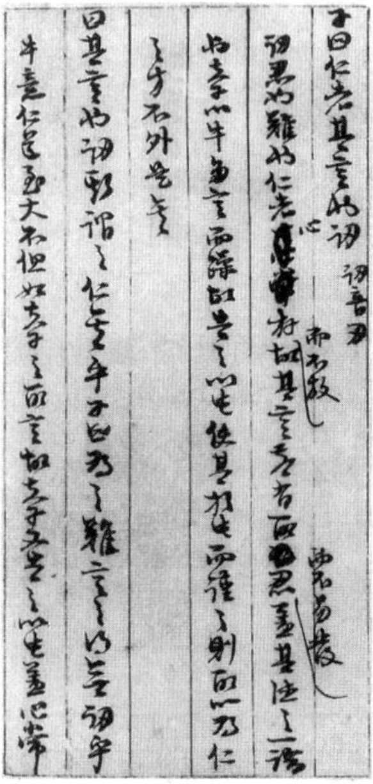

朱熹, 『論語集注』 殘稿. 淳熙 4년(1177) 무렵. 紙本 13×25.9 cm. 『書道全集(第16卷)』(平凡社, 1955)

으로 학문을 익히는 체계적인 방법론-『대학』·『논어』·『맹자』·『중용』 순으로 읽음으로써 지식은 보다 심화된다고 한다-을 제시했다. 이것은 한·당 이래 오경五經을 중심으로 한 스콜라적 석의학釋義學에서 사서에 의거하여 공·맹의 정신을 직접 파악하려는 실천적 학문으로의 전환이라는 의의가 있을 것이다.

그밖에 주희에게는 춘추필법春秋筆法을 본받아 쓴 역사서 『자치통감강목資治通鑑綱目』, 문학방면에서는 『초사집주楚辭集注』, 그의 사후에 편찬된 것이기는 하나 문인과의 학문적인 문답을 극명하게 보인 『주자어류朱子語類』 등이 있다. 또한 북송 사상가의 어록도 다수 편찬하였다. 그 가운데 주자학의 발전에 큰 영향을 미친 것이 여조겸呂祖謙과 함께 편찬한 『근사록近思錄』이다. 이 책은 북송4자子의 저작 가운데 문장을 채록하여 주자학의 입문서로 만든 것이다. 고대의 성인과 현인이 아니라 주·장·이정 등 동시대 인물을 도덕적 수양의 모델로 삼은 것은 인간은 배움을 통해 성인이 될 수 있다는 송학의 정신을 실증하여 보임과 함께 도덕적 실천이 자기의 생활과 동떨어져 있는 것이 아니라는 친근감을 사람들에게 주었다. 『근사록』의 매력은 이와 같은 현대성에 있던 것이다.

이기이원론의 철학

주희의 철학은 북송 여러 학자의 사상을 집대성한 것이나 그 구조는 '이'와 '기'라는 가장 기본적인 범위 위에 만들어진 이원론적 철학이라고 규정할 수 있다.

주희는 장재의 사상에서 물질적 세계를 구성하는 궁극적인 원소(element)로서의 '기'라는 생각을 계승한다. 그러나 장재의 경우에 '기' 혹은 그 총체인 태허는 그 자신 안에 포함된 프로그램(장재는 이를 '性'과 '神'이라 부름)에 따라서 자기운동을 하고 있는 것이지, 외부에 있는 어떤 주재자의 명령에 기계적으로 따르고 있는 것은 아니다라고 생각한다.

그렇지만 주희는 이러한 장재의 유기적인 세계관이 갖는 비합리성-그것은 '성'과 '신' 같은 개념에서 느껴지는 신비적 성격에서 단적으로 나타난다-에 만족하지 않고, '기'의 운동을 합리적으로 설명하기 위해서 물질적인 원소(기)의 대극對極에 그 존재근거로서 이를 세운다. 정이의 규범적이며 초월적인 성격을 갖는 이에 관한 설이 여기에 계승된 것이다. 이렇게 해서 관련을 갖게 된 '이'와 '기'의 두 요소(element)에 의해서 주희는 존재 세계를 합리적으로 설명하려는 것이고, 또 그것은 충분히 성공을 거두었다.

다만 주의하고 싶은 점은 존재론적인 차원에서 '이'와 '기'는 대등한 이원二元이지만, 항상 '이'는 가치적으로 '기'보다 우위에 있는 것으로 주희는 간주하고 있다는 것이다. 이러한 발상은 정신적이고 이념적인 것을 물질적이고 현실적인 것보다도 우월한 존재, 사물의 본래적인 상태로 여기는 사고방식과 공통된다. 이것이 윤리설로서 기능할 때에는 부단한 도덕적 향상을 재촉하는 이

『주자어류』

『주자어류』는 주희가 죽은 뒤에 주자문하의 후배인 여정덕(黎靖德)이 편찬한 주희와 1백 명에 달하는 문하생들과의 문답을 모은 어록이다. 당시의 구어(口語)인 백화문체(白話文體)를 사용하여 주희의 말을 전하고 있다. 문어체를 쓰지 않고 이해하기 쉬운 구어체로 기록한 것은 주자학의 일반에 대한 보급의도와 무관하지 않을 것이다. 주희의 사상을 알기 위해서는 먼저 『사서집주(四書集注)』, 이어서 『문집』을 읽어야 하겠지만 『주자어류』는 두 책에서는 볼 수 없는 주희의 인품과 문인교육의 실제상을 전하고 있다.

상주의로도 되지만, 주희의 의도가 어디에 있든 현실적으로는 '예禮'라고 불리는 기성의 봉건질서와 습속을 절대시하여, 그것을 무조건 따르도록 사람들에게 요구하는 주자학적 엄숙주의가 탄생한 것은 중국뿐 아니라 동양의 근세역사가 증명하고 있는 그대로이다.

주자학의 평가

여기서 주자학의 평가라는 아주 미묘한 문제에 직면하게 된다. 사상이라는 것을, 그것이 현실사회에 미친 기능의 관점에서 평가하려고 하는 마르크시즘의 입장에서는, "이학〔주자학〕은 봉건지주 계급의 철학적인 무기로서 등장했다"〔張立文, 『주희사상연구』, 중국사회과학출판사, 1981〕라고 하는 평가가 제출되었는데, 그것이 역사적 사실을 반영하고 있다는 점에서 설득력을 가지고 있다. 이에 대해 주희의 인격과 그 사상에 보다 밀착해서 그의 사상적 의도를 이해하려고 하는 사상사가思想史家 가운데는 주자학 속에 오히려 자유주의적인 여러 요소를 발견하는 사람도 있다.〔W.T. 드베리, 『주자학과 자유의 전통』, 平凡社, 1987〕 우리는 이 양극으로 나뉜 평가를 앞에 두고 어느 것이 역사적으로 진실인가를 단정하기 이전에 근대화를 향하여 직진하는 현대중국에게 유교적인 과거는 대체로 부정되어야 할 대상이며, 한편으로는 서구 근대의 개인주의의 한계를 극복할 계기를 비非서구세계에서 찾는 이에게 동아시아 근세사회에 장기간 안정을 가져온 주

주희의 종교적 심정

유교의 종교성을 세속화하고 합리적 사상체계로 재편성한 것에 주자학의 특질이 있는 반면, 인간 주희에게는 종교적 심정이 농후하게 존재하고 있다. 그가 쓴 많은 「고선성문(告先聖文: 성인께 올리는 문장)」과 도통관념에는 성인 특히 공자와 마음의 끈을 이으려고 하는 강한 충동이 나타나 있다. 이로부터 생기는 정신적 긴장은 막스 베버가 유교의 본질로서 규정한 내현세적(內現世的) 속인(俗人)의 윤리로서는 전부 설명될 수 없는 성격을 주자의 사상에 부여하고 있다.

자학은 극히 매력적인 사상이었다는 것, 바꾸어 말하면 각종의 평가를 하도록 만든 연구자의 역사적 입장과 주관적 관심의 상위를 먼저 이해하지 않으면 안된다.

격물치지

그런데 주희에게는 거경居敬[정신집중]이라 불리는 내관적內觀的 수양법과 함께 '이'를 파악해야 한다는 극히 지적인 실천이 성인이 되기 위한 학문으로서 중요시되었다. 이를 가장 잘 나타낸 것이 그의 격물설格物說이다.

『대학』의 한 구절인 "치지재격물致知在格物[致知는 格物에 있음]"의 '격물'에 대해서 주희는 "물物에 이르다"로 뜻을 새겨 사물의 '이', 그 심오한 곳까지 도달하는 것이라고 해석했다. 다시 이것을 사람 마음[心]에 고유한 '지知'와 사물의 '이'와의 일치, 즉 내內[마음]와 외外[사물] 사이에 있어서의 '이'의 합일이라고 설명한다. 이것으로 알 수 있는 것처럼 격물은 자연과학적인 인식과는 다른 일종의 도덕적 체험이며, 따라서 그 목적은 과학적인 진리추구에 있는 것이 아니라 최고선最高善[至善]을 체득하는 데에 있다.

단 주자의 특징은 지선至善을 체인體認한다고 하는 도덕적 실천을 방법이 없는 무조건적인 실천주의로 표방하는 것은 아니다. 그는 정이의 설을 이어받아 격물과 궁리의 구체적인 방법으로서 독서, 역사상 인물에 대한 도덕적 판단, 그리고 '이'에 부합된 일상생활 등을 들고 있는데, 그 가운데서도 유교경전을 중심으로 하는 경전

송학의 재생

유교뿐 아니라 대체로 중국에 등장한 철학·사상·종교는 현재 모두가 과거의 것이 되어 단지 연구대상으로서의 역사적 의의밖에 갖지 못한다. 그러한 속에서 현대철학자 풍우란(馮友蘭)은 송학, 특히 기(氣; 실재세계)에 대한 이(理; 이데아의 세계)의 우위를 말하는 이학(理學; 즉 程朱學)을 계승하여 서구의 철학체계에 필적하는 형이상학을 구축해서 그것을 신이학(新理學)이라 부른다. 탈 이데올로기화된 송학이 여전히 철학체계로서 재생·자립할 수 있는 증거일 것이다.

연구가 주자학파에서는 가장 중요시되었다. 예를 들면 역사연구도 격물치지格物致知를 추구하는 하나의 실천으로 보고 있다.〔「資治通鑑綱目序例」〕 성인이 되는 것을 궁극적인 목표로 들었고, 그런 까닭에 단순한 박학을 「완물상지玩物喪志」로 거부하는 경향을 강하게 갖고 있던 송학에 있어서 그의 방대한 저술이 말해 주고 있는 것처럼 주희에 이르러 처음으로 책에 의한 객관적인 지식의 지위가 정식으로 인정되었다고 할 수 있을 것이다.

도덕주의 즉 존덕성尊德性의 송명이학宋明理學〔moral philosophy〕과 주지주의主知主義〔道問學〕의 청대 고증학考證學〔philology〕 사이에 명확한 단절을 상정하는 근세사상사의 통설은 적어도 주희의 학문에 관해서는 어느 정도 수정이 필요할 것이다.

주자학의 비판자

당시 송학의 범주 밖에서 주희를 통렬하게 비난한 이는 절강성 동부출신의 학자 진량陳亮(1143~94)과 섭적葉適(1150~1223)이다. 이들은 사공학파事功學派라고 불리는 것처럼 일종의 실용주의에 입각한 현실주의 입장에서 주희사상의 관념성과 비효율성을 통렬히 공격했다. 그러나 주희에 대한 최대의 논적論敵은 똑같은 송학의 입장에 있던 육구연陸九淵(1139~92)이었다. 주희 이후의 사상사는 주자학 비판의 역사라고도 볼 수 있지만 그러한 방향을 결정한 것이 이 인물이다.

주희의
고정考亭
서원터

육구연은 자가 자정子靜으로 강서성 금계현金溪縣 출신이며 그가 강학을 한 곳의 이름을 따서 상산선생象山先生이라고 한다. 그와 주희 두 사람은 서로 상대를 존경하면서도 평생 합치되지 않는 격렬한 논쟁을 벌였다.

주·육 사이의 쟁점은 주희가 육구연을 비판한 '광선狂禪', 거꾸로 육구연이 주희를 공격한 '지리支離'라는 말 속에서 가장 단적으로 나타난다. 주희의 객관주의·주지주의에 대한 육구연의 주관주의·직감주의로 바꾸어 말해도 좋을 것이다. 주희는 학문의 방법으로서 도덕성의 육성과 지식의 습득, 그리고 『중용』의 표현인 '존덕성尊德性(德性을 우러름)'과 '도문학道問學(問學에 의거함)'으로 구별하여 이를 균형있게 함께 닦아야 할 것을 말했다. 이에 대해 육구연은 주체가 확립되고 나서야 비로소 지적 학문도 가능한 이상, '존덕성'과 '도문학'의 이분법은 무의미하다고 주희의 학문관을 정면에서 비판했다. 후천적인 학습을 중시하는 주희의 입장과 선천적으로 부여된 도덕성을 신뢰하는 육구연의 입장이 대립하였다.

이러한 학문관이 대립한 저변에는 보다 깊은 양자의 인간관에 대한 상위점이 존재한다. 주희는 인간 본성의 완전함을 믿으면서도 그것이 현실 속에서 왜곡되어 가는 것을 후천적인 노력에 의해서 회복하는 것이 전적인 관심사였다. "심心은 성性과 정情의 통일체"라는 장재의 주장을 계승해서 주희가 제시한 '성즉리性卽理'라는 명제에는 이상적인 인간성을 회복하기 위해서는 일상적인 자연(情)을 극복하지 않으면 안된다고 하는 인간관이 나타나 있다. 이에 대해 육구연은 '심즉리心卽理'라고 주장하여 성과 정의 분리를 인정하지 않는다. 즉 인간의 '심'은 그대로 '이'에 합치하고 있다는 것이다. 자연적 상태인 '심'에 갖추어진 자율성에 전폭적인 지지를 보내는 육구연의 사상으로부터 약 3백 년 뒤인 명대에 이르러 왕수인王守仁의 양명학(心學)이 난산 끝에 태어난다는 것은 이 이후의 사상사가 거치는 가장 중요한 길이었다.

1175년(淳熙 2)에 여조겸呂祖謙의 주선으로 두 사람은 강서성 신주信州의 아호사鵝湖寺에서 만나 논쟁을 벌였다. 결국 양자의 대립이 보다 깊어졌을 뿐 결실있는 종합은 실현되지 못했지만 이 뒤의 사상사가 전개될 길을 예상했다는 점에서 송대사상의 클라이맥스라고 할 만한 일대 사건이었다.

원대의 유학

주희에 의해서 정연하게 체계화된 주자학 내부에는

이제 그 이상의 발전의 여지는 없었다. 주희 이후 남송 학문은 정체에 빠졌고 이 상태는 다음 원대에도 이어진다. 하지만 원대의 학문에도 몇 가지 주목할 만한 특징이 있다.

먼저 지적해야 할 것은 주자학의 관학화官學化이다. 원 인종 때인 1313년(皇慶 2)에 주자학파의 주석이 과거 답안의 정식해석으로서 인정되었다. 청조 말기에 과거가 폐지되기까지 6백 년 동안 4서를 근거로 하는 주자학적 사고가 중국인의 정신을 지배하게 되었다는 의의는 정말로 크다고 하지 않을 수 없다.

나아가 원대 유학의 특질로서 주·육의 대립을 조화시키려는 경향이 보인다. 허형許衡·오징吳澄과 같은 원대의 대유大儒는 전반적으로 형식주의로 흐르는 주자학과 너무 간이한 육학陸學 사이의 대립에 대한 반성에서 문호를 타파하여 양자의 장점을 포섭하려는 자세를 강하게 가졌다. 이러한 경향에서 생겨난 주·육 융합의 움직임은 육학의 간단 명쾌함과 동시에 주자학에서 보이는 체계를 겸비한 명대 왕수인의 양명학 출현을 위한 토양을 준비했다고 할 수 있을 것이다.

□ 쉼 터 □

Ⅵ. 원의 중국지배

植松 正

1. 몽골제국의 중국접근

몽골세계제국

유라시아대륙을 석권한 칭기즈칸의 대제국이 출현한 것은 세계사적으로 보아 실로 중대한 사건이었다. 동방세력이 서방세력과 접촉하게 된 점에서 지구상의 거리가 일거에 좁혀진 것이다. 그러나 정보전달을 사람이나 말 혹은 선박에 의지할 수밖에 없었던 당시로서는 이 정도의 대제국을 하나의 통일체로서 그대로 유지하는 것은 매우 벅찬 일이었다. 대제국 분할의 이유로 칸 자

원조 세계도

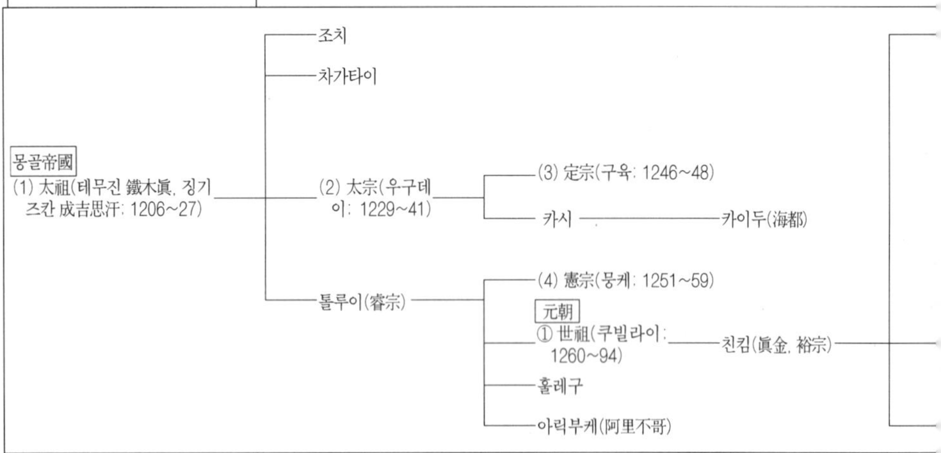

리를 둘러싼 몽골황실의 내분이 종종 지적되지만, 이와 함께 그때까지 저마다의 역사적 특성을 갖고 형성되어 온 각각의 지역에 따라서 그 분할이 이루어졌다는 데도 주목해야 할 것이다. 중국을 근거지로 했지만 여전히 종주宗主로서 몽골리아 본토도 유지한 원제국의 형성과 그 내용에 대해 생각하기로 하자.

중국에의 정복과정

먼저 몽골의 중국 정복과정부터 설명하자. 칭기즈칸은 몽골리아를 통일하자 1210년 금에 대한 공격을 개시했다. 수도인 중도中都[燕京 즉 지금의 북경]는 거듭 포위를 당해 금 선종宣宗 때인 1214년(貞祐 2)에 굴욕적인 화의조약을 받아들이지 않을 수 없었다. 일단 포위는 풀

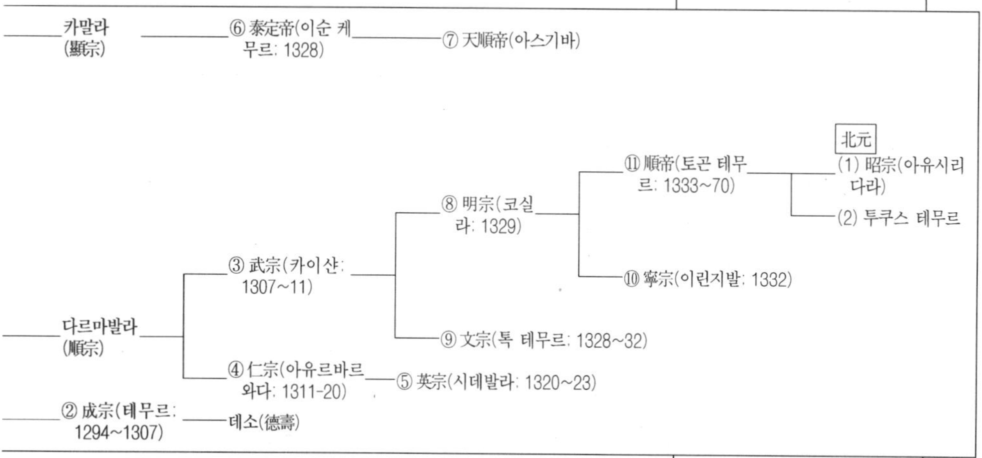

렸으나 같은 해 금은 수도를 남경南京〔汴京·汴梁〕으로 옮겨 몽골세력의 압력을 완화시키려고 했다. '정우貞祐의 남천南遷'이라 부르는 이 천도를 계기로 북부 중국은 혼란에 빠졌고 사람들은 남방으로 이주를 서둘렀다. 정부의 이주 금지명령도 효과가 없었다. 이주할 수 없는 이들은 향촌을 중심으로 크고 작은 다양한 자위집단으로 의군義軍·향군鄕軍 등을 결성했다. 그리고 서로 연계하여 주·현을 단위로 하는 형태로까지 확대되어 결속했으나 몽골군의 압도적인 세력 앞에는 저항할 수 없어 차례로 항복해 갔다.

몽골군은 그러한 자위집단에게 일정한 공납과 군사면에서의 협력을 약속받은 다음 군관軍官과 민관民官의 이름을 주고 영주적인 지위를 보장해 주었다. 그 가운데 큰 세력을 이룬 이들이 산동방면 동평東平의 엄실嚴實, 하북방면 순천順川의 장유張柔, 역시 하북방면인 진정眞定의 사천택史天澤, 산동방면 제남濟南의 장영張榮 등 소위 4대 한인세후漢人世侯와 산동의 이단李璮이다. 한인세후들의 협력 아래, 몽골은 지배하에 있는 주·현에 그 지역장관으로서 몽골인 다루가치達魯花赤를 임명하여 금을 압박해 갔다.

우구데이칸太宗은 칭기즈칸의 유명遺命을 받들어 금에 대한 정면공격을 피해 우선 군대를 섬서지방으로 보냈다. 금이 서쪽 상황에 관심을 집중한 틈을 타서 몽골군은 대거 황하를 넘어 하남으로 침입하여 왔다. 몽골군은 이 때 남송에게 연맹을 제안하여 금에 대한 협격태

세를 취했다. 몽골군에 의해 변경汴京이 포위된 금의 애종은 탈출에는 성공했지만 남송군의 출동도 있었기 때문에 마침내 1234년에 자살하게 되고 금왕조는 멸망했다. 이렇게 해서 몽골과 남송은 영토를 직접 접하게 되었다. 남송조정에서는 실지를 회복해야 한다는 주장이 나와 군대를 보내 일시적으로 승리를 거둔 적도 있었지만 곧바로 몽골군에게 탈환되었다.

호북의 양양襄陽과 사천방면에서도 양군의 전투가 이어졌지만 우구데이의 죽음으로 몽골군은 철수하게 된다. 우구데이 시대에는 바투 등의 유럽원정이 상징하는 것처럼 제국의 관심은 오히려 서방에 있었다. 우구데이가 죽자 몽골궁정 내부의 정정불안이 주된 원인이 되어 모든 대외원정은 잠시 정체했다.

뭉케칸憲宗 초기의 남송에 대한 작전의 주된 방향은 중국의 오지인 사천이었다. 몽골은 남송을 직접 치지는 않고 우선 카라코룸和林에서 섬서와 감숙의 경계인 육반산六盤山, 다시 섬서에서 사천 남쪽으로 관통하는 루트를 취했다. 쿠빌라이는 티베트고원의 동쪽 지대를 지나 운남의 대리大理에 이르렀고 우량카다이兀良哈台는 운남에서 광서로 나왔다. 이것은 사천방면의 군대와 보조를 취하여 남송을 목표로 하려는 움직임이었다.

중국정복의 동기

몽골제국이 성공한 원인은 먼저 압도적으로 강대한

군사력이다. 그리고 군대를 자탱하는 경제력은 정복한 지역에서 공급되었는데 그러한 확장의 배경에는 넓은 지역에 걸쳐 활동하는 페르시아인과 위구르인 등 국제 상인이 있었다. 상인은 재정을 담당하였을 뿐만 아니라 목표로 하는 지역의 정보활동에도 종사했던 것으로 생각된다. 특히 은銀을 구하기 위하여 중국진출을 꾀한 점에 주의할 필요가 있다.

정치적인 측면에서 몽골제국이 중국에 접근한 계기를 생각해 보자. 유명한 야율초재耶律楚材는 변경천도 뒤에도 중도中都에 머무르고 있었지만, 다음해에 몽골군이 이 곳을 제압하자 칭기즈칸을 섬기게 되었고 그 뒤부터는 서역원정에도 종군하여 큰 신임을 얻었다. 십로十路에 징수과세사徵收課稅使를 두어 중국에서의 징세성과를 보임으로써 농지를 목초지로 만들어야 한다는 몽골 대신의 주장을 저지했다는 일화가 있듯이 그는 칭기즈와 우구데이 두 명의 몽골대칸을 섬기면서 중국을 지배하는 방법을 지도하였다.

야율초재는 요왕조 동단왕東丹王 돌욕突欲의 8세손에 해당하며, 이 동단왕은 요 태조 야율아보기가 발해국을 정복했을 당시 발해국 마지막 왕의 아들로서 그 지역의 왕으로 봉해진 자였다. 동단국은 오대의 여러 왕조와 요 사이에서 어려운 외교를 펼치지 않으면 안되었다. 야율초재는 금 장종章宗 때에 과거에 합격해서 금의 관리가 되었다.

몽골에게 금의 중도점령을 권유한 석말명안石抹明安

> **역을 참이라 칭하기 시작함**
> **참치**
>
> 몽골어로 잠치라 하는 역전(驛傳)은 칭기즈칸이 중국의 제도를 본떠서 세운 것이라 한다. 이윽고 수도인 대도(大都)를 중심으로 하는 방사선상의 공도(公道)에 10리마다 역사(驛舍)를 두고 부근의 민간호(戶)를 참호(站戶)로 지정하여 왕래하는 사자에게 역마와 술·음식을 공급하는 제도가 생겼다. 카라코룸과 서역에 이르는 역참도 정비되었다. 사자는 신분을 증명하는 금호부(金虎符)와 해청패(海靑牌) 등의 부패(符牌)와 포마성지(鋪馬聖旨) 등의 허가장을 휴대한다. 통정원(通政院) 또는 병부(兵部)가 감독관청이었다. 역참을 부정으로 사용하는 자가 많았기 때문에 참호의 궁핍이 종종 문제로 되었다. 또 공문서를 보내는 제도에 급체포(急遞鋪)가 있다.

은 금을 섬긴 거란인이었으나 다시 몽골로 투항하여 몽골의 부장部將에 임명된 자이다. 또 역시 금의 장군으로 몽골에 항복하여 칭기즈칸의 자문역할을 한 곽보옥郭寶玉은 당나라 곽자의郭子儀의 자손이라고 전하는데 그의 조상들은 요 혹은 금의 신하가 된 자이다. 그밖에 많은 북중국의 투항자들이 몽골세력에 협력했는데 그들과 그들의 선조는 모두 선행하는 정복왕조를 섬기다가 외교적 시련을 맞게 된 것이다. 이러한 이들의 동향이 몽골 세계제국을 중국문화권으로 끌어들이는 데 큰 역할을 한 것으로 보인다. 그러나 중국으로 확실히 기울게 된 것은 쿠빌라이칸世祖의 등장을 기다려야만 했다.

성지패
聖旨牌

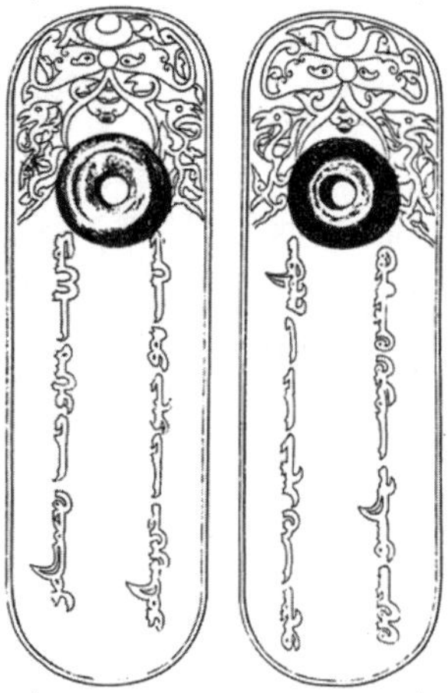

칭기즈칸 성지패. 드니에프르강 부근 출토(京都大學文學部 소장)

2. 원의 중국통일

쿠빌라이의 즉위

구육칸定宗 사망 이후에 뭉케칸이 즉위한 것은 우구데이계에서 톨루이계로 칸의 자리가 옮겨간 것으로 몽골황실에서는 하나의 전환기가 되었다. 쿠빌라이는 당시 톨루이 가문의 한 제왕諸王으로서 하북 형주邢州[뒤의 順德路]에 영지를 받아 중국을 지배하는 경험을 쌓고 있었다. 황제에 오르기 이전의 쿠빌라이의 동향은 정복왕

유관도 원 세조의 사냥도

『元代皇室書畵收藏史略』(國立故宮博物院 소장)

조인 원의 존재방식에 큰 영향을 주었던 것 같다. 그 동안에 중국측 인사와의 교류가 폭넓게 존재했기 때문이다. 박학다재한 승려출신 유병충劉秉忠과 요추姚樞·허형許衡 등 유가적 지식인이 그들이다. 또한 그들의 추천으로 더욱 많은 인재가 결집해 왔다.

게다가 쿠빌라이는 극심한 편애를 보이지는 않았지만 원호문元好問과 유기劉祁처럼 금왕조의 유풍을 잇는 지식인에 대해서는 새 정부에 거리를 둘 수밖에 없도록 만

원의 상도 유적지

陳高華·史衛民, 『元上都』, 中國少數民族文庫(吉林敎育出版社, 1988)

든다. 그들이 단지 금에 대한 충절을 지켰다는 것만이 아니라 그 사상과 학문이 원조성립 직전의 관계官界에서는 어울릴 전망이 없었기 때문일 것이다. 주류를 점한 것은 오히려 실무가적인 인물들로, 그들은 적극적으로 몽골 지도부의 의사형성 과정에 관여하여 자신의 정치수완을 발휘했고, 그렇게 해서 중국사회를 황폐 속에서 재건하려 했다. 북중국 인사들 입장에서 본다면 어떤 면에서는 여진인을 대신하여 몽골인을 지배자로 맞이했을 뿐이었다.

1259년에 뭉케칸은 사천을 친정하던 중에 죽었다. 그 때 하남지방을 진군중이던 쿠빌라이는 남방에서 전전轉戰하고 있던 우량카다이 군대와 연락을 취하기 위해 전진하여 악주鄂州를 포위했다. 여기서 그는 남송의 가사도賈似道와 화의를 맺고 양자강을 넘어 북으로 돌아왔다. 아우인 아릭부케阿里不哥가 칸 자리를 계승하려 한다는 동정이 전해졌기 때문이라고 한다. 신진재상인 가사도는 이 화약을 체결함으로써 남송정부에서 크게 명성을 얻었다.

1260년에 쿠빌라이는 연경을 출발하여 개평開平(도론놀, 뒤의 上都)으로 가서 쿠릴타이를 개최하고 여러 왕의 추거를 받아 칸의 자리에 올랐다. 이가 바로 원의 세조世祖로, 그는 제위와 동시에 연호를 중통中統으로 정했다. 얼마 뒤 연경에 수도를 정하고 그 곳을 대도라 칭했다. 국호를 『역경易經』의 "크구나 건원乾元"이라는 구절에서 취하여 '원元'이라고 정한 것은 1271년(至元 8)이지만 실질적인 원왕조의 발족은 쿠빌라이 즉위 이후로 보는 것이 보통이다.

중국식으로 연호와 국호를 제정한 것은 말하자면 중화왕조에 가담했음을 선언한 것이다. 당연히 북방의 몽골리아와 서북지방에는 반대세력이 생겼다. 이를 틈타 아릭부케는 재빨리 카라코룸에서 즉위했고 이후 1264년까지 남방의 쿠빌라이와 대립하게 된다. 쿠빌라이 측에서 보면 이것이 아릭부케의 난이다.

—— 金中都·元大都
----- 明清北京城

흥성궁
〔규장각위치도〕

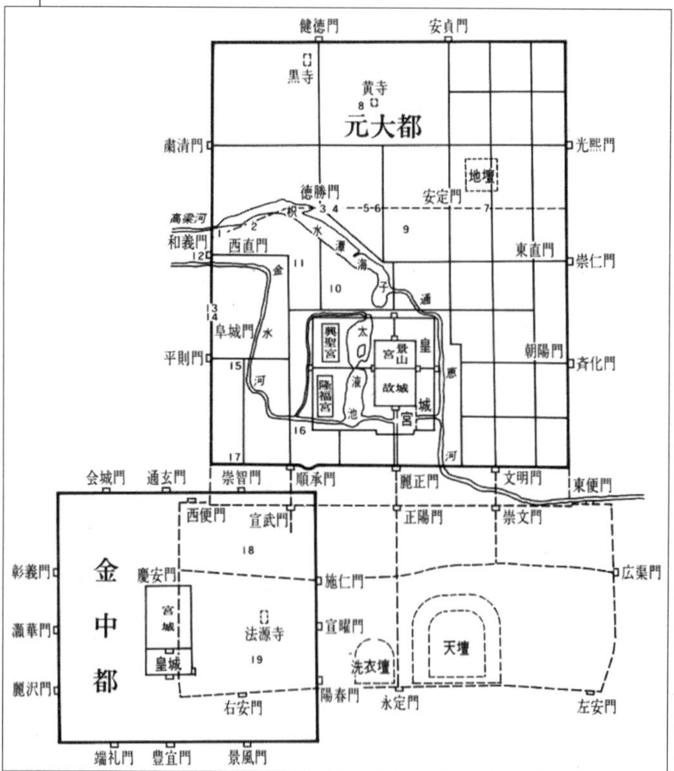

『元代奎章閣及奎章人物』

남송정복

남송의 정복과정을 보기로 하자. 쿠빌라이는 즉위 뒤에 학경郝經을 국신사國信使로 삼아 남송에 파견하여 즉위를 고하고 화의를 추진하려 했다. 그렇지만 가사도는 그를 억류하고 12년 동안이나 귀국시키지 않았다. 또한 쿠빌라이의 통제강화에 위협을 느낀 한인세후 가

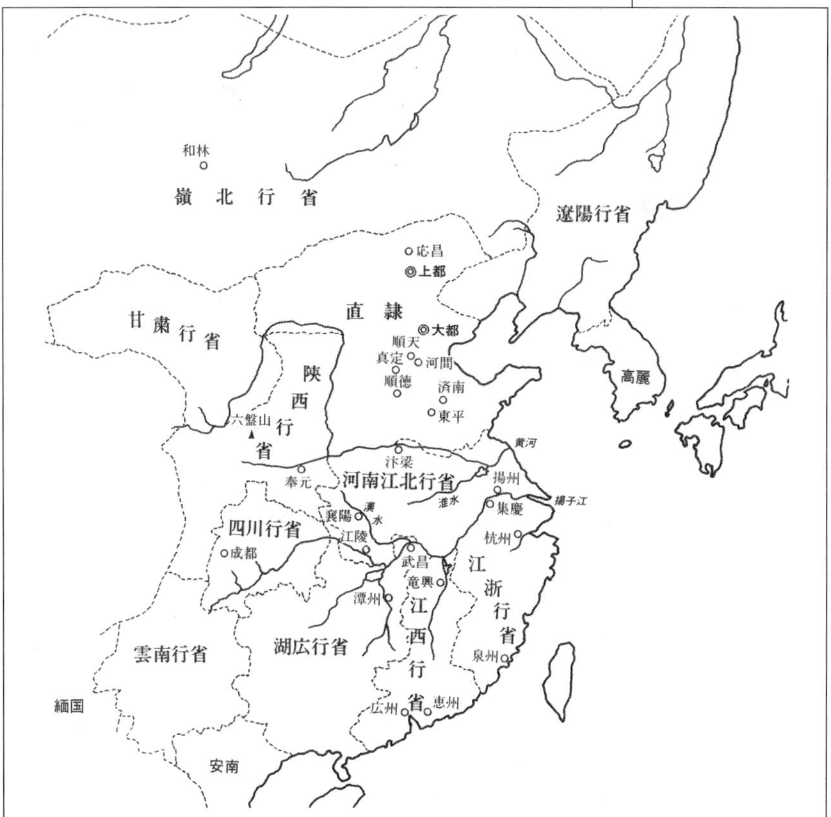

원대의 전도

운데 한 사람이던 이단은 혼란을 틈타 남송과 밀통하여 1263년(中統 4)에 공공연하게 반기를 들고, 제남濟南을 근거지로 산동의 주·현을 연합하여 독립을 꾀했다. 반란은 이윽고 진압되고 이단은 살해되었으나 이 이후 쿠빌라이는 한인세후에 대한 타협적 태도를 고쳐 그 특권적 지위를 빼앗고 주현제도에 기초한 중국경영을 시작했다.

반란이 일어났을 때 남송에서는 육지와 바다 양면으로 증원군을 파견하였으나 몽골군에게 격파되어 성공하지 못했다. 이단의 반란에 대한 진압과정은 이미 대송전쟁이 시작된 것을 의미한다.

유정劉整은 금에서 남송에 투항한 다음, 사천방면에서 몽골군과 싸워 활약한 인물인데 1261년(中統 2)에 몽골에 항복했다. 그의 이반은 남송 측에게는 큰 손실이었지만 몽골측에게는 이후의 정복활동, 특히 양양襄陽공격에 귀중한 추진력을 얻은 것이다. 양양은 몽골군이 육반산六盤山에서 한수漢水를 지나 남송의 영토로 침입하기 위해서 우선 돌파하지 않으면 안되는 군사상의 요지이다. 역사상 유명한 수년에 걸친 농성전 끝에 1273년지원 10) 양양의 우두머리 여문환呂文煥은 투항했다.

드디어 바얀伯顔을 총대장으로 하는 수륙병진의 남송공격이 개시되었다. 일찍이 양양을 구원하려다 뜻을 이루지 못한 송의 범문호范文虎도 원에 항복해 왔다. 그 사이에 아리하이야阿里海牙는 강릉江陵에서 호광지방으로 남하해서 경략했고 스루도테이宋都帶 등은 강서지방을 공략했다. 남송은 연전연패를 거듭하다가 1276년(지원 13)

초에 송의 사謝태후가 원 군대에게 항복을 통고했다. 진의중陳宜中·장세걸張世傑·육수부陸秀夫 등은 남송 도종道宗의 서자인 조시趙昰와 조병趙昺을 모시고 해로를 통해 복건에서 광동으로 도망쳤으나 1279년 애산厓山(즉 崖山)에서 벌인 해전에서 패하였고, 이 때 송왕조의 잔당도 멸망했다. 남송 최후의 재상 문천상文天祥은 원의 군대에서 탈출하여 근황군을 편성하여 강서·복건·광동을 전전했지만 다시 잡혀와 대도로 호송되었는데 여러 번에 걸친 권유를 거부하다가 1282년에 처형되었다.

원의 수군과 상인

중국 국내의 전투에서는 수군의 기동력과 수송력을 빼놓을 수 없다. 원의 군대가 남송공략에 성공한 것은 어느 면에서는 수군을 증강했기 때문이다. 소금밀매상인 혹은 해적이라 불린 주청朱淸과 장선張瑄은 원군에 협력했고 그 해군력으로 남송을 공격하는 데 크게 공헌했다. 그들은 남송궁정의 재보를 자신들의 배로 대도에 운반했고, 이후에도 매년 남중국으로부터 미곡 등의 물자를 해로를 이용하여 대도로 계속 날랐던 것이다. 그것은 남과 북이 오래도록 분단된 동안에 운하의 기능이 거의 쇠퇴했기 때문인데, 원대에 해운은 남북을 연결하는 교통운수에 극히 중요한 기능을 했다.

더구나 그들은 일본을 원정할 때 범문호의 옛 남송 수군과 함께 강남군江南軍으로서 참가하고 있었다. 일본에 대한 공격은 원에 복속한 고려군대와 협력해서 실행된 것이지만 원정이 성공하지 못한 이유는 그들이 큰 희생을 치르면서까지 이를 수행하여 얻을 수 있는 이점이 없었던 것에서도 한 원인을 찾을 수 있다.

오히려 남해방면이 중국에서는 이전부터 해외무역

마르코 폴로

의 최대관심사였고 국제상인도 원의 힘을 빌려 이 곳으로 진출하려 했다. 유라시아대륙의 동쪽 끝을 돌아서 즉 중국의 연안을 경유해서 남해로 통하는 루트가 열리기를 바란 것이다. 남송의 옛 수군은 일본원정에 참여한 다음 남방의 안남[베트남]에 파견되었으나 큰 타격을 입었다. 그러나 면국緬國[미얀마]의 복속이 이루어졌고 뒤에는 남해 여러 나라의 입공入貢도 있어서 원의 남해 여러 나라에 대한 관심은 계속되었다.

그 배경에는 국제상인의 존재가 있었음이 틀림없다. 복건의 천주泉州에 거주하는 아랍상인 포수경蒲壽庚은 송대에는 이 지역에서 해외무역에 종사하면서 시박사市舶司의 관리를 맡고 있었는데, 원조에 투항해서 강서행

색목인 관리 마르코 폴로

폴로집안은 동방무역에 종사하는 베네치아 상인이었다. 마르코의 아버지 니콜로와 숙부 마테오는 쿠빌라이를 만났을 때 로마교황에 보내는 친서를 맡았다. 1270년에 선교사 2명과 16세의 마르코를 데리고 다시 중앙아시아를 경유하여 동으로 향했다. 선교사는 도중에 전란 때문에 귀환했으나 마르코는 1274년에 상도에서 쿠빌라이를 알현했고, 아마도 이 때 교황의 친서를 전달했거나 혹은 의향을 전했을 가능성이 있다. 이후 원조의 색목인 관리로서 17년을 중국에서 보냈다. 양주(揚州)의 장관이 되었고 또 사천에서 운남으로 파견되었다. 일한국에 시집갈 왕비를 호송할 임무를 띠고 1290년에 복건의 천주를 출범, 페르시아를 경유하여 베네치아에 귀환했다. 마르코 폴로가 원에서 우대를 받은 것은 그러한 배경이 있었기 때문이다.

성참지정사江西行省參知政事, 다시 복건행성좌승福建行省左丞에 임명되어 특권적 지위를 계속 유지했다. 오르타크斡脫라 불리는 이슬람교도의 고리대상인조합이 존재한 것처럼 외국인 상인이 중국국내에서 다수 활약했고, 원정부는 해외무역을 관리하는 관청으로서 천주부 또는 그 출장기관으로서 천주부사泉州府司를 설치했다. 앞에서 소개한 주청과 장선 등도 해외무역을 행하고 있었다.

북송과 남송은 북방에서 요 혹은 금이라는 이민족 정복왕조와 대립해 왔다. 쿠빌라이칸에 이르러 중국은 몽골민족을 수장으로 하는 원에 의해 통일된다. 이 사실은 중국사의 흐름에서 보면 어떻게 평가될 수 있을까? 우선 정복왕조의 세력확대의 역사적 과정이다. 이민족 지배자들은 한인과 한문화를 통제하려고 시도했다. 그러나 억압만으로 그 지배를 계속할 수 있는 것은 아니었다. 따라서 우리들은 새로운 지배자의 의도와 중국 전통사회의 반응을 대립적으로 파악하는 것이 아니라 중국사회가 정복왕조의 시기를 거치면서 어떻게 변용되었는지에 대해서 생각하지 않으면 안된다.

□ 포수경(蒲壽庚)

남송 말기에서 원 초기에 남해무역에 활약한 무슬림의 해상세력을 대표하는 인물. 성에 해당하는 '포(蒲)'는 '부(父)'를 의미하는 아라비아어 '아브' 혹은 그 생략형인 '브'에서 유래하고, 출신은 아랍 혹은 이란계통으로 보인다.

그로부터 6대 이전의 조상인 포맹종(蒲孟宗)은 북송의 신종시기에 한림학사와 상서좌승을 역임했고 일찍부터 중국문화의 영

역자 보충설명

향을 받은 명문이었다. 아버지 포임빈(蒲任賓) 때에 천주로 이주해 와 해상무역으로 큰 상인이 되었다. 포수경 자신은 당시의 유수한 무역항이던 천주의 선박과 통상을 관장하는 제거시박(提擧市舶)에 임명되어 남송 말기에 해당하는 약 30년 동안 그 일을 수행하고 있었다.

몽골군의 공격을 피해 도망하고 있던 송조의 저항세력은 해상세력을 장악한 포수경을 끌어들이려 했다. 해군력이 약한 몽골 측에서도 포수경을 포섭하려 했다. 포수경은 남송과 몽골 양군의 공방전에서 캐스팅 보트를 쥐게 된 셈이지만, 결국 몽골 측 무슬림의 권유로 원 측으로 돌아섰다.(1277) 포수경은 그 전년에 송조가 자신의 선박과 물자를 강제징수한 것에 앙심을 품고 천주에 있던 송의 황족들을 살해했다. 이 결과 송조는 연해부에서 근거지를 잃고 끝내 멸망했다.

몽골군은 포수경을 우대하여 복건지방의 군사총독에 임명했다. 그의 통치하에서 복건지방은 공전의 활황을 보여 특히 천주에는 세계 각지의 무역선과 상인들이 모여들었고, 자이툰(Zaitun 혹은 Zeytoun, 刺桐의 의미)이라는 이름으로 서양에도 알려진 세계 굴지의 국제무역항이 되었다. 포수경은 원조의 해상진출에 상당한 영향력을 발휘해, 예를 들어 제2회 일본원정 때(1281)에는 강남(江南)에서 출발한 대함(大艦) 중 일부가 그 자신이 만든 배였다.

『中國史3-五代~元』(山川出版社, 1997), 464~465쪽 참조

라마교

라마교는 티베트불교의 속칭이다. 사카파(紅帽派)의 불교는 몽골의 황제·황후 그리고 종실의 존숭을 받았고 그 지도자는 대대로 황제의 스승(帝師)이라는 존칭을 받아 원의 종교계를 통괄했다. 초대 스승인 파스파(Hphags pa; 八思巴, 파크파라고도 한다)는 몽골신자(蒙古新字), 소위 파스파문자의 제작자이다. 상가는 라마교를 배경으로 권력을 장악했고, 티베트 승려 양련진가(楊璉眞伽)는 남송 황제의 능묘를 발굴한 것으로 악명을 날렸다. 라마승은 궁정에서 방중술 교수의 요청에 응했고 민간에서도 횡포를 부려 비난받았다. 불사조영과 승려에 대한 사여(賜與) 등 과도한 비용지출이 국가재정을 억누르는 원인의 하나가 되었다. 청대의 몽골에서 유행한 라마교는 게르파(黃帽派)이다.

3. 정복왕조의 지배체제

몽골지상주의

이제까지 원조에 의한 중국지배의 특징은 몽골지상주의로 파악되어 왔다. 그것은 몽골인·색목인·한인漢

人·남인南人의 민족별 4계급 제도로 표현된다. 먼저 정복자인 몽골인을 가장 앞에 둔다. 이어서 '색목'이란 제색목諸色目 즉 여러 종류의 사람들을 의미하는데, 주로 위구르인과 페르시아인 등 중앙아시아 사람을 가리키고, 한인은 옛 금왕조 치하의 사람들을 가리키며, 남인은 옛 남송치하의 사람들을 말한다. 몽골에 복속한 순서에 따라서 처우도 달라, 관제·세제·법제 등 여러 면에서 차별대우가 있었고, 남중국인은 가장 낮은 계층에 위치했다고 한다. 이 때문에 원대에는 몽골인이 중국에 대해 압박과 착취를 마음대로 했다고 이해되어 왔다. 그러나 이렇게 보면 중국인은 몽골지배에서 탈출하지 못하는 한 최하층에서 계속 신음하지 않으면 안되었고, 사회의 다양한 지배와 피지배 관계를 안이하게 민족관계로 해소시키는 것으로 될 수밖에 없다. 그래서 먼저 원대의 정치상황과 제도를 간단히 설명한 뒤에 다시 이 문제에 대해 생각하기로 하자.

세조가 본래 몽골의 전통에는 존재하지 않는 황태자를 세운 것은 중국의 황제제도를 배우려는 것이었다. 적자인 친킴眞金은 유가적 지식인과도 친했던 중국문화의 좋은 이해자였으나 세조가 재세중에 병사했다. 세조는 그를 대신한 황태자를 세우지 않았고, 세조가 죽은 다음에는 친킴의 셋째아들 테무르成宗가 제위를 이었다. 성종도 황태자 데소德壽를 세웠으나 그도 또한 일찍 죽었기 때문에 이윽고 제위계승을 놓고 혼란이 일어나 쿠데타 형식으로 성종의 형의 아들인 카이샨海山이 즉위했

유목세계와 농경세계의 골짜기 거용관居庸關

북경에서 서북쪽으로 61㎞에 있는 협곡의 관문. 역사상 몽골고원에서 만리장성을 넘어 북경에 침입하는 유목민족에 대한 방위거점이며 또 교역의 요지였다. 원의 황제는 매년 여름에 상도에 2~3개월 체재하고 가을에는 대도로 돌아가는 생활이었다. 거용관은 그 중간에 위치한다. 원 말기인 1343년(至正 3)에 여기에 과가탑(過街塔)이 건설되었다. 대리석 대좌(臺座) 위에 원래 불탑이 있었으나 지금은 대좌만이 남아있다. 대좌에는 티베트와 중국 혼합양식의 조각이 있고, 또 대좌를 관통하는 아치형 문 안쪽 벽면에는 산스크리트·티베트·몽골〔파스파 문자〕·위구르·탕구트(西夏)·한(漢)의 6종류 문자로 다라니(陀羅尼)와 건립유래가 새겨져 있다.

다. 무종武宗이다. 그 뒤에도 원조 1대 거치는 동안 제위 계승 분쟁은 끊이지 않았다. 이것은 몽골의 칸 자리가 중국화되는 것에 대한 반발이 몽골인 상층부 사이에 항상 존재했기 때문일 것이다. 중국화에도 철저하지 못했던 것이 원의 특질이라 할 수 있을 것이다.

원의 관제

원조에는 여전히 몽골적인 관직이 남아 있었다. 재판을 담당하는 자루구치扎魯忽赤, 문서관인 비치쿠치必闍赤, 응장鷹匠인 시바우치昔寶赤, 통역의 케리마치怯里馬赤 등 여러 가지인데, 이들은 칸 측근에서 일하는 근위대인 케식怯薛이 임명되는 경우가 많다. 지방의 로路의 장관인 다루가치도 몽골적인 관직이다. 또한 군관인 만호萬戶・천호千戶・백호百戶는 몽골의 군단편성 전통을 이은 것이다. 지방에 두어진 선위사宣慰司에 선위사도원수부宣慰司

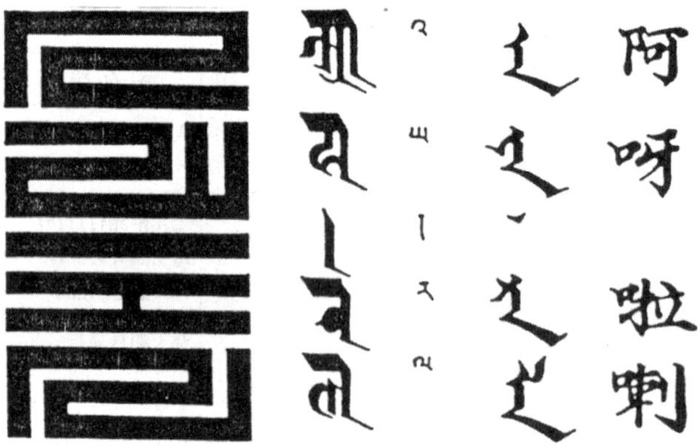

파스파 문자

왼쪽부터 파스파문자, 산스크리트문자, 티베트문자, 몽골문자, 한자
(Univ. of California Press, 1988)

都元帥府가 있는 것은 군사체제의 흔적이다. 나아가 몽골 황후·제왕과 공신에게 주어지는 소속령은 '투하投下'라 불려 지정지指定地의 백성은 일정한 공납을 바칠 것이 의무로 되었다.

원의 성립과 함께 중국적 관제가 정비되었다. 대도의 중앙정부에는 행정일반을 담당하는 중서성中書省, 군사를 담당하는 추밀원樞密院, 관리에 대한 단속(감찰)과 사법을 담당하는 어사대御史臺가 두어졌다. 중서성에는 관위가 높은 순서로 우승상右丞相·좌승상左丞相·평장정사平章政事·우승右丞·좌승左丞·참지정사參知政事가 복수로 임명된다. 이것이 재상이다.

중서성 아래 이부吏部·호부戶部·예부禮部·병부兵部·형부刑部·공부工部의 6부가 있어 직무를 분담했다. 성省·원院·대臺에 대응하는 지방의 출장관청이 행중서성行中書省(行省)·행추밀원行樞密院(行院)·행어사대行御史臺(行臺)이다. 수도인 대도와 부도副都인 상도를 포함한 중앙정부의 직할지가 직예直隷이다. 행성은 카라코룸和林路(뒤의 和寧路)을 중심으로 하는 몽골리아의 영북행성嶺北行省 이하 요양·섬서·감숙·하남(河南江北)·사천·운남·강절(처음은 江淮와 福建으로 나뉨)·강서·호광의 각 행성으로 나뉘어져, 송대의 '로' 구분보다도 넓은 관할지역을 담당했다. 현재의 지방행정구분인 성省은 원대의 행성에 기원하고 있다. 행성과 '로' 사이에 선위사를 두는 경우도 있다. 행원은 필요에 따라 두어졌지만 행대行臺에는 봉원로奉元路(長安)에 두어진 섬서행대陝西行臺와 집경로集慶路(南京)의 강남행대江南行臺가 있었다. 어사대 및 행대 아래에는 숙정염방사肅政廉訪司〔처음은 提刑按察司〕가 송대의 로 범위 정도의 담당지역을 분담하여 재판과 지방관리의 단속을 행했다.

세조는 페르시아인 아메드阿合馬와 위구르인 상가桑哥를 기용해서 국가재정을 확립하고 정복 뒤의 지배체제를 확립하려 꾀했다. 이것은 역시 몽골정권의 배후에 국제상인 세력이 존재함을 시사한다. 이것이 관제 위에 반영되었을 때의 관계를 보면, 아메드와 상가가 등장한 때에는 종래의 중서성 이외에 재정관련 관부로서 상서성을 병설하여 이 곳을 거점으로 심복들과 함께 재상집단을 형성하여 권세를 이용해 징세를 강화하는 것이다.

상서성을 둔 시기로서는 무종시기에 토쿠토脫虎脫가 권력을 잡았을 때에도 같은 수법이 채용되었다. 중앙의 6부와 지방의 행중서성이 상서성 관할하로 편성되어 상서육부 또는 행상서성行尚書省이라 칭하는 경우도 있었다.

국가재정과 세법

그러나 색목인 재상의 등장이 단순히 세조 쿠빌라이가 개인적으로 이익추구에 몰두했기 때문만으로 보는 것은 충분한 설명이 되지 못한다. 중국에서 제국적인 통치의 요청이 있었기 때문이다. 특히 송대 이후의 중국왕조는 그 체제를 안정적으로 존립시키기 위해서만으로도 엄청난 국비가 필요하였다. 원도 예외일 수 없었다. 국가재정의 최대재원은 전매제專賣制에 의한 간접세이다. 그 가운데서도 염세鹽稅수입이 중요하다. 따라서 원대의 소금생산과 유통에 관한 법률은 매우 엄했다. 하지만 그것은 반드시 통제가 완전하였음을 의미하는 것은 아니다. 밀염密鹽(私鹽)을 매매하는 것은 통제가 엄했기 때문에 오히려 이익이 많은 장사였다.

또한 교초交鈔라고 하는 지폐가 널리 유통된 것도 민간에서의 활발한 경제활동과 정부의 경제정책에 대한 신뢰에 힘입은 것이다. 처음 중통초中統鈔가 발행되었으나 뒤에 다시 지원초至元鈔 또는 지대은초至大銀鈔가 발행되었다. 지대은초는 길게 가지는 못했지만 새 지폐의 발행이 바로 상가가 전권을 잡던 시기와 무종 때에 모두 신설된 상서성에 의한 정책이었음은 주목해야 할 것이다.

중국왕조로서의 원조는 특히 그 초기에는 종전과 같은 중국 지배방식에 의하지 않고 임시적으로 징세를 청부하거나 때로는 위압적인 방법으로 임한 일도 있었다. 즉 아메드 전권시대에는 그 친족과 심복들을 자주 징세청부인으로 임명하여 강경한 자세로 징세를 실행하려 했다.

북중국의 세법은 세량稅糧·과차科差라고 하여 호를 단위로 징수하는 것이 원칙이다. 또한 일반민호 이외에 군호軍戶·참호站戶·장호匠戶·유호儒戶·의호醫戶·응방호鷹房戶 등의 직업별 '제색호계諸色戶計'에 따라서 국가에 대한 요역부담이 정해졌다. 상가 전권시대에도 역시 특임特任관리에 맡겨 회계검사(理算)를 실시하여 여러 해 동안

설치 및 폐지 시기	권력자	조직의 개칭	주요시책
1269(世祖・至元 6)년 정월 1272(世祖・至元 9)년 정월	아메드 (阿合馬)	行尙書省 尙書六部	인구조사(1270)
1287(世祖・至元 24)년 윤2월 1291(世祖・至元 28)년 정월	상가 (桑哥)	行尙書省 尙書六部	「至元鈔」 발행(1287) 토지조사(1287) 인구조사(1290)
1309(武宗・至大 2)년 8월 1311(武宗・至大 4)년 정월	토쿠토 (脫虎脫)	行尙書省	至大銀鈔 발행(1309)

상서성의 설치

에 체납된 세를 징발하려 했다. 그 때문에 토지대장을 정비〔이를 括勘이라 함〕하고 인구조사〔抄數〕를 행했다. '괄감'도 '초수'도 반드시 엄밀하게 행해진 것은 아니고 형식적인 조사로 흐른 부분이 있었으나, 이는 지방관리에 대해 청부한 세액을 확정하는 데에 의미가 있었던 것 같다.

이 과정에서 남중국에 대한 세제로는 송대의 양세법이 답습되어 적용되었고, 남송 말기에 가사도가 절서浙西지방에서 창설한 공전이 원대에도 관전으로서 이어져 명대의 소주와 상해지방에서 중세重稅문제의 복선을 이루었다. 게다가 토지와 인구를 기준으로 과세를 강화하는 정책은 상가가 실각한 뒤에도 이어져 그 뒤 원조의 세제에 큰 영향을 남겼다.

중국의 북과 남에서 세제방식이 다르다는 것은 통일국가로서는 상당히 특수한 부분이다. 이것은 앞의 시대, 즉 금・남송의 서로 다른 역사적 상황을 일거에 극복할 수 없었음을 의미하는 것으로 생각된다. 남중국에서는 '제색호계'의 제도도 도입되기는 했지만 대토지 소유가 상당히 진전되었기 때문에 호를 단위로 징세하는 데에 저항이 있었다. 그래서 일정한 호수를 묶어 집합체로 만든 다음 거기에 일정액의 세를 부과하는 방법을 취하지 않을 수 없었다.

역자 보충설명

□ 원조의 재무관료
–아메드(Ahmad Fenaketi, ?~1282)와 상가(Sanga, ~1291)

서역의 시르다리야 부근 페나켓(Fenaket) 출신인 아메드는 처음 옹기라트 부족의 총책임자인 알치(按陳, Al-chi)가문을 섬기다가, 알치의 딸 차비르(察必, Chabir, 貞懿皇后)가 궁중에 들어간 뒤부터 세조[쿠빌라이]에게 인정받게 되었다. 1262년(中統 3)에 중서성좌우부겸제로도전운사(中書省左右部兼諸路都轉運使)에 등용되어 재무관련의 요직에 취임하였다. 1264년(至元 1)에 중서성평장정사(中書省平章政事; 정원 4인으로 右丞相, 左丞相과 함께 재상에 해당)가 되었고, 이어 재무를 관할하기 위해 1266년 제국용사사(制國用使司)를 상서성(尙書省)으로 승격시킨 다음 그 책임자가 되었는데, 이후 재무관청의 권한은 재상을 넘어서 정부를 좌우하게 되었다. 세조의 신임이 이처럼 두터웠던 것은 당시의 원조가 국가 초창기였고, 또 밖으로 매해 카이두와 전쟁을 벌이는 속에서 전비조달이 급선무였기 때문인데, 이 요망에 그가 뛰어난 수완으로 응할 수 있었던 결과이기도 했다. 즉 일찍부터 철제농기를 전매하고, 염법(鹽法)을 정비하고, 은광을 개발해 세입의 증가를 꾀하는 한편 국비절감에도 노력해 국가재정의 안정을 확보했다. 특히 1270년(至元 7)의 호구조사로 만들어진 소위 '지원7년 호적'은 그 때까지 있어왔던 호적들의 불비함을 고쳐 이후 길게 세역(稅役)을 부과하는 기준을 제공하였다. 그러나 증세를 꾀한 경제정책, 특히 중상주의정책은 서역상인과의 제휴를 강화한 반면 중국의 전통적 정책과 마찰을 빚었다. 특히 서역인 도당을 기용하고 농민에 대한 가렴주구를 일삼은 점에 비난이 일었다. 정부 내에 그의 도당은 7백여 인, 지방 각급 행정단위의 장관에도 일족 등을 배치해 사복을 채우고 가렴주구를 강행했다. 이것은 전국에 2백여 곳이 넘는 신설된 징세관청을 매개로 추진되었다. 1282년 마침내 한인인 왕저(王著)·고화상(高和尙)에게 암살되었고, 그 일족의 다수도 처형되거나 실각했다.

한편 위구르인인 상가는 처음은 라마승이었으나 여러 외국어에 능통한 관계로 '서번역사(西番譯史)'에 임명되었다. 세조의 신임을 얻어 지원(1264~94) 초년에 총제원사(總制院使, 뒤에 총제원은 宣政院이라 개칭됨)로서 불교를 관할했고 아울러 티베트에 관련된 업무도 총괄했다. 1287년에 중앙의 관제가 개정되어 상서성이 최고관청이 되자 그 평장정사(平章政事)에 임명됐다. 그는 재정수완을 발휘하여 먼저 교초(交鈔)제도를 고쳐 중통초(中統鈔) 이외에 지원보초(至元寶鈔)를 발행했다. 이 무렵 세조는 대외 적극책을 펴고 있었기 때문에 그의 수완을 점점 높이 평가해서 상서우승상(尙書右丞相)에 임명했다.

이렇게 해서 상가는 권력을 수중에 넣자 1289년(지원 26) 국고 부족을 메우기 위해 증세를 단행했는데, 이것이 민심을 불안에 빠트리게 했다. 그는 일련의 재정강화책을 시행함에 있어 반대파를 음모로 물리친 뒤 사당(私黨)을 만들고, 또 관작을 팔기도 했다. 이 때문에 점차 그를 탄핵하는 자가 나오게 됐고 마침내 세조의 신임을 잃어 살해되었다. 이 같은 그의 전횡이 수년에 걸쳐 용인됐던 것 역시 카이두와의 전투, 고려·일본·베트남 등 대규모의 원정사업에 드는 군사비의 재원을 얻기 위해서였다. 이를 위해 세조는 지원 초부터 아메드·노세영(盧世英)·상가 등 연이어 재정가를 임용해 이해득실을 따지지 않고 오로지 국고 수입의 증가를 꾀했던 것이다.〔『アジア歷史事典』 제1권·제4권(平凡社, 1967) 참조〕

□ 원대 통화정책의 특수성

이 문제를 위해서는 원이 직접 속령으로 삼은 중국 권역〔漢地와 江南〕과 그 바깥쪽에 있는 몽골세계제국 권역으로 나누어 생각해 볼 필요가 있다. 먼저 바깥쪽에서도 서아시아의 이슬람세계에서는 고액 결제수단인 금·은의 유통이 선진적으로 시행되고 있었다. 그 곳에서는 고대부터 세계에서 가장 많은 금·은을 보유하였으며, 이 금·은 양본위제(兩本位制) 아래서 오랫동안 금1 대 은13.3이라는 비가(比價)를 유지했고, 13세기의 바그다드를 중심으로 하는 동이슬람권에서도 마찬가지였다. 이 서아시아는 10세기부터 약 2백 년간 삼림이 고갈되어 생산이 떨어지고 수입이 늘어나, 은이 유출되어 은 부족사태에 시달렸다.

북송시대에 1 대 6 내지 1, 대 8이던 중국의 금·은 비가가 남송대가 되어 1 대 13으로 서아시아의 그것에 근접했고, 은과 동전의 관계는 은 1량이 동전 2천3백 문(文)에 상당했다. 서아시아에서의 은 수요를 생각하면 원조 치하의 중국, 특히 한지(漢地)의 은은 서방에 유출되었다고 보아도 좋다. 몽골 지배층의 금융 업무를 도맡은 서역상인의 활동은 이러한 금·은의 흐름과 깊은 관계를 갖고 있었다.

태종에서 세조[쿠빌라이]에 걸쳐 중국통치와 군사비 문제에 직면한 몽골은 세금체계를 정비하는 한편 송과 금왕조에서 이미 발달한 지폐에 주목하여 거의 지폐만에 의지하는 통화정책을 추진했다. 1236년에 한지를 대상으로 연 50만 관의 교초를 발행했고, 세조가 즉위하는 1260년에는 '중통원보교초(中統元寶交鈔)' 약칭해서 '중통초(中統鈔)'를 3백 50만 관 발행했다. 이 지폐는 은 1량(兩)으로 환산되는 액면가 2관문(貫文)을 비롯해 1관문·5백 문·3백 문·2백 문·1백 문·50문·30문·20문·10문 등 열 종류가 있었다. 동전단위로 표시된 점에서 동전을 보조하는 화폐로 삼을 생각이었으나 일단은 통화부족을 타파할 목적이었던 것 같았다. 즉 원래 중국왕조에서 동전발행은 국가의 대사업으로 특히 동재(銅材)를 확보하는 것이 절대조건이었으나[당에서는 동전 1문을 발행하는 데 2문의 경비 소요], 금대 이후 한지에서는 남송과의 무역으로 남방에 동전이 유출되어 통화부족이 이어졌고, 이로써 한지 전역에 교초가 실시된 것으로 보인다.

그러나 중통초가 발행된 당초는 중앙에 은이 준비되어 있어, 은과의 비가를 고려하면서 이후 15년 간은 연간 발행액을 350만 관으로 유지하여 교초의 신용은 '금·은보다 높다'고까지 했다. '포은(包銀)'의 징수가 연간 3백만 관 정도였다는 당시의 사정이 이 지폐의 높은 신용을 유지시켰고 납세 때에도 통화로 이용되었다. 또 교초는 정부에 의한 여러 장려책, 예를 들어 공정비가의 보증, 금·은과의 자유로운 교환 보증에 힘입어 정부의 예상을 넘는 민간의 신용을 획득했고, 이로써 확신을 얻은 정부도 동전본위제의 의도를 버리고 지원 원년(1264)경에는 드디어 교초만에 의한 지폐 단독의 통화정책을 확립시켰다.

그러나 지폐에는 자칫 남발의 우려가 있었고 원대에는 그 같은 우려가 그대로 현실로 나타났다. 즉 제1회 중통초의 발행액 3백 50만 관은 이미 북송 평시의 교자 발행액(125~250만 관)을 넘어섰고, 이후 증가 일로에 있다가 강남을 합병한 1276년(지원 13)에는 7천만 관, 이후 10년간 평균 연 6천만 관으로 급증했다. 이것은 강남에서도 중통초를 유포시키기 위해서였으며, 이 때문에 원조는 강남에서 동전의 통용을 금하는 한편 이를 강제로 몰수했다. 단 다행히 이 정도의 증가는 남송의 인구와 경제력 등을 고려할 때 아직 큰 문제가 되지는 않았던 것처럼 보인다. 그러나 이 속에서 원의 교초는 송·금과 같은 '계(界: 통용기간)'를 설정하지 않았고, 따라서 연말에 발행액이 계속 누적됐다. 수량에 제한 없이 발행되기 시작한 '중통초'의 가치는 이미 1287년(지원 24)에는 1/5로 하락했다. 이로써 이 해에 그 대책으로 '지원초(至元鈔)'라는 새 지폐를 발행하여, 그 1관에 '중통초' 5관의 가치를 부여했다. 잠시 후 재정재건에 착수한 무종은 원조에서 처음으로 두 종류의 동전 '대원통보(大元通寶)'와 '지대통보(至大通寶)'를 만들어 인플레이션을 흡수하려 했으나, 한편으로 1310년에는 그 직전의 7배에나 달하는 지원초가 발행됐다.

『中國史3-五代~元』(山川出版社, 1997), 494~496쪽 참조.

4. 원조치하의 한인사회

세조시기의 당쟁

『원사』 간신전에는 세조시기의 간악한 대신으로 아메드·노세영盧世榮·상가를 들고 있다. 노세영은 상가에 의해 재상에 추대된 자이므로 결국은 아메드와 상가 2인의 색목인 재상과 그 반대파가 정부 내부에서 당쟁을 전개했다고 보인다. 상가가 실각하여 살해된 뒤 1291년

(지원 28)에 원조 최초의 법전으로 공포된 『지원신격至元新格』은 무단주의武斷主義를 배격하고 노선을 수정한 신체제의 정치방침을 표현한 것으로 상서성의 폐지 및 제형안찰사提刑按察司를 숙정렴방사肅政廉訪司로 개칭한 것과 어울려 그 뒤의 원조정치의 모범이 된 것으로 보인다.

서리와 사대부

원대의 정치는 실제로는 어떠한 사람들에 의해서 움직여졌는가? 또 그 정치에는 어떠한 특징이 존재하는 것일까. 이제까지는 다음과 같이 논의되어 왔다. 몽골인은 중국문화에 대한 이해가 얕았기 때문에 사대부 계층을 중용하지 않았다. 반대로 그 때까지 관계나 세간에서도 한 단계 낮게 취급되어 온 하급서리를 편리하게 이용했고, 그 때문에 서리가 뇌물을 요구하는 등 악행을 부리는 일이 많았다. 실업상태에 빠진 사대부들은 그 재능의 분출구를 서민적 예술인 원곡元曲에서 찾았다.

하지만 과연 그랬을까? 거기에는 원대 사회에 대한 유가적 지식인들의 불평불만 등 마이너스적인 평가가 배경에 있는 것 같다. 사회계층을 10등급으로 나누어 '1관官, 2리吏' 이하 마지막에서 두번째에 유사儒士가 놓이는 '구유십면九儒十丐(丐은 '구걸인')'이라는 속언은 세상의 정황을 어느 정도는 반영하고 있다 해도 그대로 역사적 사실로 받아들여서는 안될 것이다.

단지 원대에는 이재吏才라고 하는 행정의 실무적 능

력이 중시되거나 '유리겸통儒吏兼通'으로서 단순히 유학적 교양만이 아니라 '이재'도 아울러 갖춘 인물이 환영받는 경향은 있었다. 따라서 서리가 이전보다 더 많은 주목을 받은 시대였음은 틀림없다. 그러나 이러한 경향도 송대와 금대의 정치와 사회 속에서 이미 만들어진 기풍을 이은 것이었다. 원조는 정복왕조라고는 해도 정복자가 무엇이든 마음대로 할 수 있는 왕조는 아니었다. 오히려 법률만능적인 사회풍조 속에서 실무주의에 뒷받침되어 정치가 운영되었다. 관청문서를 너무 빈번하게 주고받는 식의 형식주의로 흐른 부분이 있다고는 해도 그러한 중국적 실무주의가 실제로는 정복왕조의 정치를 무원칙과 무질서로부터 구해낸 측면이 있을 것이다.

원대에는 당률唐律과 명률明律과 같은 왕조 독자의 율령은 제정되지 않았지만 관료들 사이의 율학律學, 서리들 사이의 이학吏學, 민간인 사이의 송학訟學 등 법률에 대한 사회적 관심은 매우 높아 독특한 형식의 법령·판례집인 『원전장元典章』과 『통제조격通制條格』을 만들어냈다. 또한 관청용어와 법률용어를 평이하게 해설한 『이학지남吏學指南』이라는 책은 서리를 위한 입문용 텍스트로 알려져 있다.

몽골인 및 색목인 우선과 서리의 등용으로 사대부계층이 중앙정부에서 활약할 여지는 상대적으로 제한되었고 관리로의 임용기회도 축소된 것은 분명하다. 그것이 유가적 지식인에게 불만이었음은 틀림없지만 동시에 고정화되기 쉬운 사대부적인 관료사회에 대해 강

중국
천문학의 꽃 수시력

세조 재위중인 1276년(지원 13)부터 5년간의 정밀한 천문관측에 기초하여 1281년에 일단 완성되었다. 1286년에 보정도 가해져 개력(改曆)사업을 완료하였다. 허형(許衡)·왕순(王恂)·곽수경(郭守敬) 등 태사원(太史院) 관리들에 의해 이루어진 것이었으나 중심은 과학자로서 저명한 곽수경이다. 1년의 길이를 365.2425일로 보는 것은 현재의 그레고리력과 마찬가지이다. 명대의 대통력(大統曆)도 수시력을 거의 답습한 것이기 때문에 중국사상 가장 길게 사용된 우수한 달력이다.

한 자극을 주는 효과도 가져왔다.

거슬러 올라가 생각해 보면 태종 우구데이칸 10년째인 1238년에 야율초재의 제창으로 유사儒士를 대상으로 하는 시험이 실시되었다. 이 '무술戊戌의 선시選試'는 금대의 과거, 특히 그 주류를 이룬 사부과詞賦科 시험을 모방해 치러졌기 때문에 합격자의 대부분은 옛 금왕조의 영역에 있던 한인·여진인·거란인 지식인이었다. 대략 4천 명의 합격자는 뒤에 유호儒戶로서 인정되어 요역면제의 특권이 주어졌다. 그러나 이 시험은 전쟁으로 인한 혼란을 수습할 목적으로 행해졌다고 보여 항상적인 제도는 되지 않았다. 뒤에 성립한 원조가 당분간 과거를 실시하지 않았던 것은 금왕조 풍의 지식인을 그리 존중하지 않고 오히려 율학과 이학을 배경으로 하는 실무적 관인을 필요로 했기 때문이다.

남송의 유민들

한편 남송시기에 지방관이었던 자들 가운데는 사령장만 바꾸어 원대에도 이어서 지방관의 자리에 남은 자도 많았다고 보인다. 모두가 절개를 굽히지 않고 이민족 왕조를 섬길 것을 꺼린 문천상과 같은 자들은 아니었던 것이다. 포수경에 대해서는 앞서 언급하였다. 문천상의 아우인 문벽文璧의 경우도 남송의 지혜주知惠州로 있다가 원대에도 같은 지위에 해당하는 혜주로惠州路 총관에 임명되었다.

방회

방회(1227~1307)는 휘주(徽州)사람으로 남송 말기 아직 무명시절에 「매화백영(梅花百詠)」이라는 시를 지어 재상 가사도에 아부하여 출세의 실마리를 잡았다. 이윽고 정부 내에서 가사도가 비난을 받자 이번에는 가사도를 처형해야 한다고 상주했고 때마침 가사도가 죽어 다행히 엄주(嚴州)의 지사로 임명되었다. 몽골군의 공세가 강화되자 국토를 사수하라는 태도를 취하여 매우 위세가 강했다. 그러던 어느 날 그는 돌연 자취를 감추어버렸다. 찾아보아도 발견되지 않았다. "지사님은 분명히 자신의 말을 지켜서 죽으신 걸 거야" 고 사람들은 서로 말했다. 하지만 그는 30리나 떨어진 곳에 몽골군을 맞이하러 나가 항복한 뒤 몽골식 복장으로 말에 올라 의기양양하게 돌아왔다. 그리고 이전과 다름없이 그 곳 지사에 임명되었다. 같은 세대로서 원조에 출사하지 않았던 주밀(周密: 1232~98)이 행한 그에 대한 비판은 매우 혹독하다.

남송의 과거합격자 가운데서도 신왕조에 임관되는 경우는 많다. 오히려 유능한 인재에 대해서는 적극적으로 출사하라는 권유가 있었다. 남송의 명사 유몽염留夢炎과 정거부程鉅夫는 그러한 권유를 몸소 행한 사람으로 알려져 있다. 그들의 입장에서 본다면 남인南人을 지방관과 학교의 관官으로 다수 등용함으로써 이민족 왕조 치하에 있으면서 실질적으로 중국의 남북통일과 융합을 꾀하려 했던 것이다. 사방득謝枋得처럼 대도로 끌려갔어도 관리로 될 것을 거부하다가 마침내 단식하여 죽은 자가 있는가 하면 오징吳澄처럼 정치가 내지 유력자와 교제를 넓혀 강남의 대유학자로서 높은 명성을 얻은 자도 있었다.

관리임명에는 케식怯薛〔황제측근의 宿衛〕 출신자를 임명하는 이외에 추천·연납捐納〔미곡과 금품을 헌상〕·서리로부터의 승진 등 다양한 방법이 있었지만 그것이 비교적 너무 쉽게 이루어졌기 때문에 명목뿐인 관리가 증가하는 '용관冗官'현상을 만들거나 호민豪民이 관위를 얻어 특권화되는 일도 종종 있었다. 앞에서 본 주청과 장선은 교양이 부족하고 벼락출세한 도적출신이다. 그밖에 지주와 상인 가운데에는 정복 후의 혼란기에 신왕조에 협력하거나 헌금을 통하여 세력을 확장하는 자가 많이 출현했다. 이러한 자가 '관호세요官豪勢要'로 칭해져 종종 권세를 배경으로 지역사회에서 물의를 일으킨 것이다.

실제로 새로운 계층의 등장에는 문제가 없지 않았다. 그것은 사회적으로 새 바람을 불러일으킴과 동시에 뇌물의 횡행 등 부패를 낳을 우려가 있었기 때문이다.

역사적으로 말하면 본래 급료없이 수수료로 살아가는 경우가 많았던 서리는 뇌물정치에 휘말릴 위험을 항상 갖고 있었다. 또한 호민중에는 서리가 되어 행정상에서 자기의 이익을 꾀하는 자도 있었다.

원대 관료의 실태

그런데 원대에는 의외로 관위를 세습하는 경향이 강했다. 관리로서의 지위는 은음恩蔭제도를 통하여 아버지에서 아들로 이어져 간다. 행성의 재상급인 자와 선위사, '로'의 총관 등 3품 이상 지방관의 경우라면 그 아들에게는 먼저 7품 혹은 8품관이 주어졌다. 주·현관의 세습폐지와 중앙관청에 의한 인사감독 및 인사이동(遷轉)이 제안되는 경우가 있었지만 좀처럼 잘 시행되지는 못했다. 도리어 행성관 등의 지방관이 각 지역에서 혈연·지연 관계를 이용해 지방정치에 폐해를 입히는 사례가 두드러졌다.

세조 쿠빌라이를 이은 성종 테무르 시기가 되면 뇌물수수(贓罪)의 적발이 크게 증가한다. 그러한 때에 전형적인 벼락출세자로 호민이었던 주청과 장선, 그리고 강서행성참지정사江西行省參知政事였던 호이손胡頤孫을 체포해 주살하는 일이 생겼다. 호이손의 경우는 그가 기도한 살인사건이 발각되었기 때문이지만, 주청과 장선의 경우는 뒤에 자손의 명예회복이 이루어진 점으로 보아 분명히 원죄冤罪로 보인다. 너무나 성장해 버린 그들 세력이 위험시되었고, 또 중앙정부 내부의 황후파 관료가 이 '말살'사건을 정치적으로 이용한 부분이 있었다. 봉사선무奉使宣撫라는 지방정치 감독을 위한 특사가 전국에 파견되어 불량관리의 대량적발과 원죄해결을 맡은 것도 바로 그 무렵이었다. 전체적으로 무려 1만 8천 명 남짓한 관리가 파면되었다.

용관정리를 위해서는 마침 좋은 기회였지만 그 자리를 메우기 위해서 상당히 많은 지방관이 필요했다. 하지만 이제는 지방관으로 적당한 인재가 부족해진 것이다. 원조로서는 강남을 정복한 뒤 현지 유력자와 호민을 관리로 기용하는 방식으로 그들의 재지세력으로서의 특권을 인정하여, 말하자면 상호 의존에 의해 정치적 안정을 꾀해 온 것이지만 서서히 그 전기가 찾아오고 있었다. 딱 한 세대의 시간을 경과해서 그들 호민의 자제가 임관될 연령에 다다른 것이다. 지방호민의 특권적 지위를 세습시킬 것을 공공연하게 인정할 것인지 아닌지의 판단이 요구되고 있었다.

과거의 재개

무종 4년간의 재위기간에는 토쿠토 등 상서성 관료에 의한 혼란이 있었으나 그 뒤 인종仁宗이 즉위하자 돌연 과거를 재개하라는 소리가 높아졌다. 원조가 과거를 실시하지 않았던 것은 몽골인이 중국인 지식인을 존중하지 않았기 때문이며, 따라서 그것이 재개된 것은 사대부 계층의 열망에 비로소 원조가 응한 것이라는 설명이 일반적이었다. 물론 유가적 지식인이 이를 환영한 것은 틀림없으나 앞서 본대로 지방관으로서 유능하고 질 좋은 인재를 얻기 위하여 이 중국전통의 관료등용제도가 지닌 이익을 재인식한 점에도 과거재개의 의의는 있을 것이다. 관리의 수요에 대응하고, 또 관리의 현지임용이 가져오는 폐해를 제거하려 한 것이다.

남송 최후기인 1274년(咸淳 10) 이래로 41년간의 공백을 깨고 과거는 재개되었다. 북중국의 경우는 1230년(金 正大 7) 이래의 일이다. 1314년(延祐 1)에는 전국각지에서 향시鄕試가 시행되어 3백 명을 합격시켰다. 이 합격자를 거인擧人이라 하고 몽골인·색목인·한인·남인의 정원은 각각 75인으로 정해졌다. 다음해에 중앙의 예부에서 실시된 회시會試에서는 1백 명을 합격시킨다. 이 때의 몽골인·색목인·한인·남인의 정원은 각각 25인이었다. 다시 전시殿試에서 최종서열이 결정되는데, 실제로는 진사급제進士及第·진사출신進士出身·동진사출신同進士出身의 56인이 최종적으로 합격했다.

1백 명을 채우지 못했던 것은 몽골인과 색목인의 정수를 채우지 않았기 때문으로 보인다. 그들은 학관學官과 지방관에 우선 임명되었다. 이 제1회 합격자 가운데는 마조상馬祖常·장기암張起巖·허유인許有仁·황진黃溍·구양현歐陽玄 등과 같은 저명한 학자·정치가가 포함되었다. 또한 회시에 합격하지 못한 거인에게도 은전이 주어졌다. 지방학교 즉 노학路學·부학府學·주학州學·현학縣學 등의 학정學正·교수敎授·조교助敎 등의 자리를 부여했고 다시 그 가운데는 뒤에 지방관으로 옮긴 자도 있었다.

과거시험은 몽골인·색목인과 한인·남인으로 내용과 정도를 달리했다. 예를 들면 경의經義에 대한 시험에서는 한인·남인에게는 사서와 오경이 부과되었으나 몽골인·색목인에 대해서는 사서뿐이었다. 상술한 4개의 범주로 등분된 정원은 문화의 정도가 높고 응모자가 넘치는 남인층에게는 대단한 난관으로 작용했을 것이다. 우수한 지방관을 구하면서 이를 완전히 평등하게는 다루지 않고, 특히 남인세력을 경계하여 한정적으로 문호를 개방한 데에 정복왕조다운 면이 보인다.

중서성과 어사대 등의 중앙관청에 남인이 채용되는 일은 적었다. 관청의 장관에는 몽골인, 그렇지 않으면 색목인을 임명하는 것이 보통이었다. 그러나 중국인에게 나아가 남인에게 관리의 길이 막혀 있던 것은 아니었다. 지방관과 학관에는 당연히 한인과 남인이 진출했고, 그 가운데는 몽골이름을 쓰면서까지 몽골인이 본래 취임해야 할 다루가치의 자리에 취임하는 자조차 있었다.

소수였던 지배자 몽골인이 중국을 지배하는 데에는 어쩔 수 없이 중국의 남북에서 지배방식을 바꾸거나 지역실정에 맞추어 행정관의 재량에 맡기거나 하여 타협적으로 불철저함을 묵인할 수밖에 없었다. 다만 그래도 원조는 가능한 한 정복왕조로서의 원칙을 지키면서 행정적인 대응을 놓고서 시행착오를 되풀이한 것이다. 결과로서는 성공했다고 말할 수 없을지 모르지만, 그것을 가지고 원대를 혼미하기만 한 예외적인 시대로 생각할 필요도 없을 것이다. 이민족 정권 아래서의 호민의 존재는 좋건 싫건 남중국 사회에 활기를 주었고, 정복왕조의 출현 그 자체가 중국사회에 대해 엄하기는 했어도 신선한 자극을 준 측면이 있다고 생각되기 때문이다.

5. 원조 말의 반란

강남의 여러 반란

원군이 남송을 멸망시키고 그 잔당을 애산厓山에서 소탕한 뒤에도 종종 강남에서 원에 대한 반란이 일어났다. 이들 반란중에는 반원의 기치를 내건 자도 있었다. 세조 쿠빌라이의 시기에는 강회·복건·강서·호광 등의 여러 행성에서 반란이 빈발했는데 특히 눈에 띄는 것은 소수민족의 반란이다. 여족畬族은 절강·복건·강서·광동 방면에 널리 분포하는 요족瑤族계통의 민족으로 진조안陳吊眼·황화黃華·종명량鍾明亮 등은 반란자의 대표적인 인물이다.

진조안은 원의 일본공격 무렵에 복건 남부에서 활동하고 있었다. 원군이 결국 일본원정을 단념한 이유의

원말의 반란요도

하나는 진조안의 반란을 진압하는 데 겨를이 없었기 때문이라고 한다. 황화는 원군을 도와 진조안 토벌에 참가했으나 뒤에는 복건 북부에서 반란을 일으켰다. 복건에서 강서방면에 걸쳐 활동하면서 원군이 마지막까지 토벌하지 못한 종명량은 여족의 대수령으로 보인다.

그밖에 호남과 광서방면에서의 반란도 있었는데 이들 소수민족이 반란을 일으킨 배경에는 남송정부 치하에서의 보호적인 대우, 예를 들면 군관의 직함을 주어 편의를 꾀하는 등의 조치가 철폐되어 그 생활에 불안이 있었기 때문임이 틀림없다. 뒤에는 원정부가 강남에 대해서 비교적 완만한 태도로 임하는 한 큰 반란으로는 발전하지 않았다. 그러나 불씨는 항상 남아 있었다고 해야 할 것이다.

홍건적

원의 말기에는 초기와 같은 소수민족의 반란이라는 형식을 취하는 자들은 적었다. 오히려 소금밀매상인(鹽徒: 鹽賊)과 백련교白蓮教 등의 종교색을 띤 자가 다수 등장하게 된다. 원초에 여족 황화가 소금운반인(鹽夫)을 규합하여 두타군頭陀軍(두타는 탁발승을 의미)이라고 칭한 것 같은 소수민족이 일찍이 갖고 있던 사회적·종교적 기반은 원 말기에 이르러 민족의 범주를 넘어선 다른 결집방식으로 일반화해 갔기 때문일 것이다.

순제順帝 때인 1344년(지정 4)에 황하의 둑이 붕괴되었다. 그 무렵 황하는 현재의 물길과는 달리 개봉開封에서 동남으로 흘러 운하와 평행선을 달리다가 회하로 흘러 들어갔다. 그 때문에 산동의 제남濟南과 하북의 하간河間을 중심으로 운하가 파괴되어 대재해가 발생했다. 다시 다음해에는 설상가상으로 한해가 발생하여 역병

이 크게 유행했다. 황하의 제방 수복공사가 가로賈魯에 의해 실시되었는데 1351년(지정 11)에 17만의 병사와 민간이 동원되어 불과 5개월로 황하치수에 성공했다. 그러나 원조는 재해피해 이외에도 공사가 끝난 뒤의 노동자 실업과 반란빈발에 시달리게 된다. 재정적으로도 점점 긴박해져 1351년에 지정통보전至正通寶錢이라는 동전과 지정교초至正交鈔라는 지폐를 새로 발행했으나 이것은 국내경제를 혼란에 빠트릴 뿐이었다.

이러한 상황 아래서 1351년에 한산동韓山童과 유복통劉福通이 하남의 영주潁州에서 반란을 일으켰다. 한산동은 '미륵하생彌勒下生'을 예언하는 백련회라는 비밀결사의 교주로, 스스로 송 휘종의 8세손이라 거짓으로 칭하여 송왕조의 부흥을 기치로 삼았다. 이를 홍건적紅巾賊이라 한다. 이러한 미륵교 계통 비밀결사의 역사는 꽤 오래되었고, 남송 때에 일어난 백련교와 합류해서 원 말기의 반란중에서도 초기의 것으로는 그 영향이 강했다. 한산동은 이윽고 체포되었고 그 아들 한림아韓林兒가 뒤를 이었다. 역시 1351년에는 지마리芝麻李가 회남의 서주徐州에서 봉기했고, 서수휘徐壽輝는 호북의 기주蘄州에서 봉기하여 천완국天完國 황제를 자칭했다. 다시 포왕삼布王三이 하남의 남양방면에서, 다음해 초에는 맹해마孟海馬가 호북의 양양방면에서 봉기했다. 부유한 상인인 곽자흥郭子興은 한림아를 받들어 회하 연안인 호주濠州에서 봉기하는데 빈농출신인 주원장朱元璋도 처음은 곽자흥 군대에 가담하고 있었다. 모두 홍건군 계통이며 그 세력은 강서와 복건방면에도 파급되었다.

원왕조 말의 군웅

또 백련교 계통 이외의 자료서는 태주台州의 해운업자로 소금밀매로 거부를 얻은 방국진方國珍이 반란을 일으켰다. 정부는 군사적 압박에 실패하자 해운이 남방으로부터의 보급선으로 매우 중요하다는 사실과 다른 반란세력과 연계될 것을 경계해서 방국진 세력과 타협하려고 노력했다. 역시 소금 밀매업자이던 장사성張士誠은 태주泰州에서 1353년에 반란을 일으켜 왕을 칭하고 소주에 수도를 정하여 국호를 '주周'라 했다가 뒤에는 '오吳'라 했다. 강남의 곡창지대에 본거를 두었기 때문에 경제는 풍부했고 많은 문화인이 이 정권을 지지했다. 정부는 토벌에 실패했기 때문에 북중국에 대한 식량보급에 중대한 타격을 입었다.

1355년(지정 15)이 되자 한림아와 유복통은 개봉에서 송국宋國을 세우고 한림아는 황제라 했고 또 소명왕小明王이라 칭했다. 이 사이에 주원장은 독립하여 남방으로 이동하여 남경南京을 근거지로 삼았다. 그리고 점차 지주세력을 자기편으로 끌어들여 실력을 굳혀갔다. 한림아는 북벌군을 파견하여 대도를 엿보는 등 일시적으로 북중국 각지에서 맹위를 떨쳤으나 이윽고 원의 군대에게 격파되고 개봉도 함락되었다. 한림아와 유복통은 장사성 군의 추격을 받다가 주원장의 보호로 간신히 살아났으나 뒤에 주원장이 각지의 세력병합을 끝낼 무렵에 살해된 듯하다.

서수휘의 천완국에서는 1357년에 그 승상인 예문준倪文俊이 서수휘를 살해하려다 실패하여 황주黃州로 도망했으나 진우량陳友諒에게 살해되었다. 1360년, 원래 면양沔陽의 어민이던 진우량은 서수휘를 쳐서 새로 '한漢' 황제라 칭하고 호남·호북·강서에서 큰 세력을 쌓았다. 호북 수현隨縣의 농민출신인 명옥진明玉珍은 이 때 서수휘의 부하로서 사천방면을 경략하고 있었는데 진우량과 대립하다가 그대로 사천에 눌러앉아 운남도 포함해서 하국夏國을 세웠다.

주원장의 등장

오왕을 칭하고 있던 주원장은 동으로 장사성, 서로는 진우량 두 세력 사이에 있다가 먼저 1363년에 진우량의 대수군大水軍을 파양호鄱陽湖에서 화공으로 격파하고, 이어 장사성을 점차로 포위하듯 압박하여 1367년에 이를 패망에 빠트렸다. 이렇게 해서 전략과 재정면에서 중요한 양자강 유역을 제압하자 남방의 할거세력을 차례로 평정하고, 다시 수도인 대도를 향하여 북벌을 추진해 갔다.

방국진은 토벌을 받아 항복했고, 복건을 근거지로 하고 있던 진우정陳友定도 붙잡혔으며, 명옥진을 이은 명승明昇의 하국도 조금 늦게 토벌되었다. 1367년 말에 오왕 주원장은 황제자리에 올랐고, 다음해에 홍무洪武 원년으로 개원하고 국호를 '명明'이라 정했다.

1368년(지정 28)에 원 순제는 황비와 태자 등을 데리고 대도를 탈출했고 대신 서달徐達이 이끄는 명의 군대가 입성했다. 이렇게 해서 세조가 연경에 수도를 정하고 나서 97년 뒤에 원왕조는 멸망했다. 순제는 상도에서 다시 그 북쪽에 있는 응창부應昌府로 달아났다가 1370년에 죽었다. 태자가 뒤를 이어 황제라 칭하고 몽골리아를 지켰으나 바야흐로 중국을 지배할 힘은 없었다. 순제의 대도탈출 이후의 정권은 북원北元이라 칭해진다.

역자 보충설명

□ 정복왕조의 체질
–방만한 재정과 황제계승제도의 미확립

원조를 멸망에 이끈 배경에는 정복왕조로서의 체질과 관련된 점이 지적된다. 그 하나는 결국 방만한 재정과 그로 인한 민중에의 가렴주구를 불러오게 된 제왕·권신 및 동족에 대한 무제한적인 사여(賜與)가 있고, 또 하나는 황제계승제도가 확립되지 못한 점이다. 원조는 이러한 구조를 이용한 권신들의 횡포로 몰락한 면이 있는데, 이미 앞에서 소개한 아메드와 상가가 전자의 예에 속하고, 후자와 관련된 현상은 제2대 성종의 즉위를 제외하고 거의 모든 황제를 통해 나타나고 있다. 즉 3대 무종 때의 지추밀원사(知樞密院事) 탈라하이, 승상 토크타, 제4대 인종·제5대 영종(英宗) 때에는 태사(太師) 테무데르-테쿠시 부자, 제6대 태정제(泰定帝)·제7대 천순제(天順帝) 때의 승상 타우라샤, 부재상 우베토라, 제8대 명종(明宗)·제9대 문종(文宗)·제10대 영종(寧宗) 때의 우승상 엘테무르, 제11대 순제(順帝) 시기에는 승상 바얀과 토크타 등이 그 예에 속한다.

예를 들어 1307년(大德 11)에 제2대 성종이 후계자 없이 죽자 이를 이어 무종이 된 회령왕(懷寧王) 카이샨의 경우가 그렇다. 회령왕 일파는 안서왕(安西王) 아난다를 옹립하려는 제왕 민리

테무르, 재상 아크타이 등을 무력으로 제압했다. 카이샨은 세조의 증손자, 안서왕은 세조의 손자이므로 존비(尊卑)관계에서 볼 때 안서왕의 자격이 더 크다고 볼 수 있지만, 전장터에서 활약하던 카이샨이 군대를 배경으로 정권을 쟁탈한 것이다.

이와 유사한 사태가 약 20년 뒤 제6대 태정제가 죽은 1328년에 재발한다. 즉 7월10일 태정제가 상도에서 죽자, 8월에는 새로운 황제를 옹립할 책동이 대도에서 일어났다. 대도를 지키고 있던 엔테무르를 맹주로 하는 무종의 옛 신하들이 무종의 황통을 다시 일으키려고 8월 4일에 무력으로 대도의 조정을 점거했다. 그러나 이 때 무종의 적장자인 코실라가 몽골리아에 체재하고 있어 대도로 맞아들일 여유가 없던 관계로 그 아우인 톡 테무르(文宗)를 세워 천력(天曆)이라 개원했다. 한편 이에 대해 상도에서는 태정제의 재상이던 타우라샤가 안서왕 등 가(家)의 지지를 받아 태정제의 아들 아스기바를 옹립하고 천순(天順)이라 개원했다. 황제의 양립은 내전을 불러일으켰지만 결국 10월에 상도가 함락되었고, 문종의 양보를 받은 명종 코실라가 카라코룸에서 제위에 올랐다. 명종은 톡 테무르를 황태자로 지명하고 상도로 돌아왔으나, 명종 측근의 권세를 경계한 엔테무르가 명종을 독살하고 톡 테무르를 옹립하여 실권을 장악했다.

이상에서 본 무종과 명종의 경우는 가장 두드러진 예이지만, 그밖에 황제 즉위과정에서도 정도의 차이는 있지만 황제 옹립세력이 개재해 있어, 권력투쟁은 원왕조를 일관하는 현상이었다. 권력투쟁에서 패배자는 반역죄에 처해졌고 황후도 종실도 모두 처형되었다. 한편 승리자들은 점차 그 권세를 키워나가 마침내 황제마저 허수아비로 만든다. 영종을 옹립한 권신 테크시는 영종을 죽이고 태정제로 교체했고, 명종을 옹립한 테무르는 명종을 죽이고 문종을 세웠으며, 또 문종의 유언에도 불구하고 명종의 적자인 토곤테무르(順帝)의 즉위를 용인하지 않았다.

『中國の歷史6-元・明』(講談社, 1974), 207~213쪽 참조.

Ⅶ. 송 · 원의 문화

문학과 미술

1·2·3 / 金 文京　4·5·6 / 宮崎 法子

1. 고문부흥

한유와 유종원

중국의 문언문文言文, 소위 한문은 일찍부터 구어口語와 떨어져 독자적인 발전을 이루었는데 그 문체는 크게 2개의 흐름이 있다. 하나는 선진先秦에서 한대에 걸쳐 성립한 간결하고 힘있는 서술을 기본으로 하는 문장으로 뒤에 고문古文이라 불렸다. 『논어』·『맹자』·『좌전左傳』·『사기史記』 등의 문체가 그것이다. 이에 대해 한을 이은 육조에서 시작하여 수·당에 이르는 사이에 유행한 것은 대구對句와 전고典故를 많이 사용하는 극히 장식적인 문체로, 이를 변려문駢儷文·변문駢文, 또는 사자구四字句·육자구六字句를 기본으로 하기 때문에 사륙문四六文)이라고 한다.

변문이 성립한 육조시대는 문벌귀족의 전성기로 이 화려한 문체도 귀족문화의 일환이었다. 그러나 당의 안록산 난(755) 이후에 문벌귀족 세력이 쇠퇴하고 새로운 사대부 계층이 대두하자 이 신흥계급 가운데 문체를 다시 한번 선진·한대의 옛날로 돌이키려는 운동이 일어난다. 이것이 제1차 고문부흥운동이며 운동의 중심이 된 인물은 한유韓愈(768~824)와 유종원柳宗元(773~819)이었다.

이 운동은 한유가 맹자를 특히 존숭했고 불교를 배척한 것에서도 알 수 있는 것처럼 사상적으로는 유교부흥이라는 측면을 갖고 있었다. 모두 복고라는 이름을 빌린 혁신운동이었다는 것은 말할 것도 없다. 그러나 한유 등의 노력에도 불구하고 당대에 고문은 결국 문단의 주류가 되지 못했다. 그것은 귀족이 여전히 큰 힘을 행사하던 당시의 사회 상황과도 관련이 있을 것이다. 고문이 변문에 대해 승리를 거두는 것은 다음 시대인 기다리지 않으면 안된다.

오대의 혼란을 통하여 귀족세력은 일소되었고 송 초기에는 황제로의 권력집중과 과거로 선발된 사대부의 강고한 관료제가 거의 확립되었다고 보아도 좋다. 하지만 문화의 행보는 정치·사회의 변화보다 한발 늦는 것이 보통이다. 송초의 문단은 전대의 유풍遺風을 이어 여전히 변문이 우세했다. 당시 시단에 유행한 '서곤체西崑體'는 만당晩唐의 탐미파 시인 이상은李商隱(812~58)의 작풍을 모방한 것으로 그는 변문의 명수로서도 알려져 있다.

고문부흥의 작가들

이 변문우세의 상황을 일변시킨 이가 구양수(1007~72)였다. 그 이전에도 유개柳開(948~1001)·목수穆修(979~1032)·윤수尹洙(1002~47) 등 고문을 짓는 작가는 있었지만 그들의 문장은 대체로 난삽하고 읽기 어려워 큰 영향력을 갖지는 못했다. 구양수는 처음 한유의 문장을 읽었고,

구양수의 퇴고推敲

고문은 간결함을 생명으로 한다. 그 때문에 구양수는 특히 퇴고를 중히 여겨 문장 작법으로서 '삼다(三多)'와 '삼상(三上)'을 말했다. '삼다'는 '간다(看多), 주다(做多), 상량다(商量多)' 즉 "많이 읽고, 많이 짓고, 많이 생각한다". '삼상'은 "말 위, 베개 위, 측간 위"로 거기서도 문장을 생각한다는 것이다. 또한 주자가 우연히 구양수의 「취옹정기(醉翁亭記)」의 원고를 본 적이 있는데 "처음 원고에는 저주(滁州)의 사면에 산이 있음을 말하는 것이 수십 자였으나 끝에 가서는 모두 고쳐 단지 '환저개산야(環滁皆山也)'라는 5자뿐"이었다.[『朱子語類』 권139]

뒤에 윤수의 영향으로 고문을 짓기 시작했는데 장기간에 걸친 관료생활을 통하여 문단의 지도자로서 많은 명작을 남기는 한편 후진육성에도 노력한 결과 고문의 융성을 가져오게 한 것이다.

이 사이의 사정을 구양수 자신이 뒤에 회고하기를, 어려서 처음으로 한유의 문집을 읽었을 무렵에는 "그 시대, 아직 한유의 문장을 말하는 자가 없었지만, 그 뒤 천하의 학자 또한 이제 옛것을 찾아 한유의 문장이 마침내 세상에 널리 쓰여 지금에 이르기까지 30여 년 간 학자들은 한유가 아니면 배우지 않는다", "한씨韓氏의 문文이 없어져 나타나지 않은 지 2백 년, 그러한 뒤에 지금 크게 시행되었다"고 서술했다.〔記舊本韓文後〕 그 변화가 급격했다는 것을 알 수 있을 것이다. 이것은 그 자신의 재능과 노력에 의한 것도 물론이지만 앞에서 설명한 당에서 송에 걸친 시대의 변화가 가져온 필연적인 결과였다는 점도 부정할 수 없다. 말하자면 시대의 조류와 사람의 노력이 서로 잘 어우러진 것이다.

구양수 및 그 문하에서 나온 소순蘇洵(1009~66)·소식蘇軾(1037~1101)·소철蘇轍(1039~1112) 부자와 증공曾鞏: 1019~83)·왕안석王安石(1021~86) 등의 활약으로 고문의 우위는 확고부동해졌다. 이것이 제2차 고문부흥운동이며, 이 우위는 20세기 초두의 문학혁명에 의해 문언문文言文 자체가 부정될 때까지 이어진다. 위의 여섯 사람에다가 당대의 한유와 유종원을 합쳐 훗날 명대에는 당송팔대가唐宋八大家라 칭하여 고문의 대표작가로 지칭된 것은 잘 알려진 사실이다.

구양수는 한유의 문을 배우기는 했지만 두 사람의 작풍은 실은 매우 다르다. 한유의 문장이 호방해서 자기의 개성과 주장을 분명히 드러내어 때로는 모진 성격마저 느끼게 하는 반면, 구양수의 것은 평명창달平明暢達하여 상대에게 이치를 깨닫도록 들려주는 것 같은 온화함이 있다. 이것은 본래부터 두 사람의 성격이 다른 데에도 원인이 있지만, 크게 보면 역시 시대의 차이일 것이다. 송의 제가諸家에게는 각각 구양수의 평명平明, 증공의 근직謹直, 왕안석의 웅건雄建, 소식의 분방奔放으로 평가할 수 있는 특징이 있지만, 그러나 그들의 작품을 한유 및 유종원과 비교하면 분명히 공통된 시대의 풍격이 인정된다.

한유에게는 소수의 선각자만이 갖는 긴장과 정열이 있지만 송의 제가에게는 그 위에 다시 형세를 타고 자기의 주장을 실천하려는 여유가 느껴진다. 또한 이미 인쇄시대에 들어선 송대에는 필사筆寫시대인 당대에 비하여 훨씬 광범위한 독자를 예상하지 않으면 안되는 창작의식의 차이도 있었음을 놓쳐서는 안될 것이다.

강남출신의 문인들

이와 관련해서 흥미 깊은 것은 한유와 유종원이 모두 북방의 소위 중원지대 출신인 데에 비해 구양수・증공・왕안석은 지금의 강서성, 또 세 명의 소씨 부자는 사천성으로 모두 북방이 아니라는 점이다. 강서와 사천은 송 이전 오대시기에는 각각 남당과 촉이라는 지방정권의 영토였다. 남당과 촉은 중원지대의 전란을 피해 비교적 안정과 번영을 지속하여 독자의 문화를 개화시켰으며, 송초의 문화계에서는 이들 지역의 출신자가 많이 활약한다. 예를 들면 송초에 변문의 제1인자였던 서현徐鉉(916~91)은 남당의 사신詞臣이었다.

유개·목수 등 구양수 이전의 고문가는 거의가 북방사람인데 그들의 난삽한 문장에 비해 구양수 이후의 작품에는 남방적인 윤택함이 있다. 중국의 문화는 문학·미술 모두 남북의 풍토 차이에 의해서 대조적인 발전을 이루지만, 원래 북방에서 생겨난 고문에 남방적인 색채를 더한 것이 송대 고문의 특색이라고 할 수 있을 것이다. 시대적 특징은 또한 지역적 특징이기도 했다.

이 시기 고문의 대가가 강서와 사천 출신자로 채워진 것은 결코 우연한 일이 아니다. 사천이 한편으로는 중원의 전란을 피해온 북방문인을 받아들였고, 다른 한편으로는 양자강〔장강〕을 통하여 강남으로 연결되는 남북융합의 지대였으며, 또 이 시기의 강서가 북에서 남으로 흘러드는 이민의 일대 통로로서 남북의 요소가 복잡하게 서로 얽힌 지역이었던 것은 시사적이다.

구양수 등과 동시기의 북방명사인 사마광司馬光: 1019~86), 철학자인 정호程顥(1032~85)·정이程頤(1033~1107) 형제들은 문학은 단순히 도덕의 도구에 불과하다고 하여 문사文辭의 장식을 부정하는 생각을 가지고 있었다. 그들은 고문가와 똑같이 변문을 공격했지만 동시에 고문에 대해서도 소극적인 긍정을 보였을 뿐이다. 이미 한유 등의 고문운동이 그랬던 것처럼 송대의 고문부흥도 이 시기의 신유학, 소위 성리학의 흥륭과 밀접하고도 불가분한 관계에 있었다. 구양수와 소식 모두가 이학사상理學史上에서도 이름을 남겼지만 그들의 문학관과 정씨형제 등 북방학자의 그것은 미묘하게 달랐다.

철학자와 문학자의 입장을 더불어 갖춘 사람은 남송의 주희(1130~1200) 즉 주자이다. 주자가 철학사상 한 시대를 그은 것은 말할 필요가 없지만 그는 또한 문장가로서도 일류였다. 남송에서는 그밖에도 장식張栻; 1133~80)·여조겸呂祖謙; 1137~81)이 나와 주자와 함께 건순삼선생乾淳三先生이라 불렸고, 또 영가永嘉[절강성 溫州]파의 진부량陳傅良(1137~1203)·섭적葉適(1150~1223), 영강永康[절강성]파의 진량陳亮(1143~94) 등 특징있는 작가가 나와 고문은 더욱더 융성하게 되었다. 여조겸의 『고문관건古文關鍵』, 진덕수眞德秀(1178~1235)의 『문장정종文章正宗』 등 고문선집이 편찬된 것도 이 시대이다. 송말원초시기 사방득謝枋得(1226~89)의 『문장궤범文章軌範』, 원시대의 『고문진보古文眞寶』가 중국만이 아니라 한국·일본 등에서도 문장의 입문교과서로서 널리 이용된 것은 잘 알려진 사실이다.

고문이 융성했기 때문에 변문이 만들어지지 않았는가 하면 그렇지는 않다. 조정의 조칙, 사인士人의 전서箋書 등은 여전히 변문으로 썼다. 이것은 변문의 리듬이 선지宣旨 등을 읽을 때 편리했기 때문이다. 말하자면 변문은 의례적인 실용문이 되었다고 할 수 있다. 다만 송대의 변문은 고문의 영향을 받아 고문적 변문이라고 할 만했다. 소식의 「걸상주거주표乞常州居住表」 등은 그 좋은 예이다. 소식만이 아니라 고문의 작가는 대체로 변문의 명수이기도 했지만 사마광은 변문을 거의 짓지 않은 것으로 알려져 있다. 또한 역시 의례적인 문체였던 '부賦'도 이 시대 고문의 영향으로 새로운 생명이 부여되었다. 구양수의 「추풍부秋風賦」, 소식의 전·후 「적벽부赤壁賦」는 그 대표작이다.

2. 민간문예의 발전

민중문화의 출현

본래 중국의 문예는 처음에는 민간에서 집단적으로 발생했고 그것이 뒤에 지식인의 참여로 개인작품으로도 되었으며, 거기에 사상적·정치적인 의미가 부여되어 문학으로서 세련미를 갖춰가는 한편 본래 있던 민간의 기풍은 상실되어 쇠퇴로 향하나 거기에 다시 민간에서 새로운 형식이 도입되는 순환과정을 거치는 것이 보통이었다. 문학사의 첫머리를 장식한 『시경』 그리고 『초사楚辭』는 원래 민간의 가요歌謠와 무가巫歌에 유교적인 의미가 부여된 것이었고, 『시경』의 사언구四言句에서 한대의 오언시五言詩・칠언시로의 변화, 당시唐詩에서의 그 완성은 모두 그와 같이 이해하는 것이 가능할 것이다.

거기서는 오히려 지식인들이 존재방식을 변용시킨 데에 중국문학의 독자성이 인정된다. 따라서 특히 고대에는 민간의 원초적인 모습은 감추어지고 적어도 표면적으로는 지식인 주도하에서 문예가 발전했다. 이 상태에 변화가 일어나 수면 아래에 있던 민간문예가 표출된 최초의 시대, 그것이 송대였다.

'당시송사원곡唐詩宋詞元曲'이라 불리는 것처럼 송·원 시대를 대표하는 문예형식은 모두 장·단구의 가요인 '사詞'와 '곡曲'인데, 이들은 모두 당대에 생겨난 민간의 속요, '곡자사曲子詞'〔돈황에서 발견된 『雲謠集』은 그 선집임〕 등에서 발전했다. 그러나 송대의 '사'는 지식인들이 이를 세련시켰음에도 불구하고 『시경』이나 당시 같은 유교적 정치성・사상성과는 거의 관련이 없고, 대체로 민간의 유행가, 사대부 연회석의 오락에 그쳤다.〔소식과 辛棄疾 등 시의 정신으로 사를 만든 소위 豪放派는 예외이다〕

송시宋詩는 일반적으로 당시에 비해 이론적이다. 이것은 성리학을 만들어낸 이 시대의 풍조 때문이기도 하겠지만, '시'와 '사'가 병존하면서 상호보완하는 관계에 있었고, 또 정서적인 면은 많은 경우에 '사'로 노래된 데에도 그 이유가 있을 것이다. 또한 원대의 '곡'은 연극에 사용되었다는 특징이 있으나 거기에 보이는 정치성은 아주 민중적이다. 요컨대 문예의 좌표축은 이 시대에 크게 민간쪽으로 기울었던 것이다.

연예교류의 배경

당대의 장안은 1백 만 인구가 생활하는 국제도시였으나 그 화려함의 이면에는 인공적 정치도시로서의 중세적인 폐쇄성을 다분히 갖고 있었다. 예를 들면 성 내부의 각 블록 즉 방坊은 성벽 즉 방성坊城으로 에워싸여, 정해진 곳 이외에는 함부로 문을 만들거나 점포를 만드는 것이 금지되었다. 장안의 대로는 성벽이 길게 이어질 뿐 의외로 살풍경이었을지도 모른다. 사람들의 활동은 성벽 속에 갇혀 있던 것이다.

그것이 중당中唐 무렵부터 서서히 변화하여 방성을 함부로 부수어 가로로 진출하는 현상이 보이게 되었다. 당시 이는 '침가侵街'라 해서 위법행위로서 단속대상이 되었지만 '침가'는 급속하게 만연해 송초에 이르면 마침내 방제가 붕괴하여 가로에 직접 가옥과 점포가 늘어서는, 오늘날의 도시와 거의 다르지 않은 경관이 나타났다. 송의 수도 개봉은 그런 도시였다. 사람들의 활기는 성벽에서 해방되었다. 그것은 무엇보다도 근세의 도래를 웅변적으로 보여주는 시각적 변화였을 것이다.

당의 장안에서도 가도에서 공연이 개최되는 일은 있었지만 이 시대의 예능은 아직도 중세적인 속박, 즉 종교와 귀족에 예속되어 있었다. 장안의 각 사원에서는 민간에 대한 포교를 겸한 강석講釋이 자주 열렸고〔이를 '俗

講'이라 하고 돈황에서 발견된 '變文'은 그 대본인 듯함), 또 백낙천白樂天은 자기 집에서 '일지화一枝花'라는 이야기를 들었다고 전한다. 그러나 송대가 되면 이 두 가지 속박의 권위는 저하된다.

개봉 혹은 항주 거리에는 '와자瓦子'라는 공연공간이 있고, 그 가운데는 '구란勾欄' 즉 연극을 위한 가설극장과 객석이 밀집되어 있었다. 예를 들면 개봉의 '상가와자桑家瓦子'·'중와자中瓦子'·'이와자裏瓦子'에는 크고 작은 50여 개의 '구란'이 있었는데, 그 가운데서도 '중와자'의 '연화붕蓮花棚'·'모란붕牧丹棚', 이와자의 '야차붕夜叉棚'·'상붕象棚' 등의 큰 극장에서는 수천 명을 수용했다고 한다. 거기서는 '소창小唱' 등의 '가요', '잡극雜劇', '꼭두각시극(傀儡戲)', '그림자극(影戲)', 각종 곡예, '강사講史'와 '익살떠는 이야기(說諢話)' 등 다양한 연예가 행해졌고, 모든 계층의 관객 및 음식점, 약국, 점보는 집 등으로 활기찼다. 이밖에도 '노기인路岐人'이라 불리는 자들이 사람들이 모이는 빈 공간에서 수시로 연예를 보였다. 이들 연예의 종류 및 당시의 유명한 연예인 이름은 개봉에 대해서는 『동경몽화록』, 항주에 대해서는 『몽양록』·『도성기승』·『무림구사』 등의 책에 자세하다.

이와 같은 예능의 번성은 먼저 무엇보다 당시의 상업경제의 발전과 교통망의 정비에 의해 가능했을 것이다. 송대에는 많은 지방 상업도시가 생겨났는데 향촌의 예능은 이들 지방도시를 통해서 수도로 전해졌다. 예를 들면 '제궁조諸宮調'라는 음악은 원래 산서성의 택주澤州

에서 개봉으로 전해진 것 같다. 또 그 반대로 수도의 예능은 '노기인'에 의해서 지방으로 확산되었을 것이다.

상업발전 이외에 하나 더 주목해야 할 것은 군대와 예능의 관계이다. 일반적으로 근대 이전에는 군대보다 큰 소비단체는 없었다. 송대에는 군제개혁의 결과, 수십 만의 군인과 그 가족이 수도와 그 주변에 주둔했고 그것이 물자의 결집을 불렀으니 예능도 아마 그들을 중요한 고객으로 삼았을 것이다. 실제로 이 시대에 예능인이 군대에 소속한 예가 있고 병사에 의해 연극 등이 연출되는 경우도 드물지 않았다. 곡예와 군사훈련, 강석 가운데 전기戰記 등은 그 관계가 밀접하고 이 시대의 예능에 큰 특색을 주었다.

이들의 예능 가운데서 뒤에 문예화文藝化하는 가장 중요한 것은 이야기(說唱)와 강석講釋(說話)이다. 이야기는 음운에 의한 창唱과 설說에 의해 내용을 진행하지만 이것은 또 두 개의 계통으로 나뉜다. 하나는 '사詞'와 똑같은 장·단구에 의한 것(이를 樂曲系라고도 한다)으로, 같은 곡을 되풀이하는 '곡자사曲子詞', 동일한 박자의 곡 몇 개를 조합시킨 '창잠唱賺', 다른 박자의 곡을 결합한 '제궁조諸宮調' 등의 종류가 있는데, '제궁조'가 "사대부도 모두 이를 잘 불렀다"고 하는 것처럼 지식인에게도 애호되는 약간 고급형식으로 간주되었던 것 같다.

그밖에 7언 혹은 5언의 제언구齊言句에 의한 형식(이를 詩贊系라고도 함)에는 '도진陶眞'이 있었다. 그 기원은 돈황 변문變文 가운데 '사문詞文' 등에서 찾을 수 있으나, 주로 민간에서 유행했고 악곡계에 비하여 지식인에게 주목되는 일이 적었다. 뒤에 원대의 '사화詞話' 또는 명·청의 '탄사彈詞' 등 민간의 이야기는 모두 이 계통에서 나온 것이다.

통속소설

다음으로 강석에는 남송의 소위 '설화사가說話四家'가 있다. '사가'가 무엇을 가리키는지에 대해서는 여러 설이 있으나 임시로 호사영胡士瑩의 『화본소설개론話本小說概論』(中華書局, 1980)의 분류에 따르면 ① 연분烟粉〔연애〕·영괴靈怪·전기傳奇 등을 내용으로 하는 단편'소설小說', ② 전쟁기록 관련 '설철기아說鐵騎兒', ③ 불교설화를 말하는 '설경說經', ④『삼국지』와 『오대사』 등 장편의 '강사서講史書'이다. 또 이들의 '설화'와 '설창'은 내용·형식 모두 서로 교류가 있어 분명히 구분하는 것은 곤란하다.

당시의 연예인은 창잠은 '알운사遏雲社', 설화는 '웅변사雄辯社'와 같이 각각의 조합을 가지고 있었다. 또한 이들의 연예대본을 쓰는 작자는 '재인才人'이라 불렸는데, 그들도 '서회書會'라는 조직에 속해 있었던 것 같다. 남송 말기에서 원대에 걸쳐 때마침 출판업의 융성에 맞추어 '서회'의 '재인'에 의한 대본臺本〔단편소설을 '話本', 장편 講史를 '平(評)話'라 했음〕은 읽을거리로서 출판되었다. 단편을 모은 나엽羅燁의 「취옹담록醉翁談錄」, 뒤에 각각 『수호전』과 『서유기』로 발전한 『선화유사宣和遺事』와 『대당삼장취경

시화大唐三藏取經詩話』, 그리고 『오대사평화五代史平話』 및 원 말기에 복건에서 출판된 그림을 삽입한 『삼국지평화三國志平話』 등이 현존하는데, 이것들은 내용·문사文辭 모두가 아직은 조잡하여 그것이 정리되어 본격적인 통속소설로 되기 위해서는 명대를 기다리지 않으면 안되었다. 그러나 거기에는 또 첫머리에서 설명한 지식인의 참여라는 문제가 개재한다.

3. 원곡의 세계

잡극의 발전

중국의 문예장르 가운데 그 발전이 가장 늦은 것은 희곡戲曲이었다. 시가는 말할 것도 없고 소설도 당대의 '전기소설傳奇小說'이 존재하는 것에 비하여 희곡작품으로서 현존하는 가장 오래 된 것은 13·14세기 원대의 '잡극'이다. 물론 이것은 그 이전에 연극이 없었다는 의미는 아니다.

고대의 상황은 분명치 않지만 당대에는 이미 불완전하나 '참군희參軍戲'라 불리는 즉흥적 익살극과 '답요랑踏搖娘' 등의 가무극이 행해진 것이 여러 책에 보인다. 다음 시대인 송대 도시에 '와자'가 성립하면서 거기서는 아

산서山西의 연극유적

산서성 남부는 송·금·원 시대에 특히 연극이 성했던 지역으로 당시의 무대가 다수 남아 있고, 요즘은 연극관계의 벽화·묘장품·자료 등도 빈번히 발견되었다. 최근에 명대의 악호(樂戶) 자손의 집에서 발견된 명 만력(萬曆) 연간의 사본 『예절전부(禮節傳簿)』에는 금·원의 '잡극'과 '원본(院本)'에 대한 귀중한 기록이 보인다.

직 즉흥적인 요소를 많이 포함하면서도 어느 정도 정리된 스토리를 갖는 잡극이 연출되었다. 그러나 그 각본은 현재 하나도 남아 있지 않으며 또 과연 각본이 있었는지 어떤지도 의심스럽다. 진정한 의미에서의 연극은 원대의 잡극에서 처음으로 성립했다고 보아도 좋을 것이다. 연극의 전단계인 송대의 잡극이 본격적 연극인 원대의

송대 잡극상연도

『宋元戱曲文物與民俗』

잡극으로 다시 태어나 각본으로서 정착하기까지는 적어도 두 가지의 조건이 필요했다. 하나는 현실을 연극화하기 위한 문학관의 변혁이다. 중국의 전통적 문학관은 픽션에 대해 부정적이었는데 연극은 소설보다 더욱 픽션적인 요소가 강하고 그 존재 자체가 허구라고 말할 수 있다. 또 하나는 구어口語를 서사書寫하려고 하는 의식과 그 능력이다. 연극은 관객을 상대로 하는 것인 이상

원대 잡극벽화

山西省洪洞縣明應王殿壁畫, 『山西』(上海人民美術出版社)

구어가 사용되는 것은 물론이지만 종래 구어의 서사기술은 발달하지 못했고 또한 그 의식도 희박했다.

이상의 두 가지 조건은 모두 민중적 가치관과 지식인의 능력이 서로 어우러져야만 실현되는 것으로, 그 중대한 변혁이 일어난 시기는 12세기 말부터 13세기 초에 걸친 금말원초로 여진족의 왕조가 멸망하고 몽골족이 북중국을 정복하는 중국사상 공전의 대동란시대에 서였다. 북송의 잡극은 북송멸망 이후 남송으로 이어져 잡극으로서 존속했지만 북방의 금에서는 '원본院本'이라고 명칭을 바꾸어 이민족 지배하에서의 사회구조와 음악적 조건의 변화에 의해서 연극성演劇性을 강화해 간 것으로 보인다. 때마침 원대에 과거가 오랫동안 폐지된 데에서 알 수 있는 것처럼 유교적 가치관은 크게 동요했고, 목표를 잃은 지식인들은 민중사회의 현실을 주시하지 않을 수 없는 상황에 있었다.

또 한편으로는 북송 이래로 민간연예가 발달함에 따라 구어를 사용한 문예작품이 태어날 소지도 충분히 있었을 것이다. 이러한 환경 속에서 금대의 '원본'을 기초로 연예 가운데 가장 복잡한 음악적 구성을 갖는 '제궁조'의 영향이 더해지고 그 제작에 많은 지식인이 참여하여 원의 '잡극'이 탄생했다. 이 연극운동은 당초에는 평양平陽[산서성 臨汾]을 중심으로 하는 지역에서 일어나 뒤에는 대도[북경]에까지 파급된 것으로 보인다.

잡극의 구조

잡극은 중국의 전통극이 모두 그러한 것처럼 가극歌劇이며, 노래·대사·몸짓의 3요소로 이루어진다. 그러나 잡극에는 훗날의 연극에는 없는 몇 가지 제약이 있다. 첫째는 전체가 4개의 부분으로 구성되는 것이다. 잡극은 북방계의 음악을 이용하기 때문에 '북곡北曲'이라고도 불리는데, 먼저 동일한 박자('宮調'라고 함)에 속하는 몇 개의 곡을 조합한 것을 '투수套數'라 하고, 이 '투수'에 대사를 보탠 1단위를 뒤에는 '절折'이라 불렀다. 하나의 '잡극'은 4절로 이루어지는 것이다.(이것으로 부족할 경우는 '楔子'라는 작은 단위를 보탰음) 또 각각의 절은 소위 장면과는 일치하지 않는다. '잡극'은 배경과 대도구를 사용하지 않으며 장면의 전환은 매우 자유롭고 또 매우 상징적으로 이루어진다.

또 하나의 제약은 극중에서 노래를 부를 수 있는 이는 한 사람의 주역(남자역은 '正末', 여자역은 '正旦'이라 함)으로 한정된다는 것이다. 이러한 제약은 원래 '잡극'이 이야기인 '제궁조'에서 변화해 온 자취이지만, 그것이 오히려 용만冗漫함을 막고 결과적으로 극에 긴밀한 구성을 가져다 주었다. 또 잡극의 가歌와 같은 형식으로 연극과는 관계없이 단지 가창歌唱만을 행할 수도 있는데 이 경우는 그것을 '산곡散曲'이라 부른다. '원곡'은 원대에 행해진 '잡극'과 '산곡'의 총칭이다.

잡극이란?

그러면 잡극은 실제로 어떠한 것이었는지, 다음에 가장 중요한 작가인 관한경關漢卿〔금말원초〕의 대표작 가운데 하나인 「구풍진救風塵」의 내용을 간단히 소개하자.

주인공〔정단〕은 기녀인 조반아趙盼兒이다. 그녀는 동료인 송인장宋引章이 가난한 서생출신의 연인 안수실安秀實을 버리고 돈 많은 관리의 아들 주사周舍에게 시집간 끝에 고생하는 것이 안타까워 온갖 수단으로 주사를 유혹해서 송인장과의 이혼장을 쓰게 만든 뒤에 달아났으나 눈치를 채고 뒤를 쫓은 주사에게 이혼장을 빼앗긴다. 그러나 그것은 조반아가 미리 바꿔치기 해둔 가짜였고 결국 송인장은 안수실과 행복하게 재결합하게 된다.

이 희극에서는 조반아가 기지가 풍부한 매력적인 여성으로 묘사되는 것에 비해 주사는 철저하게 냉소받는 대상이 된다. 종래의 문학에도 기녀를 동정적으로 다루는 예가 당대의 '전기소설' 등에 있기는 하지만 이 작품만큼 그러한 자세를 생생하게 표현한 것은 없다.

잡극에는 이와 같은 '화단잡극花旦雜劇'〔기녀이야기〕 이외에 '가두잡극駕頭雜劇'〔시대극〕·'녹림잡극綠林雜劇'〔도적을 주인공으로 하는 극〕·'규원잡극閨怨雜劇'〔연애이야기〕·'탈박잡극脫膊雜劇'〔싸움극〕·'신불잡극神佛雜劇' 등이 있었으나, 전체적으로 기녀와 같은 사회적 약자 혹은 주변인적인 존재를 주인공으로 해서, 그로부터 현실을 보려 하는 경향이 현저하다. 예를 들면 같은 『수호전』에서도 잡극에서는 송강宋江 같은 자가 아니라 난폭자인 흑선풍黑旋風·이규李逵가 주인공이 되는 경우가 많고,〔高文秀의「雙獻公」등〕원칙을 무시한 그의 즉흥적인 행동이 강조된다. 또 휴경신睢景臣의 산곡「고조환향高祖還鄕」은 한고조 유방劉邦이 금의환향한『사기』의 유명한 이야기를 그를 맞이하는 측의 무지한 촌민의 눈으로 그린 이색적인 작품이다. 이와 같은 시점의 이동은 표면적으로는 때때로 패러디 형식을 취하지만 그것은 그대로 기존의 체제와 도덕에 대한 통렬한 풍자가 되는 것이다.

이상에서 서술한 내용상의 특징은 또 그 특이한 언어에 의해서도 강화된다. 예로서「구풍진救豊塵」제2절, 이제부터 송인장을 구하러 가려는 장면에서 '정단'이 노래하는 곡 '상조쌍안아商調雙雁兒'를 들어보자.

> 이 분으로 화장한 얼굴로 구할 것은 여자의 해골.
> 어차피 나쁜 일을 할 바에는 끝까지 하겠다.
> 저주하려면 하거라 주사놈아.
> 미인계의 덫에서 빠져나갈 수 없을 것이다.
>
> 我着這粉臉兒搭救你女骷髏. 割捨的一不做二不休.
> 拚了個由他咒也波咒. 不是我說大口. 怎出得我這烟月手
> 〔번역은 田中謙二 편,『戱曲集上』, 중국고전문학대계 52, 平凡社〕

밑줄 친 부분은 멜로디가 없는 첨가된 글자〔'襯字'라고 함〕이다. 구어를 기조로 해서 문어를 섞어 '당시송사唐詩宋詞' 등과는 다른 '원곡' 독자의 세계가 표현되고 있음을 알 수 있을 것이다. 대사는 한층 구어를 충실하게 옮긴 것으로 현대중국어 지식이 있으면 거의 이해할 수 있을 것이다.

원곡의 발자취

「구풍진」과 같은 걸작은 원곡의 전기 즉 금왕조 말기에서 원 대덕大德(1200~1307) 무렵까지 다수 만들어졌다. 이 시기에 관한경을 비롯하여 마치원馬致遠·왕실보王實甫·백인보白仁甫 등의 명가가 배출되었다. 백인보와 같은 명사를 예외로 하면 그들은 대체로 하층지식인으로 그 가운데는 여진인과 배우도 있다. 또 그 활동의 중심은 대도를 중심으로 한 북방이었다. 그 다음 후기에는 원조의 남북통일(1279)에 의해 많은 작가가 남방으로 이주하여 중심은 항주로 옮겨졌다. 이 시기에도 정광조鄭光祖·교길喬吉 등의 명수가 있지만, 작품에는 문인취미가 농후해지고 전기의 날카로운 풍자성은 사라져 간다. 마침 남방에서 성행한 '남희南戲〔溫州雜劇〕'에 눌려 잡극은 서서히 쇠했고, 원이 멸망(1367)한 뒤는 명대의 궁정에서 어용연극이 되어 더욱 더 쇠퇴했다. 그러나 명 말기가 되면 원곡의 연극적인 우수성은 다시금 주목되어 장진숙臧晉叔의 『원곡선元曲選』과 같은 선집이 출판된다. 이 사이의 작가 및 작품에 대해서는 원 말기 종사성鍾嗣成의 『녹귀부錄鬼簿』와 명 초기의 『속녹귀부續錄鬼簿』에 자세하다.

'원곡'은 확실히 민중의 세계를 민중의 시점에서 그렸지만 그것이 어느 정도까지가 민중 자신의 〔특히 농촌의〕 것이었는지는 실로 의심스럽다. 이들 이야기에 악곡계와 시찬계의 구별이 있었던 것은 앞에서 설명했는데 '원곡'은 '제궁조' 즉 악곡계에서 나온 연극이었다. 이에 대해 당시 시찬계의 연극도 있었던 것 같다. 『원전장元典章』에 농촌에서 '사화詞話' 상연을 금지한 조령이 보이는 것이 그것이다. 그 실체는 분명하지 않지만 이 계통은 그 뒤에도 민간에서 면면히 이어져 현대 경극을 비롯한 각지의 지방극으로 발전한다.

또 '원곡'은 이른 시기에 유럽에 번역 소개되어 몇 편의 번안을 낳았다. 「조씨고아趙氏孤兒」에서 소재를 취한 볼테르의 「중국의 고아L'orphelin de la Chine」는 가장 유명한 예이다. '원곡'을 비롯한 희곡은 소설과 함께 구중국에서는 정통의 문학으로 인정받지 못했고, 20세기에 들어서야 겨우 본격적인 연구가 시작되었다. 왕국유王國維의 『송원희곡사宋元戱曲史』는 그 대표작이다. 또한 일본에는 청목정아靑木正兒의 『원인잡극서설元人雜劇序說』, 길천행차랑吉川幸次郎의 『원잡극연구元雜劇硏究』 등의 명저가 있다.

4. 수묵산수화의 완성

송·원 회화의 특색

중국의 미술사를 되돌아볼 때 송대는 당대와 함께

화력畵力은 5백 년

비단과 종이에 그려진 중국회화는 약해서 변색과 파손을 입기 쉽다. 명의 왕세정(王世貞)은 "화력(畵力)은 5백 년, 8백 년 지나 신이 떠나고 1천 년 지나 멸한다"라며 이 방면의 사정을 설명한다. 그렇게 생각하면 9백 년 이상 지난 곽희(郭熙)의 「조춘도(早春圖)」가 저렇게 전해지고 있는 것은 기적이라 할 수 있을 것이다. 오늘날 당 이전은 물론 오대·북송의 회화도 원본은 헤아릴 수 있을 정도밖에 남아 있지 않은 것도, 모사본을 그리는 것이 서화를 연습하는 첫번째 방법인데다, 모사본의 가치가 높은 중국화의 특수사정, 그리고 앞에서 설명한 근본적인 제약도 고려하지 않으면 안된다.

십육나한과 오백나한

송대의 불교미술에서 가장 성한 주제인 나한은 회화작품으로도 다수 남아 있다. 십육나한의 유행은 당말오대에서 시작되어 특히 촉지방에서 유행하기 시작했다. 십팔나한은 십육나한보다 늦어 송대에 들어서 일반적이 되었다. 열반에 들지 않고 사람들 사이에 유화(遊化)하여 석가의 가르침을 전파하는 대승적인 역할을 짊어진 나한들[그 사람수는 편의적으로 16이 된 것 같고 그 뒤에 석가의 제자인 대가섭 등을 더하여 18이 되었다]의 모습을 다양한 장면 속에 그리지만 특별히 정해진 도상(圖像)을 갖지는 않는다. 채색한 것들이 직업화가의 손으로 활발히 그려졌지만, 오대의 촉에서 활약한 관휴(貫休; 禪月大師)가 시작했다고 하는 수묵의 괴이한 얼굴을 가진 나한도인 선월나한(禪月羅漢)이란 이름으로 유포되었다.

큰 광채를 발하고 있다. 언뜻 보면 그 빛의 질은 상당히 다른 것처럼 보인다. 먼저 느껴지는 것은 당대까지의 미술의 주요한 분야였던 불교조각과 인물화를 대신하여 송대에는 수묵산수화水墨山水畵가 미술의 주역이 된 것이다. 그러나 당·송의 미술은 그 기조로서 자연주의적 혹은 사실적인 표현을 추구하는 점에서 공통된다. 당대에 특히 인물표현면에서 완성을 맞이한 사실적인 표현은 당에서 송대에 걸쳐 한층 발전했고, 송대 산수화에도 영향을 끼쳐 수묵산수화라는 형태로 완성기를 맞았다고 해도 좋다.

수묵산수화의 융성을 뒷받침한 것은 당시의 사대부 계급이었으나, 이윽고 그들은 감상자에 머무르지 않고 제작자로서 예술활동에 참가할 것을 강하게 의식하게 된다.

그와 동시에 회화를 감상하는 장소도 벽화 등의 기념비적인 것에서 개인적인 장소로 중심이 옮겨져 갔다.

원대에는 이민족 지배 아래서 화원畵院의 폐지와 강남인에 대한 냉대 속에서 문인화가도 직업화가도 그 때까지와는 다른 길을 모색하지 않을 수 없었다. 원왕조 초기의 문인화가는 남송이 아니라 북송 혹은 당대의 산수양식을 의도적으로 복고하려 했지만, 그들이 지향하고 있던 자연재현적인 화풍과는 전혀 다른 공간의 깊이를 사상捨象한 조형造形을 시도했다. 이윽고 원 말기에는 4대가가 등장하여 그들의 모색에서 빠져나와 개개의 개성 속에서 통일된 산수화풍을 확립하여 이후의 문인화에 큰 영향을 주었다.

한편 직업화가 가운데 어떤 자는 남송의 궁정화가 양식을 계승했지만 결국 문인사회의 기반상실에 수반하여 문인화가와 직업적 화가는 그다지 큰 입장의 차이를 갖지 않게 되었다. 문인화가·직업화가의 작품을 불문하고 원대의 양식을 개관하면 종래의 자연주의적인 경향으로부터의 괴리, 사실寫實보다도 사의寫意 즉 화가의 심정과 개성을 표현하는 입장이 첨예화해 가는 것이며, 결국 그 경향은 그 뒤 중국회화사의 주류가 되어 간다. 일본에서는 종래 송·원 회화로서 이 두 시대의 회화를 일괄하지만, 완전히 다른 양식을 동일한 범주에서 파악하는 태도는·일본의 중국화 이해의 특수성을 말하고 있다.

다음에서는 송대에서의 수묵산수화의 발전을 중심으로 개관해 보고 싶다.

교송평원도

[그림 1] 李成 작품이라 전해짐. 비단묵화, 205.6×126㎝〔澄懷堂文庫 소장〕

오대 송초의 화북 산수화

당대 문화의 중심지였던 화북·중원 지대는 당말오대시기에 전란의 장이 되어 황폐했다. 그러나 전란으로 전통문화가 일소된 이 지역에서 실은 다음 세대로 이어지는 새로운 시도가 착착 이루어지고 있었다. 화가들의 내력은 거의 분명치 않고 작품도 원본은 거의 남아 있지 않다.

북송 화북계통의 수묵산수화의 조사祖師로 간주되는

산자극작도
山鷓棘雀圖

[그림 2] 黃居寀 작품이라 전해짐. 비단묵화에 착색함. 53.6×97.0 cm〔臺北國立故宮博物院 소장〕

이는 당말오대의 전란을 피하여 산서의 태항산太行山에 들어갔다고 하는 형호荊浩이다. 그는 "오도자吳道子의 그림에는 붓은 있지만 먹이 없다. 항용項容〔中唐의 대표적인 逸品화가〕의 그림에는 먹은 있지만 붓은 없다. 나는 이 양자의 장점을 취하여 일가를 이룬다"고 말하고, 오도자까지의 전통적인 선묘線描주체의 회화를 기초로 당대 중기에 나타난 새로운 발묵기법潑墨技法〔물기가 많은 묵을 뿌려 墨面으로 사물의 형상을 나타냄〕을 사용하는 시도를 의도적으로 행한 것을 알 수 있다. 그 뒤 "형호를 사師로 한다"는 섬서의 관동關仝과 산동의 이성李成이 나타나 화북의 산수화가로 활약했다.

이성의 작이라 하는 「교송평원도喬松平遠圖」[그림 1]는 가까운 나무로 인해 담묵淡墨으로 그려진 배후의 메마른 황토 대지가 멀리까지 이어지는 모습을 강조하여, 그가 창시했다는 한림평원화법寒林平遠畵法을 떠올리게 한다. 이들 형호·관동·이성 등 당말오대에서 북송 초에 걸친 화북계 수묵산수화가들은 모두 전란중에 초야에 묻혀 각각의 출신지 풍토에 뿌리내린 독자적인 화풍을 열어, 북송에서 수묵산수화가 대성하는 데에 큰 초석이 되었다.

촉왕조와 강남

이 사이에 당대의 문화 혹은 화려한 궁정문화를 온존시키는 역할을 한 것은 종종 당 조정의 피난장소 역할을 한 촉지역(사천성 成都)과 남조 이래의 고도인 남경에 의거해서 비교적 평화상태를 유지한 남당南唐(강남)이었다. 촉에서는 당의 중앙지역에서 유입된 화가의 풍조를 이은 화가들이 많았는데, 이들은 당시 활발하게 조영된 사관寺觀에서 도석화道釋畵와 화조화花鳥畵 솜씨를 뽐내었다. 촉의 궁정에서 활약한 화조화가인 황전黃筌·황거채黃居寀 부자는 촉이 멸망한 뒤에는 송조의 수도 개봉으로 가서 송의 궁정화원에서 중심적인 역할을 맡았다고 전해진다. 그 화풍은 '부귀富貴'라 칭해진다. 황거채의 작품이라고 하는 [그림 2]는 당대 화조화의 좌우 대칭구도를 답습하면서 참새묘사 등에 자세한 사생적 요소를 보여, 단순한 장식이 아닌 화조화의 새로운 전개를 느끼게 하는 것이다. 또 고문진高文進 등의 도석 인물화가도 촉에서 북송의 화원에 들어가서 활약하였다.

한편 당시 촉과 함께 독자적인 문화를 구가하고 있던 강남에서도 서희徐熙·서숭사徐崇嗣 부자가 화원의 화조화가로서 활약하다가 강남멸망 뒤에 송의 화원으로 들어갔다. 서씨의 화풍은 '야일野逸'이라 해서 촉의 황씨의 화풍인 '부귀'와 대비되고 있다. 그렇지만 서숭사의 것이라 하는 작품은 배경 전체를 색으로 칠해 버린 화려한 것으로 '야일'이라는 평가와는 거리가 멀다. 아무튼 그 구도는 바위·새·꽃과 나무를 아래서부터 수직으로 겹치게 하는, 당대의 장식적 화조화와 공통성을 보여 당에서 송으로의 과도적인 양상을 나타낸다. 이들 촉·강남 화원 화조화가들의 송왕조 초기 화원에서의

한림중정도

[그림 3] 董源 작품이라 전해짐
비단묵화담채, 115.6×179.9㎝
(兵庫 黑川古文化硏究所 소장)

활약과 화원에서 주도권 싸움을 했다고 전해지는 두 사람의 일화 등은 화조화라는 장르가 오대를 통하여 북송 초에는 주목을 끄는 중요한 위치를 차지하게 된 증거이기도 하다.

또 강남 궁정에서는 동원董源이 활약하여, 강남의 풍광에 뿌리내린 독자적인 산수화를 그렸다. 그의 작품이라고 하는 「한림중정도寒林重汀圖」[그림 3]는 수향水鄕지대의 빛·안개·물이 만들어내는 광경을 그린다. 또한 동원을 스승으로 하는 화가승려 거연巨然도 담묵으로 안개에 덮인 온화한 강남의 풍경을 그린 작품을 남기고 있다. 그들은 화북계통의 산수화와는 다른 계통으로 송대 이후 수묵산수화에서 중요한 역할을 하게 된다.

계산행려도

[그림 4] 范寬 작.
비단묵화에 착색함. 103.3×206.3cm〔臺北 國立故宮博物院 소장〕

수묵산수화의 완성

송조의 궁정에서는 처음에는 위에서 설명한 것처럼 촉·강남의 화가들을 중심으로 그림활동이 행해졌고, 화북계통 산수화가들의 다수는 아직 초야에서 활동을 계속하고 있었다. 그 가운데 한 사람으로 11세기 전반의 화가인 섬서의 범관范寬은 오대의 관동을 스승으로 삼았다고 하며 작품으로 북송을 대표하는 명화 「계산행려도谿山行旅圖」[그림 4]가 전해진다. 섬서지방 특유의 건조한 바위모습을 보이는 주봉主峰이 중앙에 솟았고, 그 산록은 안개가 끼어 깊고 깊은 계곡과 주봉에까지 이어지는 대기大氣의 두터움을 암시한다. 앞쪽 길에는 대상隊商

과 나그네가 콩알처럼 그려진다.

그림 속에서 길을 좇을 수가 있어 세부적인 섬세한 표현과 전체의 웅대한 통일감이 모순없이 유기적으로 나타나 있다. 이들은 북송 산수화의 공통적 특색이라 할 수 있다. 거기에는 자그마한 인간의 영위營爲를 감싸안는 웅대한 자연이 현실성을 유지한 채 재구성되어 있다.

이윽고 11세기 후반이 되면 곽희郭熙가 나타나 신종 황제의 총애를 받아 궁정에서 활약하기 시작한다. 북송 산수화 가운데서도 오늘날에 전하는 희귀한 원본인 「조춘도早春圖」[그림 5]는 중앙의 구름처럼 끓어오르는 주봉을 중심으로 왼쪽은 밝고 뒤쪽에는 관통하듯 이어지는 평원풍경을 배치하였으며, 아래쪽 물가에는 저녁 무렵 어부일가의 일상생활의 한 장면을 그려넣었고, 왼쪽 아래에서 오른쪽 위로 누각을 향하는 여행자 일행의 모습을 그리는 등 대자연과 거기에 안긴 사람들의 생활을 이른 봄 저녁 풍경으로서 복잡한 구성 가운데에 통일적으로 묘사하고 있다.

극명한 범관范寬의 묘사와는 다르게 오대의 이성은 자유롭게 구사했다는 담묵을 많이 사용함으로써 환상적인 분위기가 풍겨났고, 부분부분은 날카로운 자연관조에 의해서 자연의 다양한 정경에 입각하면서 전체적으로는 현실을 떠난 이상적인 세계가 되었다.

곽희는 관동·이성·범관 등 선행하는 화북계 수묵 산수화가가 각자의 출신지 풍토에서 만들어낸 구도법〔平遠·高遠·深遠의 三遠法〕을 하나의 화면에서 통일적으로

조춘도

[그림 5] 郭熙 작.
비단묵화담채. 108.1×158.3㎝
〔臺北 國立故宮博物院 소장〕

이용했고, 다시 강남화의 화법도 가미하는 등 종래의 수묵산수화 양식을 집대성했다고 생각된다. 그것은 특정한 시절과 시각을 표현하면서도 개개의 현상을 넘어선 영원한 광경처럼 보인다. 신종시대 궁정의 '벽면壁面'이라는 벽화에는 젊은 황제의 총애를 얻은 이 늙은 화가가 그린 수묵산수화로 가득했고, 많은 사대부가 시로 읊어 칭찬했다.

곽희시대에 당말오대에서 북송을 거쳐 성장해 온 수묵산수화는 북송의 이념을 대표하는 예술로서 정점에 달했다고 말할 수 있다. 그러나 신종이 죽자 궁정의 곽희 벽화도 모두 철거되었고 누구도 관심을 갖지 않았다고 한다.(당시의 벽화는 비단에 그려서 벽에 붙여져 있었음) 당시 존재했던 신·구 양당의 대립 등 정치적 이유도 있지만, 이것은 회화사적으로도 곽희의 등장과 집대성에 의해서 화북계 산수화의 발전은 일단 종언을 고했고, 각 측면에서 양식적인 분열·계승 시기로 들어갔다. 사람들의 기호도 미묘하게 변화하기 시작했고, 이미 시대 그 자체가 크게 변화하고 있었다. 북송 말에는 다른 조류가 나타나게 된다.

문인주의의 대두

곽희보다 거의 한 세대 아래인 북송의 문호 소식은 고도의 기교를 내포한 곽희의 산수화를 보고서 찬미하는 한편, 회화가 형태만을 추구하는 것을 물리치고 화가의 정신의 중요성을 강조하여 회화제작에서의 문인주의文人主義, 일종의 아마추어리즘의 복권을 제창한다. 그는 자신도 즐겨서 묵죽화墨竹畵를 그렸다고 한다.

그 주변의 문인들에게서도 유명했던 묵죽화가 문동文同과 수묵과는 대국에 있으면서 비척肥瘠없이 긴밀한 선만으로 대상을 그려내는 백묘화白描畵를 부흥시킨 이공린李公麟 등이 출현한다. 이와 같이 곽희에 의한 화북계 산수화의 집대성과 거의 시기를 같이해서 종래의 예술 방식과는 다소 다른 가치관이 나타났고 실천도 있었음은 주목된다. 아무튼 소식의 생각은 중국에 종래부터

운산도권

[그림 6] 米友仁 작
비단묵화에 착색함. 높이 42㎝
(클리브랜드 아트박물관 소장)

존재하고 있던 문인 중심의 예술관을 재확인했고, 이후의 회화관繪畫觀에 큰 영향력을 갖게 된다.

그 경향은 형태를 바꾸어서 북송 말의 휘종황제 주변에도 나타난다. 휘종 수집품의 서화감정가 미불米芾은 당시 우세였던 곽희로 대표되는 화북계 산수화를 고의적으로 허구에 가득 차 있다고 비판하는 대신 오대 강남의 동원과 거연의 작품을 평명천진平明天眞하다고 높이

평가했다. 그는 북송을 대표하는 서예가이며, 또한 그 아들 미우인米友仁과 함께 뒤에 미법산수米法山水라고 불려 문인계 산수화의 주요한 패턴을 이루게 되는 산수화를 그렸다. 현재 미우인의 작품이 몇 점인가 전한다.〔「雲山圖卷」〕[그림 6] 단순한 형식을 반복함으로써 구름과 안개에 쌓인 완만한 산줄기를 그리는 스타일은 분명히 화북계의 산수화와 크게 다르지 않다.

서학도

[그림 7] 徽宗 작.
비단에 착색(遼寧博物館 소장)

또한 휘종황제 자신도 화원학생에 대한 입시문제를 출제하는 등 자신의 예술관을 반영하기 위한 화원 대개혁을 행했다. 그래서 수립된 방향은 회화에서의 문학성·시정詩情의 중시이다. 그려져 있지 않은 여정餘情을 중시하는 경향은 여백의 확대, 그림 속의 경치를 바라보는 그림 속 인물의 강조 등을 특색으로 하는 남송양식의 선구가 되었다. 나아가 휘종황제 자신도 붓을 들고서 북송제일의 궁정 화조화가인 최백崔白에게 사사하여 원체院體화조화 양식의 형성에 큰 역할을 했다고 생각된다. 휘종의 화풍은 「서학도瑞鶴圖」[그림 7]에서 보는 대로 장식성을 가미한 섬세하고 우아하며 아름다운 것으로 생각된다. 이처럼 휘종황제가 시대의 취향변화를 대표하는 듯한 모습으로 북송 말의 회화는 새로운 시대 양식을 향하여 큰 변화를 보여갔다.

5. 남송과 원의 회화

남송화원의 산수양식

금의 침입으로 휘종을 비롯하여 흠종 이하 많은 궁정사람들이 포로가 되어 북방으로 끌려갔고, 동시에 많은 예술작품도 잃었다. 송왕조는 남쪽의 항주[臨安]에서 명맥을 지켰다. 이 대사건이 예술전통의 계승·발전에 큰 변화를 가져온 것은 상상하기 어렵지 않다. 서호西湖를 낀 항주라는 아름다운 도시를 중심으로 남송의 회화는 북송 말에 나타난 경향을 더욱 전개시켜 간다. 거기에 궁정을 중심으로 한 번화한 상업도시에서 미술애호가들의 지지 속에 성숙된 회화예술은 전체적으로 더욱 세련되어져 때로는 너무나 섬세하고 취약한 그늘을 보이기도 했다.

남송 초기의 화원화가를 대표했으며, 남송화원 산

동산도수도

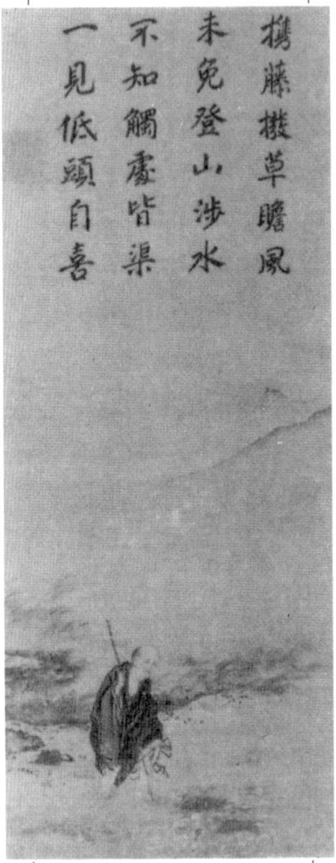

[그림 8] 馬遠 작. 비단묵화담채, 33×77.6㎝〔東京國立博物館 소장〕『東京國立博物館圖版目錄(中國繪畫篇)』

[그림 9] 夏珪 작. 비단묵화, 25.1×23.9㎝ 〔Boston Museum 소장〕

풍우주행도 단편

수양식의 방향을 제시한 이는 휘종시기에 궁정에 있다가 항주로 달아난 뒤, 꽤 많은 나이로 남송의 고종조 화원에 들어간 이당李唐이다. 이당의 것이라 불리는 작품은 화풍이 서로 크게 다르기 때문에 그 해석을 놓고 견해가 분분하다.

그러나 아무튼 이당이 기본적으로 지닌 기법은 북송화원에서 주류였던 화북계통 산수양식에서 기인한 것이며 풍토가 다른 남방의 항주에 도읍한 남송의 화원에서도 북방의 풍토를 나타내는 산수화법이 기본이 된다. 이당의 낙관이 찍힌 「고동원산수도高桐院山水圖」 쌍폭에는 훗날 남송산수화에서 현저히 나타나는 대상에의 접근, 여백의 확대, 대각선 구도, 민첩한 붓 사용 등이 분명히 인정된다.

이당이 이끌어낸 남송화원의 산수양식은 13세기의 마원馬遠·하규夏珪에 의해서 확립된다. 그들의 양식은 '변각邊角의 경景'이라 불려, 대상을 대각선 아래 절반에만 그리고 나머지는 여백으로 남긴다. 마원의 집은 대대로 도석道釋인물화가를 중심으로 많은 화원화가가 나왔고, 그 작품은 예각적銳角的이고 선적線的 요소가 강한 작풍을 보인다. 거의 동시대의 하규는 마원보다 부드러운 터치와 물기가 많은 먹의 사용을 특징으로 한다. 대표작으로서 마원은 「동산도수도洞山渡水圖」[그림 8]를, 하규는 습윤한 이 지방의 산 기운 풍경을 그린 「풍우주행도風雨舟行圖」[그림 9]를 들 수 있다. 그들의 양식은 남송 멸망 뒤에 항주의 직업화가에게 계승되어 명대의 절파

설경산수도

[그림 10] 梁楷 작.
비단묵화에 착색함. 50.4×111.4㎝[東京國立博物館 소장]
『東京國立博物館圖版目錄(中國繪畫篇)』

홍백부용도

[그림 11] 李迪 작.
비단에 착색. 25.5×25.2㎝
(東京國立博物館 소장)

浙波로 이어진다.

그밖에 남송 후기 화원화가로서는 마원의 아들인 마린馬麟과 산수 및 인물화의 양해梁楷, 주로 풍속적인 인물을 그린 이숭李嵩 등이 있다. 특히 양해는 폭넓은 기법을 보이는 가작 몇 점을 일본에 전하고 있다.〔「雪景山水圖」〕

[그림 10]

원체화조화의 완성

한편 화원의 화조화에서는 휘종시기의 성과를 이어받아 사실적인 구도에 기초를 둔 화려하고도 섬세한 원체院體양식이 이 시대에 완성되었음을 보여준다. 예를 들면 1197년 이적李迪의 「홍백부용도紅白芙蓉圖」[그림 11]는 대상의 질감을 자세하게 구별해서 그린다. 만개하기 직전에 보여주는 싱싱한 하얀 색깔의 부용은 꽃잎에 녹색을 섞어서 줄기와 잎에 강하고도 푸른 기가 강한 채색을 하는 한편, 적색의 부용은 붉은 빛에 물들어 보라는 듯이 피어난 꽃과 시들어 고개 숙인 꽃을 곁들였고 줄기와 잎도 약간 붉은 기운을 띠고 있다. 정치우미精緻優美하면서 자연의 한순간을 포착하여 생명있는 존재의 덧없음조차 감돌게 한다.

이와 같이 장식성과 사실적인 묘사를 작은 화폭 속에 통합한 정밀靜謐한 화풍은 다른 많은 남송 원체화 조화의 작품에도 보인다. 자연표현의 일환으로 산수화와 함께 육조시대에 싹터서 당·오대·송을 통하여 발전해

온 화조화는 이 때 최고의 절정에 달했다고 할 수 있을 것이다.

남송화원 이외의 회화

화원 이외로 눈을 돌리면 북송 말에 표면화한 다양한 움직임의 계승과 더불어 새로운 요소로서 당시대로의 복고적인 움직임이 보인다. 송왕조의 황족이던 조백구趙伯駒·조백숙趙伯驌은 의고적擬古的인 청록산수화靑綠山水畵를 그린 것으로 알려졌고 「강산천리도江山千里圖」 등의 작품을 남기고 있다. 또한 소위 강남화의 흐름을 보면 고종조에 활동한 미우인米友仁이 이미 설명한 대로 독자적인 산수화를 그렸고[그림 6], 한편 궁정에서 떨어진 곳에서는 묵희墨戱로서의 문인화가 주로 선승禪僧과 그 주변의 문인에 의해 그려졌고 또 감상되었다.

그 가운데서도 12세기 후반에 이성李姓 화가에 의해 그려진 「소상와유도권瀟湘臥遊圖卷」[그림 12]은 본격적인 작품의 예이다. 담묵으로 강남의 완만한 산들을 둥근 V자로 구성하고, 거기에 어민과 촌민의 생활을 자세히 그려넣는다. 사소한 인간사를 감싸안은 큰 자연을 나타내는 드넓은 공간표현은 북송화에도 통하며, 남송 초기 강남문인서클에서 태어난 산수화의 명품이다. 이윽고 남송 말에는 서호西湖 육통사六通寺의 승려이던 목계牧谿가 등장한다. 목계는 본격적인 그림솜씨를 갖추어 수묵의 도석화·산수화를 그리는 한편으로 초화草花와 야

소상와유도 瀟湘臥遊圖

[그림 12] 李氏 작.
종이묵화. 400.4×30.4㎝
〔東京國立博物館 소장〕

채·과일 등을 모티프로 한 묵희에 뛰어났다.

대표작인 「관음원학도觀音猿鶴圖」[그림 13]는 어두운 듯한 대나무 숲에서 날카로운 울음소리를 내면서 걸어 나온 학의 '동動'과, 그늘에 돌출된 마른 나무 끝에 새끼를 안고서 이쪽을 응시하는 원숭이의 '정靜'을 좌우로 배치하고, 그 중앙에 백의관음白衣觀音을 둔 특이한 짜임새이면서, 엷은 묵으로 안개가 들어찬 통일감이 있는 공간을 그려내어 전체적으로 엄숙하고 깊은 종교적인 세계를 나타내고 있다.

송대 회화의 공통재산인 예리한 자연관조에 입각한 각 모티프에 대한 표현은 적확하며, 그 위에 원숭이의 털, 나뭇잎, 우거진 풀, 학의 꼬리깃털, 대나무 줄기와 잎 등에 마른 붓 등도 사용한 대담한 붓 필치가 보인다.

관음원학도 〔원숭이 부분〕

[그림 13] 牧谿 작.
비단묵화담채. 97.6×172.2㎝
〔京都 大德寺 소장〕

이 필묵법과 미묘하게 변화하는 빛의 표현법은 「소상팔경도瀟湘八景圖」에도 발휘되고 있다. 그것은 팔경도의 참된 모티프라고도 할 수 있는 수향水鄕지대의 공간을 채운 형태를 지니지 않고 자유롭게 변환變幻하는 공기·빛 등의 매력을 훌륭하게 포착하고 있다. 남송에서 발전되고 축적된 다양한 필묵법을 구사하여, 동원董源 이래 강남화의 전통을 이어 북송의 대화면大畵面 산수화에 보이는 규모가 큰 공간표현을 갖춘 이 작품은 송대 산수화의 최후를 장식하는 데에 어울린다.

또한 목계와 동시대 화승畵僧인 옥간玉澗의 작품은 목계와는 달라, 어디까지나 화승의 여기餘技로서의 한계를 넘지는 않지만, 때로는 「소상팔경도瀟湘八景圖」·「산시청람도山市晴嵐圖」와 같은 화려한 인상의 작품을 남겼고, 일본에서는 목계 이상으로 평가되었다.

그들이 활약한 시기는 송왕조의 멸망시기에 해당한다. 목계·옥간과 같은 선승의 작품뿐 아니라 앞에서 든 대표적인 남송 화원화가의 작품이 일본에만 전하고 있는 사실은 항주함락으로 인한 중국의 혼란 속에서 남송에서 원왕조 초에 걸친 예술의 계승이 얼마나 어려웠는지를 말한다. 북송양식에서 전개되어 세련의 절정기를 이룬 남송 회화는 원조에서는 계승되지 않았고, 송 회화의 재산이던 자연관찰에 기초한 자연재현적인 지향도 13세기 말 남송멸망과 함께 중국회화에서 사라지게 되는 것이다.

송대의 도석화
道釋畵

송대의 도석화는 주로 직업적인 화가들이 담당했다. 중국본토에서는 그 대부분이 망실되어 버리고 지방의 벽화로서 약간이 남았을 뿐이다. 한편 일본에서는 남송의 수도에서 가까운 무역항 영파(寧波)에서 직업화가들에 의해 주로 수출을 위해 그려진 남송의 불화가 비교적 많이 남아 있다. 그것들은 중앙의 이름있는 화가의 작품은 아니지만 그 시대의 이미지를 오늘날까지 전하는 귀중한 사료이다

작화추색도

[그림 14] 趙孟頫 작.
종이묵화에 착색. 93.2×28.4㎝
[臺北 國立故宮博物院 소장]

복고주의의 시도

12세기 이후 중국의 북쪽 반을 지배한 금왕조는 중국문화를 적극적으로 섭취했고 중국문물도 다투어 구했다. 그리고 궁정에는 송을 모방하여 화원도 설치하였다. 또한 금조를 섬긴 한인관료들도 북송의 문화전통을 잘 전하고 있다. 왕정균王庭筠의 「유죽고사도幽竹枯槎圖」는 소식 주변 문인의 묵희를 오늘날 가장 잘 느끼게 하는 작품이며, 무원직武元直의 「적벽도赤壁圖」 등은 화북계의 산수양식을 기초로 독특한 화풍을 가미한 금왕조의 산수양식을 보여주고 있다.

금을 멸망시키고 항주를 함락시켜 중국전토를 지배한 몽골족의 왕조는 금과는 달리 화원도 철폐했고 남송문화의 계승자이던 강남인을 가장 냉대했다. 남송 궁정화가의 양식은 민간화공의 작품 속에 매몰되어 갔고, 한

편 강남의 문인은 사회적으로 확고한 기초를 잃었다. 따라서 원대에는 문인화가와 직업화가의 구별이 그다지 명확하지 않다. 다양한 요소가 혼재하는 원대의 회화를 후세에 돌이켜보면, 송대에 성취된 자연을 재현하는 객관적인 표현을 버리고 화가의 개성과 심정을 표현하는 주관적인 화풍이 확립되어 가는 시기의 작품이라고 할 수 있을 것이다. 그것은 이윽고 명대에서 명확하게 정리되어 가는 문인화 중심의 다양한 화파畵派성립으로 연결되는 실험과정이라고도 할 수 있을 것이다.

원왕조 초기 문인화가들의 다수는 남송의 유민이었다. 그들은 너무 취약한 남송양식을 배제하고 오대·북송 혹은 당대의 양식을 의식적으로 추구했다. 유민출신 화가의 대표적 존재였던 전선錢選은 당대의 청록산수青綠山水 혹은 북송 말 조백구 등의 복고적 청록산수 양식에서 배운 「난정관아도蘭亭觀鵞圖」 등의 작품을 남기고 있

하마철괴도

[그림 15] 顔輝 작.
비단묵화에 착색. 79.6×191.3 cm〔京都 知恩寺 소장〕

부춘산거도권

[그림 16] 黃公望 작. 종이묵화. 636.9×33㎝[臺北 國立故宮博物院 소장]

다. 그것들은 자연에서 고의적으로 괴리된 언뜻 보면 치졸하게 보이는 표현을 취하고 있다.

원의 고관을 지낸 고극공高克恭은 북송의 미불·미우인 부자의 양식에 기초하여 북송의 여러 양식을 가미한 작품을 남겼다. 또 송왕실 출신으로 원조에 출사한 조맹부趙孟頫도 동원과 거연의 강남양식을 본뜬 「작화추색도鵲華秋色圖」[그림 14]를 비롯하여, 당·북송 양식을 폭넓게 복고적으로 추구한 다양한 작품을 남겨 큰 영향력을 가졌다. 그밖에는 특히 이성·곽희의 양식을 배운 당체唐棣·주덕간朱德潤·조지백曹知白 등의 이곽파李郭派 화가가 독자적인 스타일을 보인다.

그러나 이들 작품은 그들이 복고하려고 한 시대의 회화와는 거리가 멀다. 특히 송대의 화가가 추구하고 있

어부도

[그림 17] 吳鎭 작. 종이묵화. 95.6×176.1㎝[臺北 國立故宮博物院 소장]

던 공간표현과 거리·빛 등에 대한 배려는 고려되지 않았고, 강조된 선묘線描와 단순한 형식에 의해 평면상에 시각적인 효과를 만들어내는 것에 중점을 두어, 송대에」편 일본에는 안휘顔輝의 「하마철괴도蝦蟆鐵拐圖」[그림 15]와 손군택孫君澤의 「산수도山水圖」 등 남송의 양식을 어떤 형식으로든 보다 많이 이어받은 원왕조 초기의 직업적 화가와 선종 화승 등의 문인화적 작품이 다수 전하고 있다.

원말의 4대가

원대 후기에는 문인화가인 '원말의 4대가'가 출현하여 뛰어난 예술성에 의해 각각의 개성을 발휘하여 산수 양식에 새로운 국면을 열었고, 그 존재는 명대, 이후의 회화 특히 문인산수화에 큰 영향을 주었다. 황공망黃公望과 오진吳鎭은 그들의 활동기 중 전반이 조맹부와 겹치고 거의 한 세대 늦게 예찬倪瓚과 왕몽王蒙이 활약했다.

황공망의 「부춘산거도권富春山居圖卷」[그림 16]은 강남계의 동원·거연 등의 양식을 답습했고 기분좋은 붓의 움직임과 묵색이 아름답게 서로 녹아든, 중국화를 대표하는 명화의 하나이다. 오진도 동원과 거연의 스타일을 추구했다. 「어부도漁夫圖」[그림 17]는 단순한 구성 속에 당당한 작품을 보인다. 예찬은 재산을 버리고 유랑하며 후반생을 보냈다. 그는 그의 결벽스러운 성격을 반영하는 듯한 간결하고 정숙한 화풍으로 알려져 '소산체蕭散體'라 칭해졌다.(「容膝齋圖」)[그림 18] 왕몽은 조맹부의 외손자에 해

용슬재도
容膝齋圖

[그림 18] 倪瓚 작.
종이묵화 35.5×74.7㎝
〔臺北 國立故宮博物院 소장〕

당한다. 활발하게 붓을 움직여 거의 여백을 남기지 않고 그려넣어 예찬과는 대조적인 화풍을 보인다.(「青卞圖」)

이들 4대가의 출신지와 활약지는 절강·강소 등 모두 강남지역으로 명대의 강남 각 도시에서 발달하는 문인화에 영향을 주었는데, 특히 예찬과 왕몽은 당시 강남 문화의 중심으로서 번영한 소주蘇州의 문인화가에게 커다란 영향을 주었다. 그들은 마음속에 둔 광경을 화가의 정신을 반영하는 독자의 붓놀림에 실어 표현하고 있다. 표현의 주체는 다양한 개성적인 선이다. 이것은 전통적으로 뿌리깊은 중국화의 선 표현이 송대에서의 수묵표현 우세라는 시대를 거쳐, 이 시기에 이르러 화가의 개성표현 중시와 더불어 다시금 부상했다고 바꿔 말할 수 있다.

6. 도자기와 조각

도자기

중국의 도자기는 당말오대에 크게 발달했고 송대에 황금시대를 맞았다. 하북의 정요定窯·균요鈞窯·여요汝窯 등의 관요官窯에서 구워진 백자白磁는 금은기金銀器를 모방한 엄격한 형식을 갖추고, 주걱 같은 도구로 깊이 새기는 것이 아니라 한쪽에서만 얇게 깎는 것들이 많았다.

[그림 19] 똑같이 하북의 자주요磁州窯에서는 일반을 대상으로 한 철회鐵繪와 문양을 넣은 회색빛 자기가 대량으로 생산되어 자기磁器라는 호칭의 유래가 되었다.

그밖에도 섬서의 올리브색 유약과 조각문양을 특색으로 하는 요주요耀州窯 등이 있어 북방청자를 대표한다. 또 긴 전통을 지닌 강남에서는 절강의 월주요越州窯 청자와 북송 후반에는 강서 경덕진景德鎭에서 푸른빛을 띤 백자=청백자青白磁가 구워지게 되었다. 북송의 도자기는 금은기金銀器를 주로 하는 날카롭고 팽팽한 조형을 특징으로 하고, 시대가 내려옴에 따라 점차 그것이 부드러워 부드러워져 가는 경향이 있다.

백자연화당초문 용구정병

청자하무 화생

수도가 남으로 옮겨감에 따라 도자기 생산의 중심도 남부 해안지방으로 이동하여 수출용 도자기도 활발하게 생산되었다. 남송 도자기를 대표하는 것은 수도 항주의 관요를 정점으로 하는 청자이다. 수내사요修內司窯와 교단요郊壇窯 두 곳에서 구워진 관요의 청자는 유약을 두텁게 발랐으며 도자기 가운데 최고봉이라는 명성을 얻었다.[그림 20] '민요'에서는 절강의 용천요龍泉窯가 질

[그림 19]

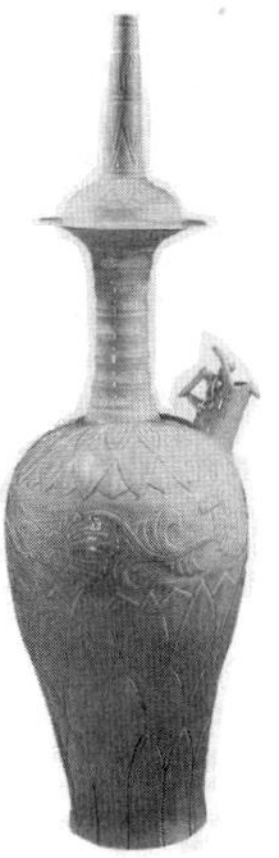

北宋 定窯
높이 60cm. 河北省 定縣 출토[定縣博物館 소장]

[그림 20]

南宋 官窯(修內司窯)
높이 23.5cm. 東京 알칸젤 美術財團 소장

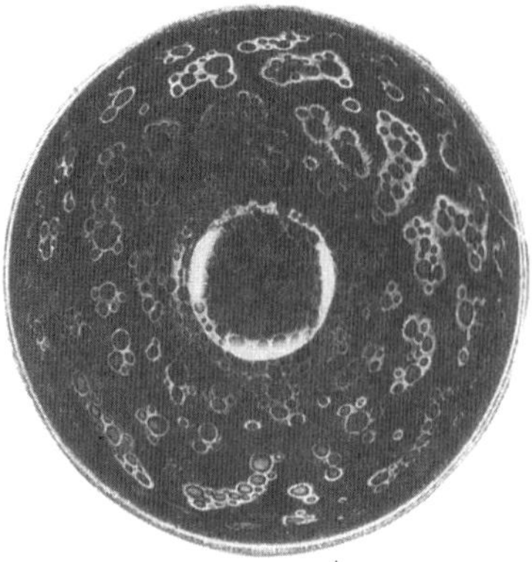

[그림 21] 南宋 建窯 높이 7.2㎝
[東京 靜嘉堂文庫 소장]

요변천목다완(좌)
청화쌍봉문반(우)

[그림 22] 景德鎭窯
(梅澤記念館 소장)『宋元の美術』
大阪 市立美術館展覽會

과 양 모든 면에서 뛰어난 청자를 다량으로 구웠으며, 일본에서는 이것을 침청자砧靑磁의 이름으로 높이 평가되었다.

또한 복건의 건요建窯 등에서는 차를 마실 때 쓰는 천목차완天目茶碗이 다수 구워져 요변천목曜變天目[그림 21] 등의 명품이 남아 있다. 강서의 경덕진에서는 청백자가 북송을 이어 생산되어 원대 이후에는 코발트로 그린 청화백자靑花白磁로 전개되었다.[그림 22] 남송의 도자기는 대량생산으로 인하여 많은 사람들이 이용해서인지 기형器形은 북송보다 다루기 쉬운 실용적인 것이 많고 인상도 부드럽다. 이 조형감각의 변화는 회화의 양식변화와 통하는 점이 있다.

[그림 23] 遼 塑像
(大同市華嚴寺薄迦教像殿)

보살입상[좌]
나한좌상[우]

[그림 24] 北宋 嘉祐年間
(山東省長淸靈巖寺千佛殿)

조각

당대에 사실적寫實的 조각의 고전주의적인 완성이 이루어진 뒤, 송대에는 한층 더 철저하게 사실적인 방향을 추구한다. 조각은 종교적인 존상尊像으로서보다 자연 그대로의 몸을 지닌 인간으로서 더욱 리얼한 표현이 추구되었다. 송대의 불교는 일반적으로 쇠퇴했다고 하지만 그러한 속에서 관음과 나한신앙은 민중 사이에서 유행했다. 송대의 조각을 대표하는 것도 자유롭게 편안한 모습을 취하는 관음상과 개성적인 자태를 지닌 나한상이다. 현재 남아 있는 작품으로는 하북성 계현薊縣 독락사獨樂寺와 대동大同 화엄사華嚴寺 등에 당대의 전통을 강하게 이어받은 풍부하고 화려한 작풍을 보이는 요대의 것이 있다.[그림 23]

또 북송에서 남송에 걸친 시기의 유품으로 산동성

영암사靈巖寺와 소주蘇州 교외 보성사保聖寺의 소상塑像인 나한상이 다양한 얼굴모양을 하여 때로는 내면의 심리 묘사까지 보이고 있다.[그림 24] 그밖에 요·금의 목조관음상 대작이 중국 국외에 다수 전하고 있다.[그림 25]

송대에는 석굴사원의 조영이 그다지 보이지 않게 되었으나 사천성 대족大足에는 북송과 남송의 대규모 석굴이 남아 있다. 거기에는 송대에는 드문 밀교관계의 소상이 많고, 또 도교를 주제로 한 상도 포함되어 주제와 질·양 모두 주목된다.[그림 26]

불상 이외에는 산서성 태원 근교에 있는 진사晉祠 등에 철상鐵像이 몇 점 남아 있어 송대 독자의 사실성 높은 힘 있는 표현을 보인다. 또 진사 성모전聖母殿의 시녀상은 몸이 가늘고 표정이 풍부하며 아름다운 모습으로 송대 조각의 특징을 잘 전한다.[그림 27]

송대의 조각

송대의 조각 특히 불교조각은 불교의 변질과 함께 이전 시대와 같은 대형 조상(造像)은 보이지 않는다. 나한·관음이 조상의 주류가 되었고, 채색한 소상(塑像)과 목조(木彫)도 많은데 이들은 매우 사실적인 작풍으로 알려져 있다. 사천의 대족석굴(大足石窟)은 그 수가 적은 송대 석굴 가운데 하나로, 북송에서 남송에 걸친 밀교와 도교적인 특이한 주제의 작품이 많이 보인다. 또 산서성 태원(太原) 진사(晉祠)의 성모전(聖母殿)에 있는 몸이 가늘고 표정이 풍부한 시녀상(侍女像)도 송대를 대표하는 것의 하나이다.

관음보살상

[그림 25] 木彫
(Museum of Fine Arts 소장)

[그림 26] 南宋
(四川省 大足寶頂山 제20호)

양계녀(좌)
시녀입상(우)

[그림 27] 北宋 塑像
(山西省太原市 晋祠聖母殿)

종래 송대의 조각은 그 이전과 비교하여 대규모 조상이 보이지 않는 점과 너무 사실을 추구했기 때문에 종교적인 숭고함이 결여되었다는 평가로 간과되기 쉬웠지만, 회화와 관련이 있기 때문에 앞으로의 연구가 기대된다.

□쉼 터□

Ⅷ. 동아시아 문화권의 형성

竺沙雅章

1. 동아시아 문화권의 형성

당에서 송으로의 정치변동은 한국·일본 등 동아시아 제국과의 문화교류면에서도 큰 변화를 초래하였다. 당대에는 대체로 중국에서 유출되기만 했지만 오대 이후가 되면 거꾸로 주변 여러 나라에서 중국으로 문화가 환류還流되는 현상도 일어났다. 또한 많지는 않지만 송에서 고려 그리고 일본으로, 혹은 그 반대와 같이 여러 나라에 걸친 경우도 나타났다. 이렇게 해서 이 시대에는 전대와는 다른 형태의 문화교류권이 형성되게 되었다. 그 상황을 여실하게 보이는 것은 이 시대에서도 여러 나라 사이에 공통적인 문화였던 불교의 교류이다. 그래서 먼저 불교문화를 중심으로 동아시아 문화교류의 상황을 보아가기로 하자.

오월국의 역할

일본에서 당대 문화수입의 주역이었던 견당사遣唐使는 838년의 파견을 마지막으로 폐지되었다. 그 이유로는 중국에서 정치의 불안정도 있었지만, 그보다 일본지배층에 중국문화를 섭취하려는 열의가 약해져 대외정책에 소극적으로 된 까닭도 크다. 이 이후 명대 초기까지 4백 년간 일본과 중국 사이에는 정식국교가 없이 교류는 오로지 민간의 손으로 이루어졌다. 게다가 오대·북송 무렵에 일본은 국인의 해외도항을 엄금했기 때문에 교류를 중개한 것은 중국측 상인이었다. 또 거기에 일본에 내항한 외국상선은 태재부太宰府에 머무른 상태에서 정부의 관할 아래서만 무역이 허락되었고, 너무 자주 오지 않도록 2년에 1회로 내항을 제한하기까지 했다. 그러한 상황에서도 일본으로부터 도항이 인정된 것은 승려였는데, 이들은 일본의 배가 없기 때문에 중국 상선에 편승해서 바다를 건넜다.

견당사 폐지 뒤의 불교문화 교류는 오대의 오월국吳越國과의 사이에서 시작되었다. 절강지방에 할거한 이 나라는 소국이면서도 한반도의 왕조 그리고 발해 등과 무역을 통하여 번영했고 일본에도 종종 내항했다. 불교가 왕성했고 그 가운데서도 제5대 즉 마지막 국왕인 전홍숙錢弘俶은 독실한 불교신자로서 수도인 항주杭州를 비롯하여 영내 각지에 많은 사탑을 세웠고 승려를 우대했다. 또 사자를 고려와 일본에 파견하여 당 말기의 전란으로 잃어버린 천태종 관련의 전적을 찾게 했다. 여기에 응하여 일본에서는 연력사延曆寺의 승려 일연日延이 전적을 가지고 오월로 건너갔고 그 대신에 전홍숙이 만든 「팔만사천탑八萬四千塔」을 가지고 귀국했다. 이 탑은 인도 아쇼카왕의 고사를 본떠서 그가 955년에 만든 것으로 일본에는 일연이 가지고 온 것이라고 전하는 것 이외에도 여러 점이 현존한다.

전홍숙
팔만사천탑

五代時代
『釋迦信仰と清凉寺』〔國立京都博物館特別殿〕

석가여래상

조연이 송나라에서 닮게 조각하여 귀국한 뒤, 경도의 청량사(淸凉寺)에 안치되었다. 후세까지 생신(生身)의 석가상으로서 신앙을 모았다.[京都 淸凉寺]

한편 막 건국한 고려와 오월의 불교교류는 한층 밀접했다. 특히 고려국왕은 자주 승려를 오월에 보내 불교를 배우게 했고, 그 가운데는 왕족출신으로 오대 말기에 이르러 천태종의 부흥에 공헌하여 중국 천태종의 제16조로 추앙된 의통義通과 같은 고승이 있었다. 또 천태종의 일서逸書를 요구받자 고려국왕은 체관諦觀에게 경전을 가져가게 했다. 체관의 전기는 송대의 불교사적에 실려 있어 그 공헌도를 엿볼 수 있다.

조연과 성심

송대가 되어 일본에서 건너온 최초의 승려는 동대사東大寺의 조연奝然이다. 그는 983년에 송에 들어가 태종에의 알현을 허가받고 『본조직원령本朝職員令』·『왕년대기王年代記』 등을 헌상하고, 황제의 하문에 대하여 필담으로 일본의 풍토와 정세를 자세히 소개했다. 또 조정의 허가를 얻어 오대산五臺山을 순례한 3년 뒤에 귀국했는데, 이 때 막 완성된 인쇄대장경, 소위 『개보장開寶藏』을 하사받았고 또 궁정에 안치되어 있던 인도에서 가져왔다고 하는 석가서상釋迦瑞像을 본떠 조각해서 가지고 돌아왔다. 이들 장래품將來品이 그 뒤의 일본불교에 준 영향은 적지 않았다.

한편 오랫동안 국교가 없었던 중국에 일본의 국정을 소개한 공적도 컸고, 아울러 『송사宋史』 일본전의 약 8할은 조연관계의 기사로 채워졌다. 근년에 석가상의 몸

속에서 조연이 중국에서 넣은 견제絹製의 오장五臟과 다수의 견직물·거울·판화·경권經卷 그리고 송나라체재 때의 여행기 등이 발견되어 주목을 모았다.

그의 뒤에도 진종조眞宗朝에 입송해서 소주蘇州의 승관僧官에까지 임명되었다가 끝내 그 곳에서 뼈를 묻은 적조寂照(또는 寂昭)와 같이 중국에도 이름이 알려진 승려가 있으나 입송한 사람은 아주 적었다. 그 가운데 주목되는 자가 신종조에 도래한 성심成尋이다. 그는 1072년에 입송해서 정부의 두터운 보호와 편의를 제공받아 천태산天台山과 오대산을 순례했고, 여행중에 얻은 문물을 제자에게 맡겨 일본으로 보냈으나 자신은 송조에 머물다가 개봉에서 죽었다. 그의 여행기 『참천태오대산기參天台五臺山記』에는 당시의 불교와 사회사정이 자세히 적혀 있어 귀중한 사료가 된다.

입송의 목적

북송에서 남송 초기에 입송한 승려의 목적은 당대와 같은 구법求法이나 불교공부를 위해서가 아니라 주로 중국의 성지를 순례하는 데에 있었다. 특히 오대산은 문수보살이 나타나는 성지로 여겨져, 거기에 순례함으로써 자기의 무거운 죄가 소멸되어 극락왕생이 이루어진다고 믿었다. 당시 일본에서 유행하고 있던 말법도래末法到來의 위기감이 한층 더 성지순례의 여행을 조장하고 있었다. 이후 중국의 성지만으로는 만족하지 못하고

> **『개보장』**
>
> 가장 오래된 인쇄대장경으로서 칙판(勅版) · 촉판(蜀版) 등이라고도 불린다. 송 태조의 칙명에 의해 972년(開寶5)에 사천의 성도에서 만들어지기 시작하여 983년(太平興國8)에 수도로 옮겨진 뒤 인경원(印經院)에서 인쇄되었다. 5,048권 13만여 판, 그리고 여기에 송대의 신역경(新譯經)을 더했다. 고려 · 서하 · 교지(交趾) 등에도 하사되었고, 이를 저본으로 삼아 『고려장(高麗藏)』·『금장(金藏)』이 만들어졌다. 일본의 조연(然)이 가져간 경장(經藏)은 등원도장(藤原道長)의 보리사(菩提寺)인 경도의 법성사(法成寺)에 두었으나 아깝게도 소실되어 전하지 않는다.

영서榮西와 명혜明惠처럼 불교의 발상지인 인도에 가려고 하는 승려도 나타났다.

물론 당시의 국제정세로는 불가능한 일이고 오대산조차 12세기에는 금의 영역이 되어 순례할 수 없게 되었다. 그래서 남송에서는 오대산을 대신하여 명주明州 가까이에 있는 아육왕산阿育王山과 관음의 영험한 장소로서 당대부터 알려진 주산열도舟山列島 중의 보타락산普陀洛山에 대한 순례가 왕성해졌고, 일본에서 사리신앙과 관음신앙을 활발하게 만들었다.

오월에 이어 북송시대에도 중국은 일서逸書를 고려와 일본에 구하여 일본도 약간의 천태관련 전적을 보냈으나 일본·송 사이에는 인적인 교류가 적었기 때문에 쌍방 사이에 오해와 불신감이 강했을 뿐 아니라 전적의 진위를 놓고 대립하는 일도 종종 있었다. 교학教學의 교류로서는 원신源信이 자신의 저서인 『왕생요집往生要集』을 송조에 보냈고, 또 천태종의 중심인물인 지례知禮에게 천태교의에 관한 27개 조의 질문을 적조寂照에 부탁해서 가르침을 바란 적이 있다. 이러한 그의 행동에 대해 일본불교계의 반응은 차가웠는데, 그것은 자신들의 교학이 이미 중국을 능가하여 이제 중국에서 배울 것이 없다고 자신했기 때문이며, 원신의 행동은 중국학승의 힘을 시험해 본 것에 불과하다고 평가했다. 이 같은 독선적인 태도로는 활발한 학문상의 교류를 기대하기 어려웠다. 일본불교계가 다시금 중국에 눈을 돌려 법을 구하게 되는 것은 일·송 사이의 무역이 활발해져 사람들의 왕래가 빈번해진 남송 중기 이후였다.

고려와 송

고려는 송이 건국하자 일찍 사자를 보내 수호를 맺었고, 그 뒤 요를 의식해서 일시 단교했으나 신종조 이후 다시 왕래가 활발하게 되었다. 송의 수도 개봉에는 고려사신을 접대하는 동문관同文館이 두어졌으며, 고려의 수도 개성開城에도 송의 사신이 머무는 순천관順天館이 설치되었다. 송초에 고려에서 파견된 유학생 가운데는 국자감國子監에서 수학한 뒤 과거에 급제하여 임관된 자도 있었다. 불교의 교류는 한층 활발해서 『개보장』은 세 번이나 하사되었고, 이를 저본으로 해서 고려에서도 대장경大藏經〔初雕〕이 출판되었다.

불교교류에 가장 공헌한 사람은 문종의 왕자인 대각국사大覺國師 의천義天이었다. 그는 1085년에 입송해서 화엄·천태·율律 등을 배우는 동시에 아직 전해지지 않은 여러 종파의 장소章疏〔佛典注釋書〕 3천여 권을 수집해서 본국에 가지고 돌아갔다. 그 뒤에도 송·요·일본에서 일서를 모아 1천 부部 4천 권에 이르는 『고려속장경高麗續藏經』을 출판했다. 이 장경은 송에도 일본에도 전해져 각각의 교학발전에 공헌했다. 또 그는 송조에 잃어버린 화엄종의 장소章疏를 보내 송대 화엄종 부흥의 단서를 열었고, 나아가 그들 경권經卷이 송에서 일본으로 전해져 일본의 화엄교학 발전에도 기여하였다.

불궁사
佛宮寺
목탑

제4층에 안치된 석가상 몸체에서 『거란장』의 일부가 발견되었다.〔山西省 應縣 佛宮寺〕

요의 불교

동아시아의 불교 교류 속에서 빼놓을 수 없는 것은 요왕조의 존재이다. 요에서는 야율아보기〔요 태조〕를 비롯하여 역대 황제가 불교에 귀의했고, 특히 연경〔북경〕을 중심으로 해서 당대부터 전승된 화엄·법상法相·밀교 등의 종파가 번영하여 뛰어난 학승이 배출되었다. 또 수왕조시대에 퍼지기 시작한 방산석경房山石經 사업의 계속, 대장경 출판과 같은 대형 문화사업이 행해졌다. 특히 『거란대장경契丹大藏經』은 송의 『개보장』과는 관계없이 독자적으로 만들어진 것으로 가장 뛰어난 텍스트로 평가되나 실물은 하나도 전해지지 않는다. 최근 그 잔권이 10점 정도 발견되어 학계의 주목을 모았다.

그런데 송과 요는 전연澶淵의 맹약성립 이후에 비교적 평온한 관계가 이어져 사자의 왕래도 있었지만, 서적에 관해서는 쌍방 모두가 엄한 금령을 세워 상대국에 파급되는 것을 막으려 했다. 그럼에도 불구하고 송나라 사람들의 문집은 요에서 어렵지 않게 읽혀졌고, 한편으로는 심괄의 『몽계필담』에 기록되어 있는 것처럼 요에서 만들어진 자서字書인 『용감수경龍龕手鏡』이 상인에 의해 송나라에 전해지기도 했다.

불전의 경우도 똑같이 송·요 사이에 약간의 교류가 있었던 것을 일부의 자료에서 확인할 수 있다. 다만 요와 고려는 우호관계에 있었기 때문에 『거란장契丹藏』을 비롯하여 많은 장소章疏가 고려에 전해졌고, 그

것이 다시 송·일본에 전해져 오고 있다. 특히 앞서 말한 의천이 요나라 승려의 '장소'를 수집해서 『속장경』에 넣어 출판한 공적은 컸고, 그 인쇄본이 짧은 시일에 일본에 전해졌다. 또 일본과 요왕조의 교섭은 요태조 때부터 보이고, 1091년에는 일본에서 정원鄭元·정심鄭心 및 승려 응범應範 등 28인이 와서 조공했다고 『요사遼史』에 기록되어 있다.

요컨대 오대·북송 시대에 동아시아 제국 사이에는 종종 정치적 긴장이 보였고 특히 일본은 어느 나라와도 공식적인 외교관계를 맺지 않았지만, 문화교류는 민간인의 손으로 끊이지 않고 계속되고 있었다. 불교문화의 교류라는 점에서 중요한 위치에 있던 것은 고려이며, 이 고려가 송대의 천태·화엄 양종의 부흥에 기여했고, 또 요의 교학을 송과 일본에 전하는 역할을 한 것이다.

2. 송·원 문화의 일본전래

일·송 무역

소원해지기 쉬웠던 일본과 중국의 관계가 다시 활발하게 된 것은 12세기 후반 즉 남송 중기, 일본에서는 평안조平安朝 말기 이후의 일이었다. 특히 정권을 잡은 평

일본과 동아시아

10~14세기의 동아시아
『講座日本歷史(3-中世 1)』[東京大學出版會]

청성平清盛은 해외무역의 이익에 관심을 갖고 선례를 깨고 적극적인 무역진흥책을 세웠기 때문에 일·송 사이의 무역은 비약적으로 증대되었다. 게다가 종래와 다른 것은 일본상선이 빈번하게 송으로 건너가게 된 점이다.

송측에서도 화북을 금에 빼앗겨 끊임없이 그 압박을 받고 있던 터라 군사비가 불어나 재정이 곤란했기 때문에 해외무역을 크게 장려했다. 북송 이래로 정부는

송대
해선海船

泉州灣 출토
『文物(1975-10)』

중요한 항구에 시박사市舶司를 두어 무역사무를 맡게 했고, 상선이 적재한 화물에 대해 추해抽解〔적재화물의 일정비율을 거두는 세〕와 박매博賣〔정부의 매입〕를 행했다. 출입하는 항구는 국가별로 지정되어 있어 일본과 고려는 명주明州〔절강〕였다. 남송 중기 이후가 되면 일본상선이 매년 40~50척 이 곳에 내항하여 "왜인은 경파鯨波의 위험을 무릅쓰고 배가 연이어 들어와 그 물자를 팔게 되었다"〔『開慶四明續志』〕고 한다.

일본이 수출한 것은 금·은·유황·목재·미술공예품이며, 중국에서 금錦·능綾·견絹·향약·도자기·문방구·서적 등을 수입했다. 그 가운데서도 일본상인이 가장 좋아했던 것은 동전으로, 배 1척으로 수만 관貫의 동전을 싣고 돌아와 하루 사이에 시장에서 모두 팔았다고 한다. 대량의 동전이 유출된 송에서는 전황錢荒〔동전부족〕이 일어나 경제계에 심각한 영향을 주었다. 그래서 동전의 국외반출을 금지하는 '동금銅禁'이 시행되어 남송 말까지 이어지기는 했지만 효과가 없었고 동전유출을 막지도 못했다. 송대의 동전은 일본과 고려뿐 아니라 동남아시아와 인도에서 멀리 아프리카 동해안에까지 운반되고 있었다.

역자 보충설명

원대의 무역선

1976년에 한반도 서남해안에 가까운 전라남도 신안군 앞바다에 침몰한 원대 무역선이 발견되어 학계를 놀라게 했다. 배 길이 28m, 폭 6.8m, 내부는 7개의 격벽(隔壁)으로 나뉘었고 나무상자가 정연하게 쌓여 있었다. 인양된 것 가운데는 대량의 당·송·요·금·원 시대의 동전, 1만 8천 점에 이르는 경덕진을 비롯한 강남 각지에서 생산된 도자기가 있다. 또한 목찰(木札) 가운데 하나에는 지치(至治) 원년(1321)의 연호를 기록한 것이 발견되어 침몰시기를 알 수 있다. 이 배는 상기한 화물들을 가득 채운 뒤 경원로(慶

□ 시박사

중국에서 해상무역 관련사무를 담당한 관청으로 당대에 시작되어 송·원시대를 거쳐 명대까지 존속했다. 단 당대에 관청이 존재했는지의 여부는 분명치 않고, 714년(開元 2) 이후에 관직이름으로서 시박사(市舶使) 또는 압번박사(押蕃舶使) 등의 명칭이 보일 뿐이고, 또 그것은 광주(廣州)에만 존재했다.

송대에 시박사제도가 정비된 것은 남해(南海) 여러 나라와의 무역이 성대해진 것을 배경으로 한다. 시박사가 두어진 곳도 광주·천주(泉州)·온주(溫州)·명주(明州)·항주(杭州)·수주(秀州)·밀주(密州) 등 다수에 이르고, 각각 그 설치에 관한 연혁이 있으나 특히 원풍연간(1078~85)의 관제개혁에 의한 변동이 가장 크다. 송초에는 시박사의 장관을 시박사(市舶使)라 하여 소재지의 지주(知州)가 겸임했고 그 아래의 판관도 주의 통판(通判)이 겸임했다. 1080년에 장관의 명칭을 제거시박(提擧市舶)이라 고치고 이를 전운사(轉運使)가 겸임하게 하였다.

또 중앙으로부터도 조관(朝官)과 환관(宦官)을 보내 그 업무를 관리시켰으나, 1102년(崇寧 1)에 처음으로 전임장관으로서 제거시박사(提擧市舶司)를 두었다. 그 아래에는 감관(監官)·전고(專庫)·수분(手分) 등이 있었다. 또 1로(路)의 시박 사무를 총괄하는 관청을 시박사라 한 것에 대해 거기에 소속하는 지사(支司)를 무(務) 또는 장(場)이라 했다. 예를 들어 양절제거시박사(兩浙提擧市舶司)는 수주(秀州)의 화정현(華亭縣)에 있으면서 항주·명주·온주·수주·강음군(江陰軍)의 다섯 시박무를 관할했다.

이 시대의 무역에 의한 정부 수입은 상당히 컸고, 중앙정부에서 사람을 보내 시박의 사무를 직접 관리시킨 것도 그 때문이지만, 특히 신법당은 무역진흥책을 취했기 때문에 시박사의 치폐와 그에 관련된 정책의 변경에는 당쟁과 얽혀 있는 경우가 많았다. 송대의 자료에[『宋會要輯稿』 食貨38] 시박조례(市舶條例) 또는 시박조약(市舶條約)이라 불리는 것이 있고, 거기에 따라 시박사가 관장하는 주요내용을 소개하면 다음과 같다.

1) 입항하는 무역선의 화물을 검사하고 수입세를 징수한다. 〔抽解〕 세율은 일정치 않으나 대략 화물의 1/10이었다.
2) 전매품 등 수익이 높은 화물을 수매(收買)·보관·매출한다. 이를 위해 시박본전(市舶本錢)이라는 자금을 준비했다.
3) 무역선이 출항할 때 허가증을 교부한다.
4) 〔외국선에〕 박재(舶載)된 화물의 판매허가증을 교부한다.
5) 외국과 외국 무역선을 불러오고 그를 영송(迎送)한다.
6) 동전유출을 단속한다.
7) 관리의 불법행위 방지를 규정한다.
8) 표착(漂着)하는 선박과 거류 외국인을 규정한다.

원대의 시박사는 시박제거사라 불려 천주·광동(廣東, 즉 송대의 광주)·경원(慶元, 즉 송대의 명주) 세 지역에 두어졌다. 장관을 제거(提擧)라 하고 그밖에 동제거(同提擧)·부제거(副提擧) 등의 관리가 있었다. 명대에도 천주·명주·광주 등 세 곳에 시박제거사를 두었고, 관제도 원대와 유사했지만 시박태감(市舶太監)이라는 환관이 감독한 점이 다르다. 명대의 시박사는 조공사절을 응접하고 그들이 가져오는 화물을 관리할 뿐이고, 이도 해금정책(海禁政策)으로 매우 제한된 것이었으므로 무역의 대부분은 밀무역이 점하고 있었다. 따라서 시박사의 무역관련 업무는 적어졌고 가정연간(1522~66)에 왜구의 활동이 심해지면 복건과 절강의 시박사는 폐지되어 광동만이 남게 되었다. 청대에는 시박사가 없고 이를 대신해 광동에 해관(海關)이 설치된다.

『アジア歷史事典』〔제4권〕(平凡社, 1967) 참조.

元路)를 출발해서 한반도 서해안을 따라 일본으로 향하고 있었다고 보이는데, 일본에서 다시 동남아시아로 향하려 했다고도 생각할 수 있다. 인양된 물품 가운데는 일본장기(將棋), 나무로 만든 나막신, 일본거울 등이 있어, 배는 중국제이지만 승무원에 일본인이 있었던 것 같다. 또한 '동복사(東福寺)'라고 먹으로 쓴 패찰도 있어, 동복사를 조영하는 경비를 충당하기 위한 무역선일지도 모른다. 아울러 1973년에 중국의 천주만(泉州灣)에서는 남송 말기의 무역선이 발견되었다.

일·원 무역

원왕조도 남송을 멸망시키고 중국을 통일하자 적극적으로 해외무역을 추진하여 송의 제도를 계승해서 광주廣州·천주泉州·경원로慶元路〔송의 明州〕 등에 시박사를 두었다. 원의 군대가 남송의 수도 임안臨安을 점령한 다음

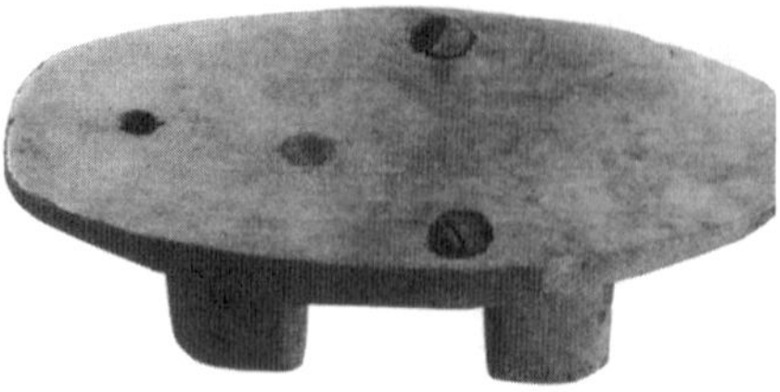

하태下駄와 장기의 말

新安 해저에서 출토된 것들 『新安海底遺物(資料篇Ⅲ)』〔文化公報部 文化財管理局, 1985〕

해(1277, 至元 14)에는 벌써 일본상인이 내항하여 황금을 가지고 와서 동전과의 교역을 요구했다. 이에 대해 원 세조 쿠빌라이는 "상인을 괴롭히지 말고 외국인을 잘 위무하라"는 조서를 내려 이를 허가했다. 또 2년 뒤에 2천여 명을 태운 4척의 일본상선이 경원로를 찾아온 것에 대해서도 교역을 허락하고 귀국시켜, 원이 일본과의 교역을 얼마나 강하게 원하고 있었는지를 엿볼 수 있다.

이윽고 1281년에 몽골에 의한 제2차 일본원정이 일어나 그 직후에는 통교通交가 중단되었지만, 10년 정도 지나면 다시 교류가 활발해져 일본상선은 거의 해마다 경원로에 내항했다. 다만 양국의 무역이 순조로운 것만은 아니었다. 이제까지 고려방면에 출몰하고 있던 무장상인단, 즉 왜구가 이 시기에는 중국에도 모습을 보이게 되어 원왕조 관리의 일본상인에 대한 엄한 단속이 이루어졌다. 이 때문에 일본상인의 행동에는 도발적인 양상이 나타났다. 1307년(大德 11)에 그들은 경원로 성내에 돌입해서 민가에 불을 지르고 약탈을 자행했다. 또 1309년(至

大2)에도 도원수부都元帥府와 녹사사錄事司 등의 관청을 태워버렸다. 이 같은 왜구에 의한 피해는 명 초기까지 이어졌고 이를 전기왜구前期倭寇라 부른다.

14세기 전반의 특징적인 것으로서는 사사조영료당선寺社造營料唐船의 파견이다. 이것은 사사寺社가 건물조영을 위한 비용을 확보할 것을 목적으로 한 무역선으로, 막부幕府 또는 조정의 공인을 통하여 그 신분을 보장받아 왜구로 오인되지 않도록 한 것이다. 종래 알려져 있던 것은 천룡사선天龍寺船 등 5례였는데, 1976년에 한반도 서남지역 신안군 도덕도道德島 앞바다 해저에서 발견된 침몰선도 그 유물로 보아 경도京都의 동복사東福寺를 재건하기 위하여 보낸 배로 추정되고 있다. 아무튼 사사조영료당선은 뒤의 일명감합선무역日明勘合船貿易의 선구를 이루는 것이었다.

선승禪僧의 왕래

일본에서는 평안平安시기 말기의 사회불안으로 말법사상末法思想이 일어나 사람들은 속세의 고난을 구제할 새로운 불교를 찾게 되었다. 그와 같은 시대에 일-송무역이 활발해져 양국의 왕래가 빈번해지자 그에 편승해서 송으로 건너가 불법을 구하는 승려가 갑자기 증가했다. 남송 말기 50년간에 입송한 승려는 기록에 남은 자만으로 수십 명에 이른다.

그런데 송대의 불교는 앞서 밝힌 대로 천태·화엄

준잉율사 좌상

『鎌倉佛教成立の研究－俊芿律師』[法藏館, 1972]

등과 같은 종파가 부흥하기도 했지만 주류는 선종禪宗으로 사대부 계급과 결부되어 매우 융성했다. 그 상황은 당말오대부터 시작되지만 북송에 건너간 승려들은 선종에는 거의 관심을 보이지 않고 있다. 다만 조연은 귀국해서 선종을 널리 선양할 것을 조정에 요청했지만 조정에서는 고금의 예가 없다고 해서 그 요청을 물리쳐, 당시에는 '선禪'을 받아들일 준비가 되어 있지 않았음을 알 수 있다. 남송시기인 1187년에 두번째 입송해서 처음으로 임제선臨濟禪을 일본에 전하게 된 영서榮西도 처음은 인도에 갈 목적이었으나 그것이 이루어질 수 없게 되어 천태산에 올라가 '선'을 배우게 된 것이다.

또 율종律宗에서 중흥의 조祖로 여겨지는 준잉俊芿은 12년간이나 유학하면서 계율 이외에 천태·정토淨土 그리고 '선'도 익혀 문자 그대로 제종겸수諸宗兼修하여 귀국했다. 일본에 있을 때부터 '선'을 배웠고 분명하게 중국의 '선'을 구하기 위하여 입송한 것은 조동종曹洞宗을 전한 도원道元에서부터이다.

13세기 중엽이 되면 중국쪽에서도 선승이 연이어 일본에 왔다. 첫 승려는 난계도륭蘭溪道隆이다. 그는 1246년에 일본에 와서 집권하고 있던 북조시뢰北條時賴의 부름을 받아 겸창鎌倉에서 건장사建長寺를 열게 되었다. 그는 일본에서도 '송사문도륭宋沙門道隆'이라 부르면서 중국에서 행해진 수행형태를 그대로 일본에 이식하려 했기 때문에 그에 의해서 정식 선종방식이 행해지게 되었고, 그는 '일본 선의 초조初祖'라 불렸다. 그의 뒤를 이어 송대에 일본에 온 승려는 10여 명에 이르는데 그들이 일본을 찾은 동기는 남송 말의 정치불안과 선종 내부의 파벌싸움에 싫증이 나서 그를 피하여 안주할 곳을 구한 것이라고 보인다.

원대가 되어도 선승의 왕래는 끊임없이 계속되었고 오히려 한층 증가했다. 원 성종成宗시기에서 원 말기까지 약 70년간에 원을 찾은 승려는 220여 명이 알려져 있고, 이름없는 자를 합치면 수백 명은 족히 될 것이다. 특히 14세기 초부터 중엽에 걸친 시기는 전근대 중일관계사에서 공전절후空前絶後라고 할 만한 유학붐의 시기로, 한 번에 25명이 집단으로 유학한 적도 있다. 금릉金陵〔南京〕의 고승들 모임에는 일본승려만으로 32인이나 있었고 그들은 '일본국사日本國師'라 불렸다고 한다.

당연히 많은 유학생 가운데는 범용한 자도 포함되어 있었고, 그 때문에 호관사련虎關師錬은 "요즈음 우리 쪽의 범용한 승려가 시끄럽게 원나라에 들어가는 일이 일상적으로 되었는데 이는 우리나라의 부끄러움을 남기는 일이다"고 탄식했다. 또 몽창소석夢窓疎石은 자신의 제자가 유학하려 하자 "설령 원조에 가더라도 나를 뛰어넘는 자는 없다"고 하여 만류했다고 한다. 그럼에도 불구하고 다수의 승려들이 중국으로 건너간 것은 참선수행을 위해서보다는 선의 본고장인 중국의 풍토를 동경한 반쯤은 관광기분이었던 것 같다. 하지만 그들은 선과 함께 학문·문학·서화書畵에서 일상 생활문화에 이르기까지 폭넓게 중국의 문화를 일본에 전하게 되었다.

일본으로 온 선승도 원대에는 중국에서도 제1급에 속하는 고승이 많아졌다. 일본에 포교하기 위하여 파견된 일산일녕一山一寧은 처음에는 원의 스파이로 의심받아 이두伊豆의 수선사修善寺에 유폐되었으나, 뒤에 혐의가 풀려 겸창과 경도에서 크게 활약하게 되었다. 그 뒤 청졸정징清拙正澄·명극초준明極楚俊·축선범선竺仙梵僊과 같은 고승이 연이어 일본에 왔다. 그들은 일본측의 간청으로 찾아온 것이기는 하지만, 그들의 마음속에는 이민족 몽골이 지배하는 원왕조의 사회, 혹은 거기에 굴종하는 불교계에 대한 불만이 있었다고 생각된다. 하지만 명이 건국되자 이 같은 고승의 도래는 완전히 끊기고, 선승은 국가사절로서 일본에 가게 된다.

새로운 문화의 전래

일본과 중국 사이에 무역이 활발해져 선승의 왕래가 자주 있게 되자 그에 따라 송대에 일어난 새 문화가 일본에 전해져 일본문화에 큰 영향을 주었다. 서적의 경우는 주요한 무역품이었으나 유학승들도 대량으로 갖고 돌아왔다. 준잉은 모두 2,103권을 가져왔고 그 가운데는 유교와 도교서적이 256권, 잡서 463권이 포함되어 있다. 또 1240년에 귀국해서 경도 동복사의 개조가 된 원이圓尒는 경적 수천 권을 가져왔다고 하고 그 중에 약간은 현재 남아 있다.

서적 가운데 규모가 큰 것은 인쇄본 대장경이다. 송·

서금書禁과 금서禁書

송대에는 목판인쇄가 발달하여 서적이 널리 보급되었다. 그에 따라 서적에 관한 금령도 많아졌다. 특히 요와 서하의 압박을 받고 있던 북송에서는 군사기밀이 외국으로 흘러드는 것을 경계하여 경서 이외의 서적을 무역장에서 외국인에게 파는 것을 금지했고 위반한 자는 중벌에 처해졌다. 이를 서금이라고 한다. 조공하러 온 사절에 대해서도 실록과 전대의 정사(正史)·정서(政書), 그리고 송 초기에 편찬된 『태평어람(太平御覽)』·『책부원구(冊府元龜)』 등은 하사되지 않았다. 하지만 남송

원시대에는 『개보장』이 만들어진 다음 복주福州·호주湖州·소주蘇州·항주杭州에서도 대장경이 새겨졌고, 그것들은 유학승과 상인에 의해 일본에 보내져 여러 사찰의 경장經藏에 수납되었다. 경서 이외에도 일찍이 해외유출이 엄금되었던 백과전서 『태평어람』 1천 권은 평청성이 처음으로 입수한 이래로 수십 부가 일본에 들어왔다고 한다.

송원판宋元版의 수입은 일본인쇄술의 발전을 촉진했고, 오산五山을 중심으로 송원판宋元版을 그대로 똑같이 복각한 '오산판五山版'이 만들어졌다. 각공刻工(판목을 새기는 기술자)은 복건 등지에서 불러왔다. 처음은 '선'관련 서적이 위주였으나 14세기에는 경서 이외의 서적에도 이르게 되었고, 경서에 대한 번각翻刻은 1364년의 『논어집해論語集解』가 처음이라고 한다.

선종의 사원제도는 송대가 되면 관제를 모방하여 조직되고 운영되었고, 공문서와 유사한 소疏·방榜·계차啓次 등의 4·6문 문서를 지어야 했기 때문에 선승은 시문을 만드는 데 크게 노력하여 결국은 수단에 불과했던 문학에 힘을 기울이게 되었다. 그러한 경향이 일본에 전해져 소위 오산문학五山文學이 생겼다. 선승들은 오산을 중심으로 널리 중국고전을 공부했고, 『사기史記』·『한서漢書』 등의 강의를 행했으며, 시에서는 두보杜甫·소식蘇軾(東坡)·황정견黃庭堅(山谷)을 특히 좋아했다. 주희에 의해 대성된 송학도 준잉과 원이 등이 관련서적을 들여왔으며, 도륭 등의 도래승도 이 새로운 학문에 대해 조예

이 되면 금령이 다소 풀렸고, 일본에서는 평청성(平淸盛)이 이를 수중에 넣고 나서부터 상인이 자주 수입했기 때문에 수십 부(部)나 있었다고 한다. 한편 국내에서도 사회적으로 유해한 서적을 소유할 것을 금한 금서령(禁書令)이 시행되었다. 특히 당쟁이 격렬했던 북송 말에는 소식 등의 저작이 금서가 되었고, 사마광의 『자치통감』까지도 판목(版木)이 자칫 파괴될 뻔했다. 또한 마니교 등 비밀종교의 경전이 요서(妖書)로서 종종 폐기되었다.

가 깊었기 때문에 그들에 의하여 점차 일본인에게 친근해져, 연구되었다.

선종에서는 전법傳法의 표시로 가사袈裟·정상頂相〔초상화〕·서적書跡 등이 사승師僧으로부터 제자에게 전해지는

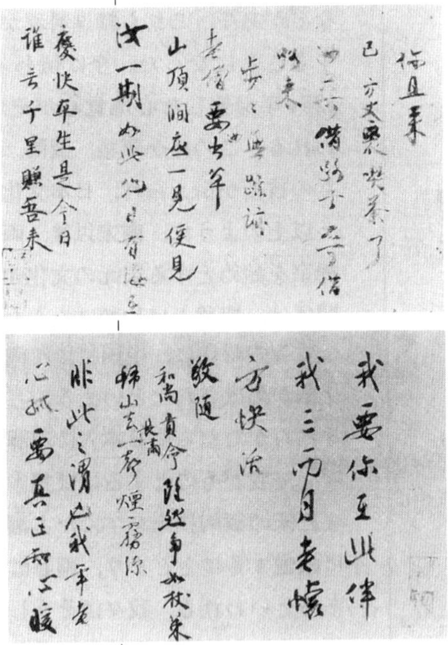

무학조원 고봉현왈 문답어

京都 相國寺 소장

데, 일본의 유학승도 귀국할 때 화공이 그린 정상頂相에 스승의 찬贊을 받거나 어법·송별시 등을 휘호하여 받아서 전법의 표시로 소중히 보존했다. 정상은 일본의 초상화 발전에 공헌했고, 선승의 서적은 특히 묵적墨蹟이라 칭하여 중시되었다. 특히 다도茶道가 일어나면서 이들의 묵적을 표장表裝해서 침실에 걸고 감상하는 것이 유행하게 되었다.

선종의 전래로 인하여 다양한 중국의 생활양식이 일본에 전해져 보급되었는데, 그 하나로 식생활의 변화가 있다. 선원禪院에서는 아침과 또 한 번의 정규식사 이외에 점심이나 '차노꼬茶子'와 같은 소식小食이 있었고, 점심의 보급으로 이제까지 하루 2번이던 일본인의 식사가 3번으로 바뀌게 되었다고 한다. 점심에는 국·면麵 종류, 만두 등이 있고, 이들 정진요리精進料理가 먹거리 종류를 다양화시켰다. 지금도 전하는 유명한 금산사金山寺 된장은 1254년에 귀국한 심지각심心地覺心이 그 제조법을 갖고 온 것이라고 한다. 그밖에 건축·도자기·직물 등 이 시대에 많은 기술이 전해져 일본문화의 향상을 촉진하였다.

이상과 같이 남송 이후 양국의 왕래가 빈번해져 선종을 중심으로 하는 송·원의 문화가 대량으로 유입됨으로써 양자의 관계는 당대와는 비교가 되지 않을 정도로 긴밀해졌다. 그리고 이 시대에 중국 특히 강남과 일본 사이에 하나의 문화권이 형성되었다고 할 수 있다. 그러나 '선'이건 송학이건 그것들이 곧바로 일본인에게 이해된 것은 아니고, 잘 섭취되어 일본인의 것으로 되기에는 상당히 긴 세월이 필요했다. 또한 송왕조의 도자기 기술을 익힌 고세토古瀨戶는 송의 기형器形을 충실하게 모방하는 데에 머물러 양자 사이에는 기술수준에 큰 차이가 있다고 한다. 우리는 그와 같은 양쪽의 문화수준의 차이와 거리에도 주의하지 않으면 안된다.

□ 쉼 터 □

부 록

참고문헌

색 인

참고문헌

총　론

內藤虎次郎,「支那近世史」,『內藤湖南全集』第10卷(筑摩書房, 1969)
宮崎市定,「東洋的近世」,『アジア史論考(下)』(朝日新聞社, 1976)
宮崎市定·佐伯 富,「宋と元」,『世界歷史』6 中公文庫(中央公論社, 1961·1975)
筑摩書房編集部,「東アジア世界の變貌」,『世界の歷史』6(筑摩書房, 1961)
周藤吉之·中島 敏,「五代·宋」,『中國の歷史』5(講談社, 1974)
愛宕松男,「アジアの征服王朝」,『世界の歷史』11(河出書房, 1969)
竺沙雅章,「征服王朝の時代」講談社現代新書·新書東洋史③(講談社, 1977)
宮崎市定,『中國史(上·下)』岩波全書(岩波書店, 1977)
梅原 郁,『宋王朝と新文化』圖說中國歷史(講談社, 1977)
『岩波講座世界歷史(6·9)』(岩波書店, 1970, 71)

Ⅰ. 송의 통일

礪波 護,『馮道』中公文庫(中央公論社, 1988)
竺沙雅章,『宋の太祖と太宗』(淸水書院, 1975)
日野開三郞,『五代史』中國古典新書48(明德出版社, 1971)
宮崎市定,『アジア史硏究』(第1, 第3)(同朋舍出版, 1957)
日野開三郞,「五代史の基調」,『東洋史學論集』(第2卷)(三一書房, 1980)
加藤 繁,『舊唐書食貨志·舊五代史食貨志譯注』岩波文庫(岩波書店, 1948)
宮崎市定,『東洋における素朴主義の民族と文明主義の社會』東洋文庫508(平凡社, 1989)
佐竹靖彦,『唐宋變革の地域的硏究』(同朋舍出版, 1990)
田村實造,『中國征服王朝の硏究(上)』(同朋舍出版, 1964)
西田龍雄,『西夏文字の話(シルクロードの謎)』(大修館書店, 1989)

Ⅱ. 왕안석의 신법과 당쟁

加藤 繁, 『唐宋時代に於ける金銀の研究』(東洋文庫, 1926)
佐伯 富, 「王安石」, 『中國史研究(第3)』(同朋舍出版, 1977)
斯波義信, 『宋代商業史研究』(風間書房, 1968)
斯波義信, 『宋代江南經濟史の研究』(汲古書院, 1988)
周藤吉之, 『中國土地制度史研究』(東京大學出版會, 1954)
周藤吉之, 『宋代經濟史研究』(東京大學出版會, 1962)
周藤吉之, 『宋代史研究』 東洋文庫(平凡社, 1969),
曾我部靜雄, 『宋代財政史』(生活史, 1941)
東 一夫, 『王安石新法の研究』(風間書房, 1970)
東 一夫, 『王安石事典』(國書刊行會, 1980)
佐伯 富, 『王安石』 中公文庫(中央公論社, 1990)
日野開三郎, 『東洋史學論集(第6·7卷)』(三一書房, 1983)
三浦國雄, 『王安石－濁流に立つ』(中國人思想7)(集英社, 1985)
宮崎市定, 『五代宋初の通貨問題』(星野書店, 1943)
宮崎市定, 「北宋史槪說」, 『アジア史研究』(第1)(東洋史研究會, 1957)
宮崎市定, 「王安石の吏士合一策－倉法を中心として」, 『アジア史研究』(第1)(東洋史研究會, 1957)
宮崎市定, 「宋代の大學生生活」, 『アジア史研究』(第1)(東洋史研究會, 1957)
宮崎市定, 「宋代以後土地所有形體」, 『アジア史研究』(第4)(東洋史研究會, 1964)
柳田節子, 『宋元鄕村制の研究』(創文社, 1986)

Ⅲ. 송·금의 대립

宮崎市定, 「南宋政治史槪說」, 『アジア史研究(第2)』 東洋史研究叢刊之四之二(同朋舍出版,1959)
宮崎市定, 「南宋末の宰相賈似道」, 『アジア史研究(第2)』 東洋史研究叢刊之四之二(同朋舍出版, 1959)
田村實造, 『中國征服王朝の研究(中)』(同朋舍出版, 1971)
外山軍治, 『金朝史研究』(同朋舍出版, 1964)
三上次男, 『金史研究(1·2·3)』(中央公論美術出版, 1972, 73)
梅原 郁譯注, 『名公書判淸明集』(同朋舍出版, 1986)
寺地 遵, 『南宋初期政治史研究』(溪水社, 1988)

友枝龍太郎,『朱子の思想形成』(春秋社, 1969)
佐藤 仁,『朱子行狀』中國古典新書(明德出版社, 1969)
市川安司,『朱子－學問とその展開－』(東洋人の行動と思想10)(評論社, 1974)
三浦國雄,『朱子』(人類の知的遺産19)(講談社, 1979)
曾我部靜雄,『開封と杭州』(支那歷史地理叢書7)(富山房, 1940)
外山軍治,『岳飛と秦會』(支那歷史地理叢書)(富山房, 1940)
藤枝 晃,『征服王朝』新學藝叢書(秋田屋, 1948)
梅原 郁,『文天祥』(中國人物叢書7)(人物往來社, 1966)

Ⅳ. 산업과 사회

加藤 繁,『支那經濟史考證(上·下)』東洋文庫(平凡社, 1952)
青山定雄,『唐宋時代の交通と地誌地圖の硏究』(吉川弘文館, 1963)
宮崎市定,「漢代の里制と唐代の坊制」,『アジア史論考(中)』(朝日新聞社, 1976)
斯波義信,『宋代商業史硏究』(風間書房, 1968)
長瀨 守,『宋元水利史硏究』(國書刊行會, 1983)
古林森廣,『宋代產業經濟史硏究』(國書刊行會, 1987)
愛宕松男,「中國陶瓷產業史」,『東洋史學論集(第1卷)』(三一書房, 1987)
佐伯 富,『中國鹽政史の硏究』(法律文化社, 1987)

Ⅴ. 송학의 대성

島田虔次,『朱子學と陽明學』(岩波書店, 1967)
赤塚 忠他編,『思想史』(中國文化叢書3)(大修館書店, 1967)
日原 利國,『中國思想史(下)』(ぺリカン社, 1987)
武內 義雄,『中國思想史』(岩波書店, 1967)
狩野直喜,『中國哲學史』(岩波書店, 1953)
楠本正繼,『宋明時代儒學思想の硏究』(廣池學園出版部, 1962)
市川安司,『程伊川哲學の硏究』(東京大學出版會, 1964)
友枝龍太郎,『朱子の思想形成』(春秋社, 1969)
三浦國雄,『朱子』(講談社, 1979)
山田慶兒,『朱子の自然學』(岩波書店, 1978)
湯淺幸孫,『近思錄(上·下)』(朝日新聞社, 1972)
吉川幸次郎·三浦國雄,『朱子集』(朝日新聞社, 1976)

安田二郞,『中國近世思想硏究』(筑摩書房, 1976)
湯淺幸孫,『中國倫理思想の硏究』(同朋舍出版, 1981)
W.T. 드베리 저, 山口久和 역,『朱子學と自由の傳統』(平凡社, 1987)

Ⅵ. 원의 중국지배

安部健夫,『元代史の硏究』(創文社, 1972)
岩村 忍,『モンゴル社會經濟史の硏究』(京都大學人文科學硏究所, 1968)
大藪正哉,『元代の法制と宗教』(秀英出版, 1983)
愛宕松男,「元朝史」,『東洋史學論集(第4卷)』(三一書房, 1988)
桑原隲藏,「浦壽庚の事跡」,『桑原隲藏全集』 第5卷(岩波書店, 1968)
野上俊靜,『元史釋老傳の硏究』(野上俊靜博士頌壽記念刊行會, 1978)
羽田 亨,『羽田博士史學論文集(上－歷史篇)』(東洋史硏究會, 1957)
前田直典,『元朝史の硏究』(東京大學出版會, 1973)
宮崎市定,「宋元時代の法制と裁判機構—元典章成立の時代的社會的背景」,『アジア史硏究(第4)』(東洋史硏究會, 1964)
宮崎市定,「元朝治下の蒙古的官職をめぐる蒙漢關係—科擧復興の意義の再檢討—」,『アジア史論考(下)』(朝日新聞社, 1976)
箭內 亙,『蒙古史硏究』(刀江書院, 1930, 1966年 復刻)

Ⅶ. 송·원의 문화－문학과 미술

淸水 茂,『唐宋八家文(上·下)』 中國古典選(朝日新聞社, 1966, 뒤에 朝日文庫로 간행, 1978)
筧 文生,『唐宋八家文』 鑑賞中國古典20(角川書店, 1989)
橫山伊勢雄譯,『唐宋八家文(上·下)』 中國古典30·31(學習硏究社)
魯 迅, 今村與志雄譯,『中國小說史略』 魯迅全集第8卷(學習硏究社, 1986)
大塚秀高,『中國小說史への視點』 放送大學敎材(日本放送出版協會, 1987)
金岡照光,『敦煌の繪物語』(東方書店, 1982)
松枝茂夫他譯,『宋·元·明通俗小說選』 中國古典文學大系25(平凡社, 1970)
入野義高, 梅原 郁譯注,『東京夢華錄』(岩波書店, 1983)
靑木正兒,『元人雜劇序說』 靑木正兒全集第4卷(春秋社, 1973)
吉川幸次郞,『元雜劇硏究』(岩波書店, 1948), 혹은 吉川幸次郞全集第14卷(筑摩書房, 1968)
吉川幸次郞·田中謙二·浜一衛譯,『戱曲(上)』 中國古典文學大系52(平凡社, 1970)

池田大伍·田中謙二補注,『元曲五種』東洋文庫278(平凡社, 1975)
鈴木 敬,『中國繪畵史(上·中の1·中の2)』(吉川弘文館, 1981·84·87)
『世界の美術』 週刊朝日百科91—86(朝日新聞社, 1979—80)
『世界美術辭典』(新潮社, 1985)
町田甲一,『東洋美術概說』(世界文化史, 1989)

Ⅷ. 동아시아 문화권의 형성

木宮泰彦,『日華文化交流史』(富山房, 1955)
森 克己,「新訂日宋貿易の研究」,『森克己著作選集第1卷』(國書刊行會, 1975)
森 克己,「續日宋貿易の研究」,『森克己著作選集第2卷』(國書刊行會, 1975)
森 克己,「續續日宋貿易の研究」,『森克己著作選集第3卷』(國書刊行會, 1975)
森 克己,「增補日宋貿易の研究」,『森克己著作選集第4卷』(國書刊行會, 1975)
村井章介,『アジアのなかの中世日本』(校倉書房, 1988)
塚本善隆,「日中佛教交涉史研究」,『塚本善隆著作集6』(大東出版社, 1974)
高雄義堅,『宋代佛教史の研究』(百華苑, 1974)
竺沙雅章,『中國佛教社會史研究』(同朋舍出版, 1982),
野上俊靜,『遼金の佛教』(平樂寺書店, 1953)
田村實造,『中國征服王朝の研究』(下—文化·人物篇)(同朋舍出版, 1985)
內藤雋輔,『朝鮮史研究』(東洋史研究會, 1961)
平林文雄,『參天台五臺山記校本幷に研究』(風間書房, 1978)
玉村竹二,『日本禪宗史論集(二之下)』(思文閣, 1980)
韓國國立中央博物館編,『新安海底遺物』(三和出版社, 1977)

송사·원사 연구논저목록(국내학계)

일러두기

※ 본서에는 원래 일본인 연구자들의 논문만이 소개되어 있으나, 역서에서는 편집방침에 따라 국내연구자들에 의한 '宋遼金元史' 연구논저목록을 여기에 제시하기로 했다. 단 일본인 연구자의 연구논저 목록은 극히 대표적인 것만이 소개되어 있는 반면 우리측 연구논저는 대부분이 포함된 것이나 완전한 것이라고는 말하기 어렵다.

※ 본 목록은 대략 1945년 이후부터 2002년까지를 대상으로 했다.

※ 본 목록에는 송·원 시대는 물론 그 전후 또는 동시대인 오대·요·금 등의 왕조를 포함시켰다.

※ 본 목록은 1996년도까지는『송요금원사연구』창간호(1997)의 휘보를, 그 이후는『동양사학연구』의 권말에 수록된 〈국내동양사관계 논문요목〉에 주로 의거하면서『역사학보』의 회고와 전망도 아울러 참조했다.

※ 외국학자가 국내잡지에, 반대로 국내학자가 국외에서 발표한 논문도 파악 가능한 한 수록했다.

※ 본문에는 '번역서' '역주' '연구동향' '서평'은 포함시켰으나 발표요지·연구기행·역사기행은 생략했다.

※ 일반사를 주로 하되 사상·철학·문학·언어·미술·서지 등도 포함시켰다.

※ 학위논문은 파악하기가 어려운 점이 있어 최근의 것만을 수록했다.

※ 논저의 배열은 송·원 시대를 불문하고 모두 연대순에 따랐다.

Ⅰ 단행본

高柄翊,『東西交涉史의 硏究』(서울대출판부, 1970)

金在滿,『契丹民族發展史의 硏究』(讀書新聞社, 1975)

李龍範,『古代의 滿洲關係』(韓國日報社, 1976)

李龍範,『中世東北亞細亞史硏究』(亞細亞文化社, 1976)

金渭顯,『契丹的東北政策』(華世出版社, 1981)

申採湜,『宋代官僚制硏究』(三英社, 1982)

金渭顯,『高麗史中中韓關係史料彙編』(食貨出版社, 1983)

金渭顯,『遼金史硏究』(裕豊出版社, 1985)

李東馥,『東北亞細亞史硏究 －金代 女眞社會의 構成－』(一潮閣, 1986)

周采赫, 『元朝官人層研究』(正音社, 1986)
李龍範, 『中世滿洲蒙古史의 研究』(同和出版公司, 1988)
李龍範, 『韓滿交流史研究』(同和出版公司, 1989)
高奭林, 『宋代 社會經濟史研究』(螢雪出版社, 1991)
제임스 류 著, 李範鶴 譯, 『王安石과 改革政策』(知識產業社, 1991)
수이야바아타르 편, 『中世韓蒙關係史』(檀國大出版部, 1992)
자크 제르네 지음, 金榮濟 옮김, 『傳統中國人의 日常生活』(신서원, 1995)
金榮濟, 『唐宋財政史』(신서원, 1995)
梁鍾國, 『宋代士大夫社會研究』(三知院, 1996)
李 唐, 金渭顯 譯, 『遼太祖』(藝文春秋館, 1996)
金在滿, 『契丹·高麗關係史研究』(國學資料院, 1998)
서은미, 『北宋 茶 專賣 研究』(국학자료원, 1999)
오수형, 『唐宋八大家의 산문세계』(서울대학교 출판부, 2000)
金浩東 譯註, 『마르코 폴로의 동방견문록』(사계절, 2000)
金成奎, 『宋代の西北問題と異民族政策』(汲古書院, 2000)
배숙희, 『宋代 科擧制度와 官僚社會』(삼지원, 2001)
張東翼, 『宋代麗史資料集錄』(서울대학교 출판부, 2001)
원채 지음, 배숙희 역주, 『중국사대부의 생활문화와 처세술』(지식산업사, 2000)

II 정치·군사

高柄翊, 「이슬람 教徒와 元代社會」(『歷史學報』 1, 歷史學會, 1949)
高柄翊, 「元代의 法制 -蒙古慣習法과 中國法과의 相關性-」(『歷史學報』 3, 歷史學會, 1953)
李東潤, 「王安石의 文教政策에 대한 考察」(『歷史教育』 3, 歷史教育研究會, 1958)
金庠基, 「金의 始祖에 對하여」(『國史上의 諸問題』 5, 1959)
金在滿, 「捺剌泊考-契丹의 山後經略을 中心으로-」(『國際東方學者會議紀要』 4, 1959)
李龍範, 「遼代 春遊考」(『東國史學』 5, 東國史學會, 1959)
金在滿, 「契丹族 南侵過程의 연구-雲中會盟을 中心으로 하여-」(『史學研究』 12, 韓國史學會, 1961)
金在滿, 「契丹의 山北·山南經略史-燕雲十六州의 割讓을 中心으로-」(『震檀學報』 22, 震檀學會, 1961)
金貴達, 「蒙古地方行政의 弱點에 대하여 -特히 達魯花赤制를 中心으로」(『史叢』 7, 高麗大學校史學會, 1961)
具熙書, 「岳飛의 班師 背景」(『梨大史苑』 3, 梨大史學會, 1961)

李龍範, 「奇皇后의 冊立과 元代의 資政院」(『歷史學報』 17·18, 歷史學會, 1962)

尹庚子, 「契丹太祖 淳欽皇后 述律氏 小考」(『淑大史論』 1, 淑明女子大學校史學會, 1963)

金芳漢, 「蒙古黃金史考」(『想百論叢』, 1964)

金在滿, 「契丹 軍勢攷」(『成均館大學校論文集』 9, 成均館大學校, 1964)

申採湜, 「北宋 仁宗朝에 있어서의 對西夏政策의 變遷에 관하여」(『歷史敎育』 8, 歷史敎育硏究會, 1964)

李龍範, 「成鉞의 蒙古牛貿入과 枝三. 甫章」(『震檀學報』 28, 震檀學會, 1966)

黃鍾東, 「蒲鮮萬奴國號에 대하여」(『啓明論叢』 4, 1967)

金在滿, 「宣懿皇后의 被誣와 그 前後事情」(『成均館大學校論文集』 12, 成均館大學校, 1967)

辛兌鉉, 「金史地理考」(『慶熙史學』 1, 慶熙大學校史學會, 1967)

申採湜, 「北宋의 蔭補制度 硏究」(『歷史學報』 42, 歷史學會, 1969)

申採湜, 「北宋鄕兵考 —河北·河東地方을 中心으로—」(『歷史敎育』 11·12, 歷史敎育硏究會, 1969)

申採湜, 「宋·范仲淹의 文敎改革策」(『歷史敎育』 13, 歷史敎育硏究會, 1970)

金芳漢, 「'黃金史'의 硏究(2)」(『東亞文化』 10, 1971)

金貴達, 「由秘史上看蒙古太祖的硏究(1)」(『史學志』 3, 檀國大學校史學會, 1971)

崔益柱, 「遼의 支配勢力의 構造와 帝位繼承에 대하여 —支配勢力으로서의 皇族帳과 皇后族帳을 중심으로—」(『동양사학연구』 5, 東洋史學會, 1971)

黃鍾東, 「金朝의 華北占領과 당시의 民衆叛亂에 대하여」(『大丘史學』 5, 大丘史學會, 1972)

金貴達, 「歷史를 통해서 본 蒙古太祖의 硏究(2)」(『大丘史學』 4, 1972)

金貴達, 「女眞族의 國家組織에 대한 考察」(『大丘史學』 7·8, 大丘史學會, 1973)

金芳漢, 「蒙文史記 黃金史」(『東方學志』 14, 東方學會, 1973)

崔益柱, 「遼對의 宮戶」(『歷史學報』 57, 歷史學會, 1973)

李龍範, 「遼의 東京道의 渤海遺民」(『史叢』 17·18, 高麗大學校史學會, 1973)

李龍範, 「金初의 渤海流民」(『丁仲煥博士還曆紀念論集』, 1974)

李東馥, 「金代 猛安謀克地의 補强政策」(『淸大史林』 1, 淸州大學史學會, 1974)

申採湜, 「宋代文臣 官僚의 陞進에 대하여」(『東洋史硏究』 8·9, 東洋史學會, 1975)

金在滿, 「契丹始祖 開國說話의 배경과 部族의 動態에 대하여(상)」(『大同文化硏究』 10, 成均館大學校 大同文化硏究院, 1975)

金在滿, 「契丹始祖 開國說話의 배경과 部族의 動態에 대하여(하)」(『大同文化硏究』 11, 成均館大學校 大同文化硏究院, 1976)

金貴達, 「遼聖宗帝의 對宋外交政策에 관한 硏究」(『論文集』 49, 全北大學校, 1976)

崔益柱, 「遼의 建國과 漢人」(『史學論志』 4·5, 漢陽大學校史學科, 1977)

南相亘, 「元朝의 千戶制와 宿衛 鎭戍軍制度」(『史學志』 11, 檀國大學校史學會, 1977)
周采赫, 「札剌와 撒禮塔」(『史叢』 21·23, 高麗大學校史學會, 1977)
黃鍾東, 「東鑑綱目의 女眞關係記事에 대하여」(『大丘史學』 12·13, 1977)
申採湜, 「宋代 士大夫의 忠孝意識 硏究」(『歷史敎育』 24, 歷史敎育硏究會, 1978)
金渭顯, 「遼代渤海復興運動의 性格」(『明大論文集』 11, 明知大學校, 1978)
崔益柱, 「遼太祖·文宗代의 漢人官僚」(『大丘史學』 15·16, 大丘史學會, 1978)
崔益柱, 「遼建國以前의 支配體制」(『全海宗博士華甲紀念史學論叢』, 1978)
金渭顯, 「完顔部의 女眞統合策」(『靑坡盧道陽博士古稀紀念文集』, 1979)
申採湜, 「南宋의 蔭補制度에 관하여」(『全海宗博士華甲紀念史學論叢』, 1979)
南相亘, 「元代 世祖時代의 軍制」(『安陽工專論文集』 3, 1980)
崔益柱, 「遼代의 耶律姓과 蕭姓에 관한 考察」(『震檀學報』 49, 震檀學會, 1980)
李東馥, 「金의 始祖傳說에 대한 一考察」(『東國史學』 15·16, 東國史學會, 1981)
申採湜, 「宋代의 班制에 관하여」(『東國史學』 15·16, 東國史學會, 1981)
崔益柱, 「遼初의 支配勢力의 性格」(『大丘史學』 19, 大丘史學會, 1981)
崔益柱, 「遼 世宗代의 政治改革」(『嶺南史學』 12, 嶺南大學校史學會, 1982)
鄭起燉·張寅成, 「北宋士大夫的西夏觀和慶曆改革-以范仲淹爲中心-」(『湖西史學』10, 湖西史學會, 1982)
卓用國, 「南宋 中興運動과 張俊軍」(『慶熙史學』 9·10, 慶熙大學校史學會, 1982)
申採湜, 「宋代 中央官衙의 吏額에 관하여」(『東洋史學硏究』 18, 東洋史學會, 1983)
李在成, 「거란 '古八部' 聯盟의 形成과 解體」(『東國史學』 27, 東國大學校史學會, 1983)
李範鶴, 「王安石 改革論의 形成과 性格 -新法의 思想的 背景에 對한 一試論-」(『東洋史學硏究』 18, 東洋史學會, 1983)
李範鶴, 「王安石의 對外經略策과 新法」(『歷史와 人間의 對應』, 高柄翊先生回甲紀念史學論叢, 1984)
申採湜, 「司馬光(1019~1086)·王安石(1021~1086)의 君子·小人論」(『歷史와 人間의 對應』, 高柄翊先生回甲紀念史學論叢, 1984)
金榮濟, 「北宋의 强壯·義勇에 대하여」(『史學志』 18, 檀國大學校史學會, 1984)
柳在城, 「元代諫官, 察官制度의 變遷始末에 대하여」(『首善論叢』 8, 成均館大學校大學院, 1984)
金容完, 「南宋의 軍糧策에 對하여 -建國初期 西淮地方을 中心으로-」(『嶠南史學』 1, 1985)
安俊光, 「北宋初 太祖·太宗政權의 性格」(『陸軍第三士官學校論文集』 20, 1985)
周采赫, 「元帝國下의 漢人과 南人(下) -支配構造와 관련하여-」(『東方學志』 49, 延世大學校, 1985)
周采赫, 「元帝國下의 色目官人」(『領土問題硏究』 2, 高麗大學校, 1985)

徐炳國, 「遼末 金初 漢官의 去就」(『白山學報』 33, 白山學會, 1986)

성윤미, 「jingis汗의 帝國建設過程과 그 勢力基盤에 대한 考察 －怯薛의 成立過程과 性格把握을 中心으로－」(『史浪』 2, 德性女子大學校, 1986)

趙菊嬉, 「北宋時代 江西官僚에 관한 一考察」(『學林』 9, 延世大學校史學硏究會, 1987)

金斗鉉, 「遼東 支配期 누르하치의 對漢人政策」(『東洋史學硏究』 25, 東洋史學會, 1987)

安俊光, 「北宋 禁軍의 形成과 그 運用」(『大丘史學』 32, 大丘史學會, 1987)

李 鉉, 「金代 提刑司에 대하여」(『慶大史論』 3, 慶南大學校史學會, 1987)

崔益柱, 「遼景宗, 成宗代의 漢人官僚의 成長과 그 存在形態 －高勳과 韓德讓을 中心으로－」(『人文硏究』 10-1, 嶺南大學校, 1988)

張南植, 「北宋初期의 御史의 '分路按獄'」(『忠南史學』 3, 忠南大學校史學會, 1988)

安俊光, 「北宋 廂軍의 組織과 役割」(『慶北史學』 11, 慶北大學校史學會, 1988)

金容完, 「南宋 軍力建立上에 있어서의 南渡人의 寄與」(『湖西史學』 16, 湖西史學會, 1988)

朴志焄, 「歐陽修의 華夷觀 －北宋代 華夷觀의 一試論－」(『梨大史苑』 22·23, 梨大史學會, 1988)

梁鍾國, 「北宋代 黨爭의 展開過程과 性格考察」(『中國學論叢』 4, 1988)

金浩東, 「蒙古帝國의 形成과 發展」(『講座 中國史』 Ⅲ, 지식산업사, 1989)

金渭顯, 「遼代漢人降俘集團의 生成과 그들이 產業에 끼친 影響」(『龍巖車文燮博士華甲紀念史學論叢』, 1989)

申泰光, 「北宋前期의 中央胥吏」(『東國史學』 23, 東國史學會, 1989)

韓英根, 「耶律楚材에 대한 一考察 －몽고제국의 對漢人政策을 중심으로－」(『東義史學』第5輯, 1989)

金渭顯, 「契丹의 奚人에 대한 政策考」(『明知史論』 3, 明知大學校史學會, 1990)

金容完, 「南宋 高宗代의 軍師組織에 관한 硏究 ; 南渡軍官의 位相을 중심으로」(『忠南史學』 5, 忠南大學校國史學會, 1990)

安俊光, 「北宋軍의 監察機關(上)」(『陸軍第三士官學校論文集』 32, 1990)

安俊光, 「北宋의 武擧와 武學」(『歷史敎育論集』 13·14, 歷史敎育學會, 1990)

李銀廷, 「耶律楚材(1190~1244)의 政治的 位相 －蒙古帝國時代 漢地人 官僚의 役割과 限界－」(『서울大東洋史學科論集』 14, 1990)

崔益柱, 「遼 道宗時代 新興支配層의 成長」(『人文硏究』 18, 嶺南大學校, 1990)

崔益柱, 「遼代 樞密院에 대한 檢討」(『人文硏究』 20, 嶺南大學校, 1991)

安俊光, 「北宋軍의 監察機關(下)」(『陸軍第三士官學校論文集』 33, 1991)

申泰光, 「北宋의 變法과 胥吏」(『東國史學』 25, 東國史學會, 1991)

李範鶴, 「北宋 後期의 政治와 黨爭史의 再檢討」(『韓國學論叢』 14, 1991)

全淳東, 「元末農村社會와 反亂 －華北地方을 中心으로－」(『人文學志』 6,

忠南大學校, 1991)
安俊光, 「北宋 蕃兵에 對하여」(『慶北史學』 15, 慶北大學校史學會, 1992)
安俊光, 「北宋軍의 充員制度」(『歷史教育論集』 17, 歷史教育學會, 1992)
李在成, 「契丹部의 成立과 碑麗」(『東國史學』 26, 東國大學校史學會, 1992)
李瑾明, 「五代宋初 胥吏 存在形態의 變化와 그 性格 -胥吏制度의 確立過程과 關聯하여-」(『東洋史學研究』 40, 東洋史學會, 1992)
金在滿, 「契丹 聖宗의 高麗侵略과 東北亞細亞國際情勢의 變遷(下)」(『大同文化研究』 28, 成均館大學校, 1993)
金成奎, 「宋代西北諸族の歸屬問題」(『史滴』 14, 1993)
朴志焄, 「北宋代 重內輕外論」(『梨花史學研究』 20·21, 梨花史學研究所, 1993)
申採湜, 「宋이후의 皇帝權」(『東亞史上의 王權』, 한울아카데미, 1993)
申泰光, 「北宋末期 胥吏의 力量强化」(『素軒南都泳博士古稀紀念歷史學論叢』, 민족문화사, 1993)
申泰光, 「北宋前期의 胥吏」(『東國史學』 27, 東國史學會, 1993)
全淳東, 「元末 動亂期의 漢人地主와 朱元璋」(『忠北史學』 6, 忠北大學校史學會, 1993)
周采赫, 「알탄오보에 관하여」(『한몽공동학술연구』 3, 1994)
周采赫, 「다리강 가숨틴 토이롬 유적 조사보고」(『한몽공동학술연구』 3, 1994)
申泰光, 「北宋前期의 胥吏」(『金甲周教授華甲紀念論叢』, 1994)
金容完, 「南宋 高宗時代의 鎭 研究」(『濟州大學論文集』 38, 濟州大學校, 1994)
金容完, 「南宋 高宗代 戰功者의 出身地 分析」(『忠南史學』 6, 忠南大史學會, 1994)
安俊光, 「宋·夏戰爭에 대하여」(『陸軍三士官學校論文集』 39, 1994)
姜吉仲, 「范仲淹의 吏治法에 대한 改革論」(『慶尙史學』 11, 慶尙大學校史學會, 1995)
申採湜, 「王應麟」, 『東아시아의 人間像』(黃元九教授停年紀念論叢, 도서출판 혜안, 1995)
申採湜, 「王安石 改革의 性格檢討 -특히 新法의 保守性에 관하여-」(『東洋史學研究』 51, 東洋史學會, 1995)
申採湜, 「宋代史 研究의 問題와 새로운 方向摸索」(『東洋史學研究』 50, 1995)
申採湜, 「최근 中國學界의 宋代史 研究動向」(『誠信史學』 12·13, 誠信女子大學校史學會, 1995)
曺永祿, 「司馬光의 名分論 -舊法黨政論形成의 시대배경과 그 본질」(『東아시아의 人間像』, 黃元九教授停年紀念論叢, 도서출판 혜안, 1995)
周采赫, 「'蒙古秘史'註譯, 그 문제점(Ⅰ)」(『北方民族史研究』 1, 1995)
李玠奭, 「宋徽宗代 紹述新政의 挫折과 私權的 皇權强化」(『東洋史學研究』53, 東洋史學會, 1996)
朴志焄, 「南宋代 慶元黨禁과 韓侂胄」(『京畿大學校論文集』 38-1, 京畿大學校, 1996)
朴志焄, 「南宋代 開禧北伐과 北伐論의 展開」(『京畿史論』 1, 京畿大學校史學會, 1997)

安俊光, 「宋·夏7年戰爭에 대하여」(『陸軍三士官學校論文集』 44, 1997)
朴志焄, 「南宋代 開禧北伐과 北伐論의 展開」(『京畿史論』 創刊號, 1997)
金成奎, 「宋代における熟戶の形成とその對策」(『東洋學報』 78-4, 1997)
金東晸, 「五代十國 文臣의 行賂賣官 風潮」(『關東史學』 8, 1998)
金東晸, 「五代十國 文士의 存在形態와 그 性格」(『中央史論』 10·11합집, 1998)
申採湜, 「陳橋驛 政變의 疑案」(『宋遼金元史硏究』 2, 1998)
申泰光, 「송대사대부 사회와 정복왕조」(『동양의 역사와 문화』, 국학자료원, 1998)
安俊光, 「北宋 武臣官僚의 任用과 陞進 遷補」(『慶北史學』 21, 1998)
李瑾明, 「王安石政權의 成立과 制置三司條例司」(『近世 東아시아의 國家와 社會』, 서울大學校東洋史學硏究室 編, 지식사업사, 1998)
金容完, 「南宋 初期의 民間 武裝集團 硏究 －紹興11년 以前의 反政府集團을 中心으로－」(『湖西史學』 25, 1998)
朴志焄, 「南宋 孝宗代 隆興和議와 和戰論」(『東洋史學硏究』 61, 1998)
金浩東, 「구육(定宗)과 그의 시대」(『近世 東아시아의 國家와 社會』, 서울大學校東洋史學硏究室 編, 지식산업사, 1998)
李玠奭, 「漠北의 統合과 武宗의 '創治改法'」(『近世 東아시아의 國家와 社會』, 서울大學校東洋史學硏究室 編, 지식산업사, 1998)
李玠奭, 「元朝의 南宋倂合과 江南支配의 意義」(『慶北史學』 21, 1998)
金成奎, 「宋代蕃兵制度成立史攷」(『宋遼金元史硏究2, 1998』)
金成奎, 「北宋後期 蕃兵制의 展開」(『歷史敎育』 66, 1998)
梁鍾國, 「北宋初 三大疑案의 내용과 성격: 太宗 趙光義의 帝位繼承問題와 관련하여」(『宋遼金元史硏究』 3, 1999)
梁鍾國, 「北宋初 실력자 晉王 趙光義와 帝位繼承問題」(『東洋史學硏究』 66, 1999)
鄭炳俊, 「唐末五代 藩鎭體制에 대한 硏究史的 考察」(『中國學報』 40, 1999)
朴志焄, 「唐宋變革期 華夷觀의 이해」(『中國學報』 40, 1999)
朴志焄, 「南宋末期 '眞德秀'의 對外觀」(『京畿史學』 3, 1999)
朴志焄, 「宋代 異民族의 性情에 대한 인식」(『京畿人文論叢』 7, 1999)
安俊光, 「北宋政治權力과 武臣官僚」(『歷史敎育論集』 23·24, 1999)
申泰光, 「宋代 胥吏의 政治的 기능」(『中國史硏究』 6, 1999)
丘凡眞, 「蒙元帝國期 '國王'의 政治的 位相」(『서울大東洋史學科論集』 23, 1999)
趙晟佑, 「13世紀初 옹구트部 繼承紛爭과 그 背景」(『서울大東洋史學科論集』 23, 1999)
박원길, 「대몽골제국과 南宋의 외교관계 분석 －칭기즈칸 시대를 중심으로－」(『中央史論』 12·13, 1999)
曺永憲, 「元 大都와 '南北漕運體制'의 成立 －'北京型' 首都論을 위한 一考察－」(『서울大東洋史學科論集』 23, 1999)

金成奎, 「宋代에서 國境問題의 意義와 國境의 形態」(『歷史學報』162, 1999)

李範鶴, 「魏了翁의 先賢謚號 奏請事業과 理學官僚의 擡頭 －道統確立의 政治史的 의의－」(『韓國學論叢』국민대 23, 2000)

朴志焄, 「北宋 眞宗의 封禪과 道敎崇拜」(『宋遼金元史研究』 4, 2000)

金渭顯, 「東丹國考」(『宋遼金元史研究』 4, 2000)

申泰光, 「王安石의 胥吏政策」(『宋遼金元史研究』 4, 2000)

兪垣濬, 「朱熹의 人物評價에 관하여 －王安石에 대한 評價를 中心으로－」(『宋遼金元史研究』 4, 2000)

李成浩, 「金代의 異民族統治政策研究 －金의 建國時期를 中心으로－」(『宋遼金元史研究』 4, 2000)

安俊光, 「北宋初期 對外政策의 基調」(『宋遼金元史研究』 4, 2000)

梁鍾國, 「北宋初 帝權確立과 太宗政權의 性格」(『宋遼金元史研究』 4, 2000)

姜吉仲, 「司馬光의 현실인식과 經世觀에 대한 연구」(『慶尙史學』 16, 2000)

朴志焄, 「宋代 異民族 國家에 對한 認識」(『外大史學』 12, 2000)

李 鉉, 「金代의 宣聖廟에 대하여」(史學論叢刊行委員會, 『荷谷金南奎敎授停年紀念史學論叢』, 2000)

李玠奭, 「徽宗代 私權的 皇權强化와 側臣의 跋扈」(『宋遼金元史研究』 4, 2000)

李 鉉, 「金代 廟學의 設置에 대하여」(『宋遼金元史研究』 4, 2000)

曺福鉉, 「宋代 官員數 研究」(『中央史論』 14, 2000)

이재룡, 「王安石 변법의 개혁 사상에 대한 고찰」(『中國哲學』 7, 2000)

周采赫, 「祖先·鮮卑의 '鮮'과 馴鹿遊牧民 －몽골유목기원과 관련하여－」(『東方學志』 110, 2000)

李成珪, 「高麗와 元의 官僚 李穀(1298~1351)年譜稿」(全海宗博士八旬紀念論叢刊行委員會 엮음, 『東아시아 歷史의 還流』, 지식산업사, 2000)

金成奎, 「外國朝貢使節宋皇帝謁見儀式復元考」(『宋遼金元史研究』 4, 2000)

金成奎, 「宋代 동아시아에서 賓禮의 成立과 그 性格」(『東洋史學研究』 72, 2000)

金成奎, 「宋代 迎賓機關의 성격을 중심으로 본 唐宋變革의 일면」(『中國學報』 41, 2000)

이승준, 「濮議(1065~1066)와 대간세력의 대두: 北宋 舊法黨 形成의 政治的 脈絡과 關聯하여」(연세대학교 대학원 사학과 석사학위논문, 2000)

金容完, 「南宋 初期의 變亂集團에 관한 研究 －出現背景을 中心으로」(『湖西史學』, 2001)

朴志焄, 「北宋代 宣仁太后의 攝政」(『中國學報』 43, 2001)

朴志焄, 「北宋代의 春秋學과 華夷論」(『京畿史論』 4·5합집, 2001)

金成奎, 「北宋의 開封과 外交」(『中國史研究』 13, 2001)

金成奎, 「入宋高麗國使의 朝貢儀禮와 그 주변」(『全北史學』 25, 2001)

李永哲, 「後唐 幕職官의 統制의 背景」(『慶州史學』 20, 2001)
李華瑞, 「四庫館臣對王安石及其變法的評議」(『宋遼金元史研究』 5, 2001)
曺福鉉, 「宋代 官員의 料錢研究」(『宋遼金元史研究』 5, 2001)
최경옥, 「司馬光의 禮治史官」(『宋遼金元史研究』 6, 2001)
崔秉洙, 「范仲淹의 士人氣風에 관하여」(『忠南史學』 13, 2001)
金成奎, 「宋代における朝貢機構の編制とその性格」(『史觀』 146, 2002)
金成奎, 「北宋朝貢年表考索」(『전북사학』 25, 2002)
朴志焄, 「北宋代 華夷論의 性格」(『梨花史學研究』 29, 2002)
朴志焄, 「宋代 士大夫의 女性觀 －家訓書를 中心으로－」(『中國學報』 46, 2002)
申採湜, 「王安石의 人間性에 대하여」(『東國史學』 38, 2002)
오따기 하지메, 「5대 송초의 신흥 관료 －臨淄의 麻氏를 중심으로－」(『歷史教育論集』 28, 2002)
李瑾明, 「남송말 몽고군의 남하와 양양(襄陽)·번성(樊城)의 전투」(한국외국어대학 역사문화연구소, 『歷史文化研究』 17, 2002)
이승준, 「濮議(1065~1066)와 臺諫 세력의 대두 －都市祭祀·信仰 中心의 構造와 變遷－」(『明淸史研究』 17, 2002)
曺福鉉, 「宋代 官員의 添支研究」(『中國史研究』 17, 2002)
曺福鉉, 「宋代官戶的槪念和範圍研究」(『中央史論』 16, 2002)
金浩東, 「몽골帝國 君主들의 兩都巡幸과 遊牧的 習俗」(『중앙아시아연구』 7, 2002)
李玠奭, 「郝和尙拔都(1204~1252) 傳記資料 속의 1240年代 大蒙古國 中央勸力의 殘影」(『東洋史學研究』 78, 2002)
李玠奭, 「『元史』·「郝和尙拔都傳」에 보이는 1240年代 大蒙古國 中央권력의 位相」(『몽골학』 12, 2002)
이은경, 「칭기즈칸 초기 세력 형성에 관한 일고찰」(숙명여자대학교 석사학위논문, 2002)

Ⅲ 사회·경제

辛兌鉉, 「金代 土地制度의 研究」(『史學研究』 1, 韓國史學會, 1958)
金在滿, 「遼의 强制徙民政策을 中心으로 한 그 周邊의 二, 三問題」(『史學研究』 14, 韓國史學會, 1962)
李東馥, 「金代 土地制度의 一研究」(『延世大大學院論文集』 77, 延世大學校, 1962)
吉玄益, 「宋代 免役法의 性格」(『歷史學報』 24, 歷史學會, 1964)
鄭晶愛, 「宋初期의 貨幣政策 －特히 鐵錢의 回收와 銅錢普及策에 對하여－」(『淑大史論』 2, 淑明女子大學校史學會, 1965)
金在滿, 「契丹의 獎農政策」(『大同文化研究』 3, 成均館大學校 大同文化研

究院, 1966)
黃鍾東, 「金代 救貧策에 대하여」(『啓明論叢』 3, 1966)
李光奎, 「蒙古族의 婚姻考」(『歷史敎育』 10, 歷史敎育硏究會, 1967)
鄭晶愛, 「宋代 農業技術에 대하여 －宋의 農器具를 중심으로－」(『淑大史論』 2, 淑明女子大學校史學會, 1968)
高奭林, 「宋代의 隨田佃戶에 대한 小考 －佃戶의 經濟的 轉落過程을 중심으로－」(『大丘史學』 1, 大丘史學會, 1969)
金鍾圓, 「元代蒙古 '國子學'과 '太學'에 대하여」(『東洋史學硏究』 3, 東洋史學會, 1969)
高奭林, 「宋朝의 對佃戶政策과 憑由制度」(『大丘史學』 2, 大丘史學會, 1970)
李 鉉, 「金代 納粟官制에 대하여」(『東亞大論文集』 8, 東亞大學校, 1971)
高奭林, 「宋代의 徵稅制度 －由子·憑由·戶鈔關係를 중심으로－」(『大丘史學』 4, 大丘史學會, 1972)
黃鍾東, 「北宋代 物價變動과 그에 대한 對策」(『東亞文化』 5, 1973)
卓用國, 「宋代 太學發展에 대한 小考」(『慶熙史學』 4, 慶熙大學校史學會, 1973)
卓用國, 「宋代 太學補試制에 대한 略考」(『東洋史學硏究』 7, 東洋史學會, 1974)
嚴敏信, 「宋中期의 衰退와 王安石의 改革」(『君子社會』 1, 首都女子師範大學 社會敎育學會, 1974)
高奭林, 「北宋代의 鄕村戶等簿와 그 性格에 대해서」(『東洋史學硏究』 7, 東洋史學會, 1974)
李 鉉, 「金代 戶口問題(Ⅰ) －奴婢發生過程에 대한 分析－」(『丁仲煥博士還曆紀念論集』, 1974)
李 鉉, 「金代 戶口問題(Ⅱ) －奴婢贖良形態에 대한 分析－」(『釜山女大論文集』 4, 1974)
高奭林, 「北宋의 實行簿·空行簿에 대한 考察」(『大丘史學』 9, 大丘史學會, 1975)
李龍範, 「金代의 鑄錢과 交鈔」(『大韓民國學術院論文集』 14, 1975)
卓用國, 「宋代太學生의 求國運動」(『東洋史學硏究』 8·9, 東洋史學會, 1975)
高奭林, 「宋代 佃戶의 諸類型과 그 性格」(『大丘史學』 10, 大丘史學會, 1976)
高奭林, 「宋代의 租佃契約法」(『大丘史學』 12·13, 大丘史學會, 1977)
申採湜, 「北宋時代의 墾田에 관하여」(『歷史學報』 75·76, 歷史學會, 1977)
李東馥, 「金代의 牛具稅에 대하여」(『淸大論文集』 10, 淸州大學校, 1977)
李 鉉, 「金代 戶口問題(Ⅲ) －奴婢妻所生의 身分歸屬에 대하여－」(『釜山女大論文集』 5, 1977)
李 鉉, 「金代 奴良妻所生의 身分歸屬에 대하여」(『釜山女大論文集』 5, 釜山女子大學校, 1977)
李 鉉, 「宋太祖의 商業政策考」(『釜山女大論文集』 6, 釜山女子大學校, 1978)
李 鉉, 「金代 和糴制에 대하여」(『釜山史學』 2, 釜山史學會, 1978)

鄭秉學, 「宋代 交子小考 -그 機能의 變化를 中心으로-」(『東洋史學研究』 12·13, 東洋史學會, 1978)
趙點淑, 「北宋朝의 絹織業에 대한 一考察」(『梨大史苑』 15, 梨大史學會, 1978)
許英桓, 「北宋末의 讀書人과 書院과 關係」(『史叢』第23輯, 高麗大學校史學會, 1979)
金在滿, 「契丹歲時風俗考」(『人文科學』 9, 成均館大學校, 1980)
李 鉉, 「宋初期 發運司에 관한 一問題 -端拱年間의 置廢原因을 중심으로-」(『釜大史學』 4, 釜山大學校史學會, 1980)
李 鉉, 「宋 大定年間의 財政難」(『釜山史學』 4, 釜山史學會, 1980)
卓用國, 「宋代 書院에 대한 略考」(『慶熙史學』 6·7·8, 慶熙大學校史學會, 1980)
孫賢淑, 「蒙古의 相續慣行에 대하여 -특히 蒙古帝國期를 中心으로-」(『東洋史學研究』 16, 東洋史學會, 1981)
吳金成, 「中國의 科擧制와 그 政治, 社會的 機能 -宋·明·淸時代의 社會의 階層移動을 中心으로-」(『科擧』, 一潮閣, 1981)
李忠熹, 「北宋 神宗代의 農政要目에 관하 研究(2) -農田水利策을 중심하여-」(『仁荷大人文科學研究論文集』 7, 1981)
高爽林, 「宋代의 支配階級 -官僚階級과 形勢戶를 중심으로-」(『慶北史學』 4, 慶北大學校史學會, 1982)
閔泳珪, 「元高麗俗講僧」(『東方學志』 31, 東方學會, 1982)
安俊光, 「王安石의 保甲法의 社會的 機能」(『慶北史學』 4, 慶北大學校史學會, 1982)
安俊光, 「王安石 保甲法의 徵稅機能」(『陸軍三士官學校論文集』 16, 1982)
李玠奭, 「元代 儒戶에 對하여 -戶籍을 중심으로-」(『東洋史學研究』 17, 東洋史學會, 1982)
孫賢淑, 「元代 色目人小考」(『釜山女子史學』 1, 釜山女子大學校史學會, 1983)
金容完, 「南宋 杭州의 人口增加와 外地米穀수입」(『濟州大學論文集』 15, 濟州大學校, 1983)
金渭顯, 「契丹의 衣料需給과 服制에 대한 小考」(『明知史論』 1, 明知大學校史學會, 1983)
金渭顯, 「契丹의 後期의 對民政策」(『關東史學』 2, 關東大學史學會, 1984)
金渭顯, 「契丹의 土俗考」(『明大論文集』 15, 明知大學校, 1984)
金容完, 「南宋 流民에 對한 小考」(『濟州大學論文集』 17, 濟州大學校, 1984)
金永鎭, 「北宋前期 京師米行商의 入中邊糧活動 -商業資本形成에 關한 一考察-」(『歷史學報』 101, 歷史學會, 1984)
李東馥, 「遼末 女眞社會의 構成(Ⅰ): 黑水와 黑水靺鞨」(『淸州大學校論文集』 7, 淸

州大學校, 1984)
李東馥, 「遼末 女眞社會의 構成(Ⅱ) : 三十部女眞의 問題」(『人文科學論集』 3, 淸州大學校人文科學硏究所, 1984)
李 鉉, 「金代 戶口移動形態에 대한 연구(Ⅰ) : 民族別 移徙형태」(『慶南大論文集』 11, 慶南大學校, 1984)
李 鉉, 「金代 戶口移動形態에 대한 연구(Ⅱ) : 金代 內地徙民에 대하여」(『釜山史學』 9, 釜山史學會, 1985)
李 鉉, 「金代 內地徙民에 대하여 -金代 戶口移動形態硏究-」(『釜大史學』 9, 釜山大學校史學會, 1985)
李東馥, 「遼末 女眞社會의 構成(Ⅲ) : 生女眞社會의 成長」(『淸大史林』 4·5, 淸州大學校史學會, 1985)
李東馥, 「金初 女眞社會의 構成 -猛安謀克戶의 編成」(『歷史學報』 106, 歷史學會, 1985)
李忠熹, 「北宋代의 地租類型에 관한 硏究」(『仁荷大論文集』 11, 仁荷大學校, 1985)
金容完, 「南宋의 流民策에 관한 硏究」(『濟州大學論文集』 18, 濟州大學校, 1985)
李瑾明, 「南宋時代 米穀의 生産 및 流通에 대하여」(『서울大東洋史學科論集』 9, 1985)
梁鍾國, 「北宋代 四川士大夫社會의 形成에 대하여」(『史叢』 29, 高麗大學校史學會, 1985)
申採湜, 「宋代 土地制度와 佃戶·主戶·客戶問題」(『東洋史學硏究』 21, 東洋史學會, 1985)
金渭顯, 「契丹의 敎育과 科擧制度考」(『明知論文集』 17, 明知大學校, 1986)
柳點淑, 「中國 宋代의 家訓考察 -'袁氏世範'을 중심으로」(『社會科學硏究』 6-2, 嶺南大學校, 1986)
李玠奭, 「몽고 帝國 성립기 商業에 대한 一考」(『慶北史學』 9, 慶北大學校史學會, 1986)
趙東元, 「宋代 戶等制와 土地所有試論」(『釜大史學』 11, 釜山大學校史學會, 1987)
申採湜, 「北宋初期 農村復興策과 墾田統計」(『梨大史苑』 22·23, 梨大史學會, 1988)
金榮濟, 「唐宋代 兩稅法과 收取形態」(『龍巖車文燮博士華甲紀念史學論叢』, 1989)
金永鎭, 「宋代 士大夫硏究의 諸問題」(『東洋史學硏究』 30, 東洋史學會, 1989)
金永鎭, 「宋代 士大夫硏究에 대하여」(『民族文化』 4, 漢城大學校, 1989)
孫賢淑, 「몽고牧民의 소송투쟁을 통해서 본 牧民운동의 주요변혁세력과 牧民의식」(『釜山女子史學』 第6·7합집, 釜山女子大學校史學會, 1989)
辛聖坤, 「唐宋變革期論」(『講座 中國史』 Ⅲ, 지식산업사, 1989)
李範鶴, 「宋代의 社會와 經濟」(『講座 中國史』 Ⅲ, 지식산업사, 1989)
河元洙, 「宋代 士大夫論」(『講座 中國사』Ⅲ, 지식산업사, 1989)
卓用國, 「宋代 兩浙路의 農業發展에 관한 硏究 -『宋史』食貨志를 중심으로」(『慶熙大

東洋學研究』 1, 1989)
卓用國, 「從『宋史』食貨志 看宋代兩浙路之農業發展」(『慶熙大論文集』 18, 1989)
金榮濟, 「唐宋時代의 兩稅와 沿徵」(『東洋史學研究』 34, 東洋史學會, 1990)
梁鍾國, 「宋代 讀書人層의 膨脹과 '士大夫'의 槪念變化에 대하여」(『東洋史學研究』 33, 東洋史學會, 1990)
兪垣濬, 「北宋太湖流域의 水利에 관한 研究」(『慶熙史學』 16·17, 慶熙大學校史學會, 1990)
金榮濟, 「唐·宋代 上供의 증대과정 —특히 宋代의 常平倉·和買·和糴을 중심으로—」(『東洋史學研究』 36, 東洋史學會, 1991)
裵淑姬, 「宋代 進士科에 관한 一考察」(『誠信史學』 9, 誠信女子大學校史學會, 1991)
李玠奭, 「郭畀의 '雲山日記'에 대한 一考察 —14세기 浙西士大層의 生活素描—」(『慶北史學』 14, 慶北大學校史學會, 1991)
吳金成, 「中國近世의 農業과 社會變化」(『東洋史學研究』 41, 東洋史學會, 1992)
梁鍾國, 「宋 士大夫의 活動과 類型分類」(『公州大學校 論文集』 30, 公州大學校, 1992)
梁鍾國, 「宋 士大夫社會의 發展形態」(『宋甲鎬教授停年退任紀念論文集』, 1993)
李錫炫, 「宋代 請佃制의 실시와 그 성격」(『史叢』 42, 高麗大學校史學會, 1993)
金渭顯, 「契丹晩期打獵習俗的演變」(『明知史論』 5, 明知大學校史學會, 1993)
梁鍾國, 「宋 士大夫의 學文交流와 地域士大夫社會의 形成」(『滄海朴秉國教授停年紀念史學論叢』, 1994)
徐炳國, 「거란제국의 농업정책」(『淸大史林』 6, 淸州大學校, 1994)
裵淑姬, 「宋代 殿試 策題에 관하여」(『東洋史學研究』 49, 東洋史學會, 1994)
兪垣濬, 「北宋前期 對民統治政策의 性格에 관한 一考」(『慶熙史學』 19, 慶熙大學校史學會, 1995)
金永鎭, 「陸游 —南宋代 '鄕居士大夫'의 生活과 活動—」(『東아시아의 人間像』, 도서출판 혜안, 1995)
梁鍾國, 「宋代 '特奏名'의 成立과 社會史的 意義」(『歷史學報』 148, 歷史學會, 1995)
梁鍾國, 「宋代 階層活動과 士大夫의 性格形成」(『歷史와 歷史教育』 1, 1996)
兪垣濬, 「南宋 經界法에 대하여 : 李椿年과 朱熹의 經界案을 중심으로(1)」(『慶熙史學』 20, 慶熙大學校史學會, 1996)
李玠奭, 「元朝 中期의 財政改革과 그 意義」(『慶北史學』 19, 慶北大學校史學會, 1996)
裵淑姬, 「宋代 進士科 官人層의 形成」(『誠信史學』 12·13, 誠信女子大學校史學會, 1996)

李瑾明, 「南宋時代 社倉制의 實施와 그 性格 -福建地方을 中心으로-」(『歷史教育』 60, 歷史教育研究會, 1996)
許英桓, 「元代 鹽專賣制度의 性格에 관하여」(『東義史學』 9·10, 東義大學校史學會, 1996)
박시현, 「宋代 免行法의 實施와 變化」(고려대석사논문, 1996)
李瑾明, 「宋代 社會救濟制度의 運用과 國家權力 -居養院制의 變遷을 中心으로-」(『東洋史學研究』 57, 東洋史學會, 1997)
徐銀美, 「北宋前期 東南地域의 茶 專賣機構의 特徵과 生産量」(『宋遼金元史研究』 創刊號, 1997)
裵淑姬, 「宋代 特奏名制의 實施와 그 性格」(『東洋史學研究』 58, 東洋史學會, 1997)
裵淑姬, 「南宋代 四川 類省試와 그 出身者의 社會的 地位」(『宋遼金元史研究』 創刊號, 1997)
李瑾明, 「南宋時代 福建經濟의 地域性과 米穀需給」(『宋遼金元史研究』 創刊號, 1997)
兪垣濬, 「南宋 經界法에 대하여(2): 李春年과 朱熹의 經界案을 중심으로」(『慶熙史學』 21, 1997)
兪垣濬, 「〈書評〉 金榮濟 著, 『唐宋財政史: 租稅를 중심으로」(『宋遼金元史研究』 創刊號, 1997)
金榮濟, 「宋代 兩稅의 賦課體系에 對하여: 兩稅와 關聯한 몇 가지 補論을 兼하여」(『宋遼金元史研究』 創刊號, 1997)
吳元敬, 「宋代 茶葉 生産에 관한 一考察」(『淑大史論』 19, 1997)
梁鍾國, 「沈括의 『夢溪筆談』과 印刷史話」(『역사와 역사교육』 2, 1997)
梁鍾國, 「〈研究動向〉 中國 大陸學界 宋代史 研究의 흐름과 全亡: 士大夫 問題와 關聯하여」(『宋遼金元史研究』 創刊號, 1997)
李忠熹, 「宋代의 地域的 發展과 都市의 性格」(『仁荷史學』 5, 1997)
趙東元, 「宋代州縣의 經濟統計」(『釜大史學』 21, 1997)
이근명, 「南宋時代 福建社會의 變化와 經濟開發: 食糧問題에 대한 對應을 중심으로」(서울대 박사논문, 1997)
배숙희, 「宋代 科擧制度 연구: 特奏名과 類省試를 중심으로」(성신여대 박사논문, 1997)
吳元敬, 「宋代 茶의 普及과 茶法에 관한 研究」(淑明女大 박사논문, 1997)
李錫炫, 「宋代 雇傭奴婢의 등장과 奴婢觀의 變化」(『東洋史學研究』 63, 1998)
李錫炫, 〈研究노트〉 「奴婢人力身分比考」(『宋遼金元史研究』 2, 1998)
金榮濟, 「宋代 地方州縣에 있어서 兩稅의 減免行政에 對하여 -特히 自然災害를 中心으로-」(『宋遼金元史研究』 2, 1998)
金榮濟, 「宋代 地方州縣에 있어서 兩稅의 徵收行政에 대하여」(『史學志』 31, 1998)
吳元敬, 「宋代 四川榷茶와 茶馬貿易」(『淑大史論』 20, 1998)

兪垣濬, 「宋代 福建一帶의 '不學子'習俗에 대한 研究(Ⅰ)」(『東洋學研究』 4, 1998)
徐銀美, 「茶의 普及과 茶 專賣의 役割 -宋代 茶 저買의 施行 基盤에 대한 理解를 中心으로-」(『宋遼金元史研究』 2, 1998)
徐銀美, 「北宋前期 東南茶 專賣의 運營方式과 茶의 積滯問題」(『東洋史學研究』 61, 1998)
李瑾明, 「南宋時代 農村市場의 發達情況과 農民生活 -福建地方을 中心으로-」(『外大史學』 8, 1998)
최윤정, 「元代 屯田經營과 그 推移」(경북대 석사논문, 1998)
梁鍾國, 「과거제도의 성립과 北宋 仁宗 - 嘉祐6년 殿試 운영의 實例」(『역사와 역사교육』 3,4호 합집, 1999)
吳元敬, 「북송조 茶法 -國防과의 관계를 중심으로-」(『淑大史論』 21, 1999)
吳元敬, 「唐宋代 '茶風'의 形成과 發展」(『中國史研究』 7, 1999)
金榮濟, 「宋代 兩稅의 財務會計에 關하여: 版籍類와 會計報告 體系의 分析을 中心으로」(『宋遼金元史研究』 3, 1999)
曺福鉉, 「宋代 官戶의 所有土地 來源研究」(『中央史論』 12·13, 1999)
徐銀美, 「北宋 神宗代 四川茶의 專賣」(『釜山史學』 36, 1999)
徐銀美, 「北宋代 四川茶와 茶馬貿易」(『釜山史學』 37, 1999)
李錫炫, 「宋代 雇傭人 身分과 法的 地位」(『宋遼金元史研究』3, 1999)
李瑾明, 「南宋時代 福建一帶의 海賊과 地域社會」(『東洋史學研究』 66, 1999)
李瑾明, 「南宋初 福建一帶의 民衆叛亂과 地域社會」(『중국학보』 39, 1999)
吳元敬, 「北宋朝 茶法 -國防과의 關係를 중심으로-(『淑大史論』 21, 1999)
金陽燮, 「元初 婺州地域의 反元運動과 哈社·講學活動」(『中央史論』 12·13, 1999)
韓英根, 「元代 鹽法의 成立과 運用에 관한 考察」(『釜大史學』 23, 1999)
임채용, 「宋代의 歷史的 性格과 鄕村社會」(인하대 석사논문, 1999)
이석현, 「宋代 隷屬民의 性格과 社會的 存在樣態에 관한 연구」(고려대 박사논문, 1999)
金榮濟, 「唐末,五代의 貨幣問題」(『중국사연구』 8, 2000)
金榮濟, 「北宋의 錢荒에 대해서」(『宋遼金元史研究』 4, 2000)
朴永哲, 「宋代의 出版文化와 法律書籍」(『宋遼金元史研究』 4, 2000)
裵淑姬, 「南宋四川的科擧制及其官員的性向」(韓國中國學會, 『國際中國學研究』 3, 2000)
裵淑姬, 「宋代 士大夫의 女性觀과 女性教育論」(『宋遼金元史研究』 4, 2000)
裵淑姬, 「宋代의 科擧制度와 地方教育」(『中國學報』 41)
徐銀美, 「北宋代 園戶와 13山場의 性格」(『宋遼金元史研究』 4, 2000)
曺福鉉, 「宋代 官戶의 商業經營과 그 收入」(『宋遼金元史研究』 4, 2000)
吳元敬, 「宋代 婚禮儀式中 聘禮에 관한 一考察」(『宋遼金元史研究』 4,

2000)
陸貞任, 「宋代 데릴사위〔贅婿〕 硏究」(『宋遼金元史硏究』 4, 2000)
李錫炫, 「宋代 佃僕의 諸類型과 身分性格」(『宋遼金元史硏究』 4, 2000)
李瑾明, 「南宋建國期 福建一帶의 人口移動과 社會變化」(『宋遼金元史硏究』 4, 2000)
李瑾明, 「南宋時代 福建一帶의 農耕方式과 麥作」(『中國學報』 42, 2000)
李瑾明, 「南宋時代 福建一帶의 商品作物 耕作狀況과 그 性格」(『外大史學』 12, 2000)
이석희, 「南宋 孝宗期 知識社會와 朱熹의 蘇學 評價」(연세대학교 대학원 사학과 석사학위논문, 2000)
金榮濟, 「浮梁에서 橋梁으로 -宋代 江南의 橋梁建設과 景觀變化의 一面-」(『東洋史學硏究』 76, 2001)
高樹林, 「宋元兩代礦冶戶比較硏究」(『宋遼金元史硏究』 5, 2001)
方如金·趙瑤丹, 「試論宋代兩浙路社會經濟的發展及其在全國的地位」(『宋遼金元史硏究』 5, 2001)
梁鍾國, 「宋代의 士大夫」(『한국사시민강좌』 29, 2001)
楊倩描, 「北宋公用錢"新額"時間考」(『宋遼金元史硏究』 6, 2001)
吳松弟, 「南宋路和全國主要戶口數據的考證和估測」(『宋遼金元史硏究』 6, 2001)
吳松弟, 「宋代五等丁産簿硏究」(『宋遼金元史硏究』 5, 2001)
王菱菱, 「宋代膽銅法的推廣與規模化生産」(『宋遼金元史硏究』 6, 2001)
劉秋根·劉莉亞, 「元代礦冶業生産方式與礦産品分配」(『宋遼金元史硏究』 6, 2001)
陸貞任, 「宋代 養子의 財産繼承權」(『東洋史學硏究』 74, 2001)
陸貞任, 「宋代 戶絶財産法 硏究」(『宋遼金元史硏究』 5, 2001)
李瑾明, 「〈譯註〉 王安石 「上仁宗皇帝言事書」의 譯註」(『中國史硏究』 14, 2001)
李瑾明, 「南宋時代 福建民의 海上 貿易活動과 그 性格」(한국외국어대 역사문화연구소, 『역사문화연구』 14, 2001)
李瑾明, 「南宋時代 兩浙의 人口와 社會變化 -麥作의 보급 문제를 중심으로」(『중국연구』 28, 2001)
李瑾明, 「南宋後半期 福建地域 社會構造의 變化와 그 性格」(『歷史敎育』 78, 2001)
李錫炫, 「宋代 隷屬民의 生命權과 社會的 地位」(『中國學報』 43, 2001)
李錫炫, 「宋代 隷屬民의 成立과 身分 性格」(『東洋史學硏究』 73, 2001)
程民生, 「宋代物價考察」(『宋遼金元史硏究』 6, 2001)
최병수, 「宋初 范仲淹의 지성적 敎育實踐」(충북대학교 인문과학연구소, 『인문학지』 21, 2001)
漆俠, 「唐宋之際社會經濟關係的變革及其對文化思想領域所産生的影響」(『宋遼金元史硏究』 5, 2001)
皇甫允植, 「北宋代 戶口比와 實際人口數 考察」(『宋遼金元史硏究』 6, 2001)
강길중, 「구양수의 현실인식과 이치법 개혁론」(眞鵬劉共祈敎授停年紀念論叢, 『慶熙史

學』 23, 2002)
姜希受, 「〈硏究動向〉 宋代의 女性 財産權에 대한 硏究動向」(『中國史硏究』 17, 2002)
朴永哲, 「〈譯註〉『宋史刑法志』」(『中國史硏究』 19, 2002)
徐銀美, 「北宋代 福建 臘茶와 茶法」(『歷史學報』 173, 2002)
陸貞任, 「宋代 遺囑에 의한 財産相續」(『中國學報』 46, 2002)
李瑾明, 「朱熹의 〈增損呂氏鄕約〉과 朝鮮社會 -朝鮮鄕約의 特性에 대한 檢討를 중심으로-」(『中國學報』 45, 2002)
曺福鉉, 「『朱子家禮』의 著述과 韓國傳來時期의 社會的 背景 硏究 -喪葬禮俗의 比較를 中心으로-」(『中國史硏究』 19, 2002)
李錫炫, 「宋代 隸屬民의 勞動形態 -家內勞動을 中心으로-」(『東洋史學硏究』 80, 2002)
皇甫允植, 「北宋代 女口不統計 原因 考察 -北宋以前 典章制度上 女性人口의 取扱과 關聯하여-」(『中國史硏究』 18, 2002)
皇甫允植, 「北宋代 人口增加의 原因 考察 -주로 農業生産性 向上과 關聯하여-(『仁荷史學』 9, 2002)

Ⅳ 사상·문화·학술

李龍範, 「契丹佛敎와 千人邑會의 活動」(『白性郁博士頌壽論叢』, 1959)
李龍範, 「金 大定年間의 佛敎政策과 女眞社會」(『黃義敦先生古稀紀念史學論叢』, 1960)
李龍範, 「元代 라마교의 高麗傳來」(『佛敎學報』 2, 1964)
金庠基, 「宋代에 있어서 高麗本의 流通에 대하여」(『亞細亞硏究』 8-2, 高麗大學校 亞細亞問題硏究所, 1965)
金庠基, 「蘇轍의 古史에 대하여」(『東洋史學硏究』 1, 東洋史學會, 1966)
李玲兒, 「朱子의 敎育思想에 대한 小考」(『淑大史論』 9, 淑明女子大學校史學會, 1976)
鄭仁在, 「元代의 朱子學」(『東洋文化』 19, 1979)
趙東元, 「葉適年譜考」(『東亞文化』 16, 1979)
趙東元, 「葉適의 思想에 대하여 -蘇學과의 關聯性을 中心으로-」(『東洋史學硏究』 14, 東洋史學會, 1979)
鄭夏賢, 「元朝에 있어서 正統論과 歷史編纂」(『公州師大論文集』 17, 公州師範大學校, 1981)
黃元九, 「朱子家禮의 形成過程 -王法과 家禮의 連繫性을 중심으로-」(『人文科學』

45, 延世大, 1981)
權重達, 「資治通鑑著述攷」(『論文集』 26, 中央大學校, 1982)
吳炳武, 「北宋時代 周濂溪의 太極圖說에 관하여」(『全北史學』 7, 全北大學校史學會, 1983)
金陽燮, 「遼·金·宋 三史編纂에 대하여 -下命時期와 早期未成要因을 중심으로-」(『中央史論』 6, 中央大學校史學會, 1989)
李範鶴, 「宋代 朱子學의 成立과 發展」(『講座 中國史』 Ⅲ, 지식산업사, 1989)
金學哲, 「歐陽修의 史觀에 관한 一硏究 -『新五代史』의 馮道傳을 중심으로-」(『慶熙史學』 16·17, 慶熙大學校史學會, 1990)
鄭元趾, 「元雜劇의 무대공간에 대한 試論 -祭儀的 가능성에 대하여-」(『人文論叢』 20, 全北大學校, 1990)
李範鶴, 「司馬光의 '正名'思想과 人治主義의 展開」(『東洋史學硏究』 37, 東洋史學會, 1991)
權重達, 「元朝의 儒學政策과 元末의 儒學」(『人文學硏究』 18, 中央大學校人文科學硏究所, 1991)
池富一, 「元代 朱子學의 東傳」(『仁川專門大學論文集』 17, 1992)
金貴達, 「遼金元三史와 그가 中國에 끼친 影響」(『全北史學』 16, 全北大學校史學會, 1993)
손영식, 「北宋 新儒學의 成立背景에 관하여 -佛敎와 儒敎의 교체, 舊法黨과 新法黨의 대립을 중심으로-」(『人文論叢』 3, 蔚山大學校, 1993)
洪元植, 「黃榦의 朱子學 -南宋 '朱子學'의 展開와 관련하여-」(『元代性理學』, 포은사상연구원, 1993)
曹在松, 「葉適經世思想의 經史論」(『東洋史學硏究』 49, 東洋史學會, 1994)
李範鶴, 「最近 朱子學硏究의 新動向과 展望」(『韓國學論叢』 16, 1994)
李範鶴, 「南宋後期 理學의 普及과 官學化의 背景」(『韓國學論叢』 17, 1995)
趙東元, 「水滸銀子論」(『釜大史學』 19, 釜山大學校史學會, 1995)
李範鶴, 「『近思錄』과 朱子」(『韓國學論叢』 18, 1996)
강수진, 「蘇軾書論硏究: 東坡題跋分析을 中心으로」(원광대 석사논문, 1996)
이세정, 「蘇東坡의 常理에 대한 연구」(상명대 석사논문, 1996)
李範鶴, 「張載의 氣論과 明·淸思想」(『韓國學論叢』 19, 1997)
李榮德, 「司馬光의 社會觀과 그 背景」(『成大史林』 2, 成均館大學校史學會, 1977)
李榮德, 「司馬光 思想에 있어서의 分의 성격 -人間觀-」(『南溪論叢』, 1977)
김교빈, 「주희의 격물치지론을 통해 본 동양적 과학정신의 특성」(『과학사상』 22, 1997)
李東熙, 「朱子學 形成에 관한 一考察」(『東西文化』 29, 啓明大, 1997)
李相勳, 「朱子의 心性論」(『東洋學』 27, 1997)

徐志瀟, 「陸游의 散文 및 그 文學思想」(『人文科學』 76·77합집, 延世大, 1997)
吳憲必, 「王安石 「禮體文」의 說理性」(『中國語文論叢』 12, 1997)
吳憲必, 「王安石의 碑誌文 硏究」(『中國語文論叢』 13, 1997)
李致洙, 「南宋中期詩硏究」(『中國語文論叢』 13, 1997)
당윤희, 「宋代 古文家의 「記」文 연구」(서울대 석사논문, 1997)
서용준, 「范成大 田園詩 연구」(서울대 석사논문, 1997)
김선희, 「張載의 인간론과 정치적 형이상학」(梨花女大 석사논문, 1997)
劉錫權, 「朱熹 앎 공부의 과제와 방법」(서울大 석사논문, 1997)
박응열, 「周濂溪의 태극론에 관한 연구」(성균관대 박사논문, 1997)
윤영해, 「주자의 불교비판 연구」(서강대 박사논문, 1997)
朴璟煥, 「張載의 氣論的 天人合一思想 硏究」(高麗大 박사논문, 1997)
田英淑, 「北宋의 詩書 일률관 연구」(延世大 박사논문, 1997)
金陽燮, 「南宋代 金華地域의 反道學運動과 朱子學 受容」(『中央史論』 10·11합집, 1998)
趙東元, 「南宋儒學史上 葉適의 위치 -僞學之禁 배경의 일면-」(『釜大史學』 22, 1998)
崔甲洵, 「中國의 城隍信仰과 國家權力 -宋·明代의 경우를 중심으로」(『近世 東아시아의 國家와 社會』, 서울大學校東洋史學硏究室 編, 지식산업사, 1998)
吳相勳, 「北宋 佛教思想의 한 기조 -유·불·도교의 접근-」(『慶北史學』 21, 1998)
백은기, 「주자의 『周易本義』에 나타난 利에 관하여」(『大同哲學』 창간호, 1998)
李範鶴, 「眞德秀 經世理學의 성립과 그 배경」(『학국학논총(국민대)』 20, 1998)
成相求, 「蘇軾의 「東坡易傳」에 關한 硏究」(東國大 석사논문, 1998)
沈桃姫, 「주자학에서 '리의 운동성'에 관한 연구」(啓明大 석사논문, 1998)
차진만, 「주자역학사상의 특성에 관한 연구」(성균관대 석사논문, 1998)
백민정, 「주자 역학의 상수와 의리에 대한 연구」(연세대 석사논문, 1998)
강태구, 「朱子 文學理論 硏究」(충남대 박사논문, 1998)
趙駿河, 「二程子의 生涯와 思想」(『東方學志』 105, 1999)
柳仁熙, 「朱子가 본 伊川과 程頤의 易學」(『東方學志』 105, 1999)
金益洙, 「伊川易學의 形成과 韓國的 受容」(『東方學志』 105, 1999)
程德詳, 「二程子의 숨은 이야기와 전설」(『東方學志』 105, 1999)
吳相勳, 「왕안석의 自我 -특히 그의 시편들을 통해 본 사유의 궤적-」(『釜大史學』 23, 1999)
홍지희, 「蘇軾의 對象世界 認識과 繪畫論 -北宋代 士人畵의 理念 構造-」(『學林』(연세대 사학연구회) 20, 1999)
김병환, 「北宋性理學 -儒學의 부흥과 '道·佛'의 영향-(『中國哲學』 6, 1999)
金正起, 「『水滸傳』人物之形象硏究」(『東方學』 5, 한서대, 1999)

金正起, 「≪水滸傳≫言語的形象美」(『中國語文論譯叢刊』 3, 1999)
梁承根, 「五代史官의 文學觀 小考」(『中國文學硏究』 18, 1999)
유광종, 「宋代 山水遊記 譯註 및 考察」(상명대 석사논문, 1999)
조지훈, 「元代 離魂戱 硏究 : 현존하는 四種 離魂戱를 중심으로」(高麗大 석사논문, 1999)
최정라, 「중국 북송시대와 이탈리아 르네상스 예술관의 비교 : 회화를 중심으로」(전주대 석사논문, 1999)
신지연, 「朱子의 修養論에 관한 硏究 : 『大學』의 明明德을 중심으로」(성신여대 석사논문, 1999).
안춘분, 「朱子의 敬思想 硏究」(성균관대 석사논문, 1999)
이동희, 「元代 및 明初 朱子學의 전개 양상 －도덕적 실천주의」(『동양철학연구』 22, 2000)
권용호, 「宋元南戱宮調考論」(『중국희곡』 8, 2000)
이승신, 「歐陽修序文初探」(『중국어문논총』 19, 2000)
李星培, 「朱熹의 史意識」(『湖西史學』 28, 2000)
朴魯俊, 「唐末五代·宋初의 五臺山 文殊信仰」(『宋遼金元史硏究』 4, 2000)
李範鶴, 「魏了翁(1178~1237)의 經世理學과 道統論」(『한국학논총』 22, 2000)
정상봉, 「程頤의 理와 氣 개념 연구」(『中國哲學』 41, 2000)
고진아, 「송대사대부의 두보전범화」(『중국학연구』 18, 2000)
任无彬, 「宋初 詩歌中의 淑世精神」(『中國學報』 42, 2000)
사공홍주, 「宋代 文人畵에 끼친 性理學의 영향」(계명대 석사논문, 2000)
李範鶴, 「위료옹의 先賢諡號奏請 사업과 理學官僚의 擡頭 -道統 확립의 정치사적 의의-」(『한국학논총』 23, 2001)
朴永哲, 「唐·宋代 中國人의 死後世界觀의 形成과 發展」(『尹世哲敎授停年紀念歷史學論叢, 時代轉換과 歷史認識』, 尹世哲敎授停年紀念歷史學論叢刊行委員會 編, 솔출판사, 2001)
李京圭, 「元代의 宗敎政策과 基督敎」(『中國史硏究』 15, 2001)
李哲命, 「司馬光史論에 나타난 歷史觀」(『全南史學』 17, 2001)
李南鍾, 「蘇軾과 女性」(『東亞文化』 39, 2001)
장애순, 「宋代의 昭慶寺結社에 대한 考察」(『한국불교학』 28, 2001)
강진석, 「北宋 儒家의 체용론 硏究」(한국외국어대학교중국연구소, 『중국연구』 28, 2001)
강진석, 「朱子 哲學에서 展開된 '流行'의 意味」(『중국철학』 8, 2001)
김기현, 「『大學』의 注釋 및 理解와 宋明 新儒學의 가치 설정간의 관계에 관한 해석학적 연구 －朱子學과 陽明學을 중심으로」(『동양철학연구』 26, 2001)
노철현, 「주희 認識論의 敎育學的 一考察: 格物致知論을 中心으로」(『한국교육』 제28

권 제1호, 2001)
박경환, 「유학적 공부론의 전통에서 본 張載의 궁리설」(『동양철학연구』 24, 2001)
박낙규·서진희, 「宋代 理學의 藝術·美學思想」(『서울대학교人文論叢』 45, 2001)
송하경·안은수, 「唐, 宋代 儒學者들의 排佛 意識 —韓愈와 朱熹를 中心으로」(『동양철학연구』 25, 2001)
신정근, 「儒教 知識人의 '社會' 改善의 意義 —先秦時代에서 宋代까지 儒教 知識人을 中心으로」(『동양철학연구』 26, 2001)
오헌필, 「『임천집』에 반영된 王安石의 歷史觀 硏究」(『중국어문논총』 21, 2001)
이광률, 「朱子의 심론을 통한 보편성의 자각」(『철학연구』 77, 2001)
이상호, 「'심'과 '리'의 개념 차이에 따른 朱陸學의 분기」(『중국철학』 8, 2001)
이세현, 「『朱子家禮』에 나타난 朱子의 예 이해」(『동양철학연구』 26, 2001)
이용주, 「南宋의 國家 禮制와 '祀典' —朱熹 禮論과의 關係性」(『종교연구』 23, 2001)
조민환, 「朱子의 老子觀」(『동양철학연구』 24, 2001)
최정묵, 「朱子의 『仁說』에 대한 검토」(『동서철학연구』 21, 2001)
최정묵, 「朱子哲學에 있어 경의 의미와 위상」(『동서철학연구』 22, 2001)
허남진·박성규, 「新儒學의 現實問題 認識 —格物論·鬼神論·재이론을 중심으로」(『서울대학교人文論叢』 45, 2001)
홍병혜, 「歐陽修 사의 體裁 考察 —연장체를 中心으로」(『한국외국어대학교중국연구소, 『중국연구』 27, 2001)
이종구, 「元代 北京音과 明代 北京音의 비교」(『중국학연구』 21, 2001)
전중배, 「五代의 불교정책과 그 성격」(曺永祿敎授停年紀念論叢 『東國史學』 37, 2002)
박성규, 「주자의 『대학』 격물설과 유학의 부흥」(한국철학회, 『哲學』 70, 2002)
李相勳, 「宋明儒學에서 家族倫理의 實現과 方法 —孝悌의 概念을 中心으로—」(『中國學報』 46, 2002)
張東宇, 「『朱子家禮』 成服章의 淵源에 대한 고찰 —『開元禮』·『書儀』와의 비교를 중심으로—」(『東方學志』 116, 2002)
정호훈, 「朱子 『孝經刊誤』와 그 성격」(『東方學志』 116, 2002)
최복희, 「주희의 수양론과 불교사상」(한국유교학회, 『儒教思想硏究』 17, 2002)
한정길, 「張載와 程顥의 '定性說'에 관한 비교 연구」(『陽明學』 7, 2002)
한정길, 「朱子의 佛教批判 —'作用是性'說과 '識心'說에 대한 비판을 중심으로—」(『東方學志』 116, 2002)
朴永煥, 「宋初의 晩唐體와 自然」(『中國語文學』 39, 영남중국어문학회, 2002)
朴卿希, 「宋代까지 歷代 書誌에 나타난 小說家 연구」(『중국어문학지』 11, 중국어문학회, 2002)

金度經, 「元 雜劇의 文學的 定着에 대한 研究」(서울대학교 석사학위논문, 2002)
김명식, 「朱熹의 中和說에 관한 研究」(동국대학교 석사학위논문, 2002)
김연희, 「宋代 詠花詩 研究 : 四君子를 中心으로」(동국대학교 석사학위논문, 2002)
金榮官, 「宋學 形成에 있어서 胡瑗 思想의 影響」(중앙대학교 석사학위논문, 2002)
朴仁用, 「朱子의 格物致知에 關한 研究」(중앙대학교 석사학위논문, 2002)
이동욱, 「朱熹와 張栻의 中和論辨연구 : 張栻의 察識說을 중심으로」(서울대학교 석사학위논문, 2002)
陳煐昊, 「朱子讀書法研究」(영남대학교 석사학위논문, 2002)

Ⅴ 교섭·교류

姜太良(晋哲), 「高麗初期의 對契丹關係(상)」(『史海』 1, 1948)
李龍範, 「契丹貿易考」(『東國史學』 3, 東國大學校史學會, 1955)
柳洪烈, 「高麗의 元에 대한 貢女」(『震檀學報』 18, 震檀學會, 1957)
金成俊, 「麗代의 元公主出身王妃의 政治的 位置에 대하여」(『韓國女性文化論叢』, 1958)
金庠基, 「高麗와 金宋과의 關係」(『國史上의 諸問題』 5, 1959)
金昌洙, 「高麗와 興遼國」(『海圓論叢』, 1959)
李龍範, 「遼朝와 回鶻人」(『歷史學報』 11, 歷史學會, 1959)
金在滿, 「契丹絲考(上) －東西 間接交易과 直接交易의 形態」(『歷史教育』 7, 歷史教育研究會, 1963)
金在滿, 「契丹絲考(下) －東西 間接交易과 直接交易의 形態」(『歷史教育』 8, 歷史教育研究會, 1964)
金庠基, 「麗宋貿易小攷」(『東方文化交流史論攷』, 乙酉文化社, 1964)
趙啓纘, 「元軍의 '高麗屯田考'」(『東亞論叢(上)』 2, 1964)
盧啓賢, 「安南의 對元戰爭과 外交政策」(『國際法學論叢』 12-1, 1967)
李龍範, 「回鶻商賈와 金代의 女眞」(『東洋史學研究』 2, 東洋史學會, 1967)
申採湜, 「宋·西夏貿易考」(『歷史教育』 10, 歷史教育研究會, 1967)
高柄翊, 「蒙古高麗의 兄弟盟約의 성격」(『白山學報』 6, 白山學會, 1969)
李銀圭, 「元의 日本征伐 考察」(『湖西史學』 1, 湖西史學會, 1972)
金澈珉, 「元의 日本遠征과 麗·元關係」(『建大史學』 3, 建國大學校史學會, 1973)
高柄翊, 「高麗와 女眞과의 關係」(『東洋學學術會議講演抄』 6, 1976)
李龍範, 「高麗와 契丹과의 關係」(『東洋學學術會議講演抄』 6, 1976)
李龍範, 「胡僧襪囉의 高麗往復」(『歷史學報』 75·76, 歷史學會, 1977)
徐炳國, 「高麗時代의 女眞交涉史研究」(『論文集』 6, 關東大學校, 1978)
金渭顯, 「麗宋關係와 그 航路考」(『關大論文集』 65, 關東大學校, 1978)
全海宗, 「麗·元貿易의 性格」(『東洋史學研究』 12·13, 東洋史學會, 1978)

洪淳昶, 「蒙古民族의 世界征服과 아시아諸민족의 抵抗」(『東洋文化』 19, 嶺南大, 1979)
吳貞愛, 「元代의 高麗奴隷에 對하여」(『君子社會』 6, 首都女子師範大學社會教育學會, 1979)
李東潤, 「宋代 貿易政策」(『史學志』 16, 檀國大學校史學會, 1982)
金渭顯, 「女眞의 馬貿易考」(『明大論文集』 13, 明知大學校, 1982)
金渭顯, 「高麗對 宋遼金人 投歸的收容策(918~1146)」(『史學志』 16, 檀國大學校史學會, 1982)
金渭顯, 「遼史高麗外記考檢」(『傳統文化研究』 2, 1984)
金容完, 「麗·宋關係史研究」(『人文科學研究所論文集』 12-1, 忠南大學校, 1984)
高昌錫, 「麗·元과 耽羅와의 關係」(『論文集』 17, 濟州大學校, 1984)
高昌錫, 「元·明交替期의 濟州道 －牧胡亂을 中心으로－」(『耽羅文化』 4, 濟州大學校, 1985)
金渭顯, 「遼史屬國表考檢」(『明大論文集』 16, 明知大學校, 1985)
金渭顯, 「契丹의 對西夏政策(1)」(『白山學報』 32, 白山學會, 1985)
金渭顯, 「契丹의 對西夏政策(2)」(『白山학보』 33, 白山學會, 1986)
高貞愛, 「麗·宋關係史研究 －文物交流를 中心으로－」(『濟州史學』 2, 濟州大學校史學會, 1986)
金貴達, 「元世祖의 對倭征略小攷 －特히 動機적 行爲를 中心으로－」(『全北史學』 10, 全北大學校史學會, 1986)
金容完, 「北宋과 遼·夏境上의 密貿易問題」(『濟州史學』 3, 濟州大學校史學會, 1987)
金渭顯, 「北宋의 對西域 政策」(『明知史論』 2, 明知大學校史學會, 1988)
金渭顯, 「麗·元 日本征伐軍의 出征과 麗·元關係」(『國史館論叢』 9, 1989)
朴志君, 「北宋代 對外經濟關係와 華夷觀 －對遼·西夏關係를 中心으로－」(『梨花史學研究』 19, 梨花史學研究所, 1990)
金渭顯, 「麗·元間의 物貨交流考」(『人文科學論叢』 7, 明知大學校, 1990)
方東仁, 「麗元關係의 再檢討 －雙城摠管府와 東寧府를 중심으로－」(『國史館論叢』 17, 1990)
姜吉仲, 「南宋과 高麗의 政治外交와 貿易關係에 대한 고찰」(『慶熙史學』 16·17, 慶熙大學校史學會, 1990)
姜吉仲, 「宋遼의 澶淵의 盟約에 관한 一研究」(『慶尙史學』 6, 慶尙大學校史學會, 1990)
姜吉仲, 「宋·遼間의 榷場貿易의 組織과 그 運營」(『慶尙史學』 7·8, 慶尙大學校史學會, 1992)
李範鶴, 「蘇軾의 高麗排斥論과 그 背景」(『韓國學論叢』 15, 1992)
崔韶子, 「元末 倭寇와 元·日關係」(『梨大史苑』 26, 梨大史學會, 1992)
周采赫, 「한몽관계사의 제문제」(『한몽고동학술연구』 2, 1993)

金渭顯,「麗元間의 人的 交流考」(『關東史學』 5·6, 關東大學校史學會, 1994)
金渭顯,「高麗와 契丹關係」(『韓民族과 北方과의 關係史硏究』, 韓國精神文化硏究院, 1994)
金成奎,「元祐期における宋夏の劃界交涉始末」(『史滴』 16, 1994)
金成奎,「寶元用兵과 戰後의 國境問題」(『埠村申延澈先生停年退任紀念史學論叢』, 일월서각 1995)
金渭顯,「契丹文化의 高麗傳播와 그 影響」(『北方民族史硏究』 1, 1995)
金渭顯,「西夏與宋契丹之關係(986~1048)」(『明知史論』 7, 明知大學校史學會, 1995)
申採湜,「13~14世紀 東아시아의 文化交流 －海路를 통한 麗·宋의 文物交易을 中心으로－」(『中國과 東아시아世界』, 國學資料院, 1996)
金成奎,「綏州事件と王安石の對西夏國境策定策」(『早稻田大學大學院文學硏究科紀要』 41, 1996)
金鮮浩,「14世紀末 蒙·麗關係와 東北亞政勢變化」(『江原史學』 12, 江原大學校史學會, 1996)
李基東,「羅末麗初 南中國 여러 나라와의 交涉」(『歷史學報』 155, 1997)
沈載錫,「高麗時代 國王이 中國에서 받은 '食邑 硏究」(『外大史學』 7, 1997)
黃時鑒,「宋-高麗-蒙古關係史에 관한 일고찰: 收刺麗國送還人」에 대하여」(『東方學志』 95, 1997)
金渭顯,「契丹·高麗間的女眞問題」(『明知史論』 9, 1998)
卞麟錫,「北宋人 張禮의 『游城南記』에서 본 高麗曲의 位置에 대하여」(『白山학보』 50, 1998)
周采赫,「살례탑(Sartai)와 몽골-고려전쟁」(『고려시대의 용인』용인시사총서 1, 1998)
高昌錫,「'元高麗紀事」耽羅關係記事의 檢討 －13세기 耽羅와 元과의 關係－」(『慶北史學－金燁博士停年紀念史學論叢－』 21, 1998)
權五重,「大青島에 온 元의 流配人」(『人文硏究』(嶺南大) 20-1, 1998)
曺永祿,「唐末五代 閩越 雪峰門徒의 吳越進出과 '東國僧' 靈照」(『歷史學報』 162, 1999)
曺永祿,「九華山 地域信仰과 吳越首都 杭州 －10世紀 江浙沿海地域의 韓中 佛敎交流의 실상－」(『東國史學』 33, 1999)
金渭顯,「宋代의 高麗文物」(『宋遼金元史硏究』 3, 1999)
김동정,「五代十國의 韓半島 諸國과의 관계와 그 인식」(『中央史論』 12·13, 1999)
申採湜,「宋·麗의 문화교류에 관하여」(『梨花史學硏究』 25·26, 1999)
申採湜,「唐末·五代의 東南沿海地域과 韓半島의 海上交涉」(『東國史學』 34, 2000)
金成奎,「高麗前期의 麗宋關係」(『國史館論叢』 92, 2000)
심재석,「金代 高麗國王 冊封의 性格」(『外大史學』 13, 2000)
이병로,「11세기 韓日 양국의 대외교섭에 관한 일고찰」(『大丘史學』 59, 2000)
전연섭,「南宋과 金간의 경제교류: 밀무역을 중심으로」(충남대 석사논문, 2000)

도현철, 「高麗末 士大夫의 王安石 認識」(『역사와 현실』 42, 2001)
김동욱, 「韓-中 中世知識疏通에 관한 硏究 －高麗僧을 통한 麗元間 知識疏通을 中心으로」(『중국문학연구』 23, 2001)
朴成柱, 「高麗末 韓·中間의 流民」(『慶州史學』 20, 2001)
조흥국, 「14~17世紀 東南亞-中國-日本 貿易關係」(『동남아시아연구』 11-가을, 2001)
李景煥, 「11세기 후반 고려와 일본 西海道 지방의 관계」(韓國敎員大學校 석사학위논문, 2001)
申泰光, 「北宋 變法期의 對高麗政策」(曺永祿敎授停年紀念論叢 『東國史學』 37, 2002)
崔云峰·許逸, 「宋代 海船의 種類」(한국해양대학 장보고연구실, 『張保皐硏究』 4, 2002)
安周燮, 「高麗-契丹 戰爭史 硏究」(명지대학교 박사학위논문, 2002)

색 인